Stefan Luppold (Hrsg.)

STRATEGISCHER ERFOLG
DURCH USER EXPERIENCE UND MIXED REALITY

MANAGEMENT-ANSÄTZE FÜR DIE LIVE-KOMMUNIKATION

Stefan Luppold (Hrsg.)

STRATEGISCHER ERFOLG DURCH USER EXPERIENCE UND MIXED REALITY

MANAGEMENT-ANSÄTZE FÜR DIE LIVE-KOMMUNIKATION

Bibliografische Information der Deutschen Nationalbibliothek
Die Deutsche Nationalbibliothek verzeichnet diese Publikation in der Deutschen Nationalbibliografie; detaillierte bibliografische Daten sind im Internet über http://dnb.dnb.de abrufbar.

ISBN Paperback: 978-3-946589-20-4
ISBN Hardcover: 978-3-946589-21-1
ISBN E-Book: 978-3-946589-22-8

© WFA Medien Verlag, Stuttgart, 2019
WFA Medien Verlag | Patrick Haag, Uhlandstr. 65, 71299 Wimsheim

www.wfa-medien-verlag.de

Vorwort des Herausgebers

Dieser vierte Band der *Studienreihe Messemanagement* weist eine Neuerung auf: Wir haben uns entschieden, den Untertitel anzupassen – alle Beiträge sind, auch schon in den vorherigen Publikationen, so universell nutzbar und hilfreich, dass wir *Messe* durch *Live-Kommunikation* ersetzt haben.

Ohnehin blieben wir schon immer in der Familie der betriebswirtschaftlichen Disziplinen. Es geht um Marketing oder Controlling, um Personalwirtschaft oder Organisation, um Planung, Unternehmensführung etc. Mit Kongressen und Events sind Messen alleine schon durch den Dienstleistungs-Charakter – Service Industry – verbunden.

Zudem sprechen wir seit mittlerweile drei Jahrzehnten über Kongress-Messen und Messe-Kongresse. Diese hybriden Konstruktionen begleiten uns als erfolgreiche Formate in der Welt der Live-Kommunikation. Verstärkt und noch enger verbunden durch Begriffe wie Festivalisierung, was ab und an als kurzfristiger Trend betrachtet, tendenziell jedoch dauerhaften Einzug in die Ausprägungen der Begegnungskommunikation findet.

In dieser großen Familie der MICE-Branche sind Messen ein wesentliches Fundament; sie müssen sich stärker als je zuvor den Herausforderungen des digitalen Wandels stellen. Virtuelle Realität ist schon vom Radar des Gartner Hype Cycle verschwunden – da etabliert, zum Standard geworden. VR verschmilzt mit Augmented Reality zur sogenannten Mixed Reality, auf die wir nicht mehr nur als Entertainment-Element am Messestand treffen, sondern als Pfeiler einer internen wie externen Unternehmenskommunikation. Zwei der Beiträge in diesem Band widmen sich dieser Thematik.

Ob mit iPad und VR-Brille oder ohne: User Experience ist und bleibt der Schlüssel zur strategischen Wirkung von Kommunikation. Bereits in der Vorphase einer Begegnung werden Marker gesetzt, die über Offenheit und Vorfreude – oder reduzierte Erwartungen und Resignation – das Live-Erlebnis verstärken oder abschwächen werden. Ganz menschlich, ganz sinnlich. So soll die Anmeldung zur Veranstaltung, die Buchung eines Messe-Tickets, nicht bereits Hürden aufbauen.

Was immer sich auch verändert, vielfach bleibt die Methodik, um in die Zukunft zu schauen, gleich. Um zu hinterfragen, welche Veränderungen letztlich durch technische Innovation auf uns zukommen, hat sich die Delphi-Methode bewährt. Von Branchenverbänden wie UFI immer wieder genutzt öffnet sie uns ein Fenster in die Veranstaltungs-Welt von morgen.

Vier ausgezeichnete Beiträge helfen uns dabei, unsere eigenen Geschäftsmodelle weiterzudenken. Sie sollen, wie bereits die in den vorherigen drei Bänden veröffentlichten Themen, anregen, inspirieren, uns Mut zur eigenen Weiterentwicklung machen. *Stillstand bedeutet Rückschritt* ist nicht falsch; richtig jedoch ist es, vorhandene Ansätze – in diesem Fall Gedankengut junger Akademiker mit Branchen-Prägung – als *Impuls* zu verstehen.

Den vier Autorinnen und Autoren danke ich herzlich dafür, dass sie uns ihre Erkenntnisse zur Verfügung stellen. Dies gilt auch für die Unternehmen, die in gewisser Art und Weise die Laborumgebung der jungen Forscher waren. Neben den eigentlichen Inhalten der Beiträge lohnt immer ein Blick auf die Struktur, den Aufbau. Für weiterführende Details selbstverständlich auch auf die aufgeführte, verwendete Literatur.

Erneut nutze ich das Vorwort – wie schon bei den Bänden 1 bis 3 – um dem FAMA Fachverband Messen und Ausstellungen e.V. zu danken. Durch den im Jahr 2013 zum ersten Mal ausgelobten *Messe-Impuls-Preis* entstand die Idee, die ausgezeichneten Einreichungen den Fach- und Führungskräften der Messewirtschaft und vielen weiteren Interessierten zugänglich zu machen; dies schuf so ein Potpourri aus inzwischen über 20 Fachbeiträgen, die man im vorliegenden Band sowie den bereits erschienenen *Stakeholder im Fokus, Innovation und Change sowie Agilität und Transformation* nachlesen kann. In vorbildlicher Konstanz zeigen sich Vorstand und Geschäftsführung damit als dem Branchen-Nachwuchs verpflichtet!

Danke auch an Gernot Becker, Geschäftsführer mac messe- und ausstellungscenter Service GmbH, der mit seiner Unterstützung die Veröffentlichung dieses Bandes ermöglicht hat.

Und schließlich ein Dankeschön an den Verlag, der mit seinem Support die Autorinnen und Autoren vorbildlich begleitet hat.

Bei Sokrates kann man nachlesen:

Wer nichts weiß und weiß nicht, dass er nichts weiß, ist ein Tor – meide ihn.
Wer nichts weiß und weiß, dass er nichts weiß, ist bescheiden – belehre ihn.
Wer etwas weiß und weiß nicht, dass er etwas weiß, ist im Schlafe – wecke ihn.
Wer etwas weiß und weiß, dass er etwas weiß, ist weise – folge ihm.

So verstanden können die Beiträge in diesem Buch zumindest belehren oder wachrütteln!

Prof. Stefan Luppold
IMKEM Institut für Messe-, Kongress- und Eventmanagement

Vorwort

In seinen Anfängen war das Internet in der Messewirtschaft als Bedrohung gefürchtet. Virtuelle Messen geisterten als Damoklesschwert über einer Branche, die es sich in ihrer eigenen Überlegenheit gemütlich gemacht hatte. Schnell stellte sich jedoch heraus, dass die bloße Verlagerung von Messen in den Cyberspace keinen Nutzen bringt. Mittlerweile wissen wir, dass wir weder von »DEM Internet« noch von »DER Digitalisierung« sprechen können. Ihre Erscheinungsformen sind außerordentlich vielfältig und ziehen sich als rote Fäden durch all unsere Wirtschafts- und Lebensbereiche.

Durch digitale Angebote verändern sich nicht nur allerlei Gewohnheiten, es entstehen völlig neue Gestaltungsräume und Erwartungshaltungen. Produktionsprozesse werden umgekrempelt, das Internet der Dinge baut sich auf, Organisationen und ihre Zusammenarbeit formieren sich neu. Und mittendrin stehen die Messen als Handels-, Begegnungs- und Kommunikationsplattformen. Wer da glaubt, dass Messen mit einem lakonischen »Weiter so!« über die Runden kommen, der wird sein blaues Wunder erleben. Aber auch das Menetekel über ihren Abgesang ist vollkommen überzogen. Vielmehr wird Digitalisierung mit den durch sie veränderten Strukturen, Gewohnheiten und Möglichkeiten, den Messen selbst neue Entwicklungspfade eröffnen. Der Allverfügbarkeit und Reproduzierbarkeit des Digitalen steht nämlich, im besten Wortsinne komplementär, die haptisch-sinnliche Welt der echten, dinglichen wie persönlichen Begegnung auf Messen gegenüber.

Das soll aber nicht heißen, dass sich die Messen auf ihrer analogen Kernkompetenz ausruhen könnten. Sie sind vielmehr gefordert, selbst digitale Lösungen zu entwickeln, um sich in einen größeren Zusammenhang komplexer Marketing-Wertschöpfung neu einzureihen. Die vielbeschworene 365/7/24-Kommunikation mit mehr und verstetigter Reichweite wird dabei genauso eine Rolle spielen, wie die Gestaltung einer angenehmeren Customer-Journey durch einen neuen Fokus auf Usability und Customer Experience. Eine der größeren Herausforderungen für die Quadratmeter-zentrierten Geschäftsmodelle der Messewirtschaft werden

Augmented-, Mixed- und Virtual-Reality mit sich bringen. Mit deren Hilfe bieten sich vor allem für flächenintensive Exponate, etwa große Maschinen oder komplexe Wertschöpfungsprozesse, ganz neue, kompaktere Präsentationsformen. In der vorliegenden Publikation setzen sich junge Talente aus unserer Branche mit den oben genannten Themen wissenschaftlich und praktisch auseinander und beleuchten so eine faszinierende Materie.

Der FAMA und seine Mitglieder legen großen Wert darauf, die Sichtbarkeit des Branchennachwuchses und ihrer frischen und inspirierenden Ideen zu fördern. Umso mehr freuen wir uns über dieses Kompendium und wünschen ihm viele interessierte Leser.

Für den FAMA e.V.
Christoph Hinte

Inhaltsübersicht

Kurzfassungen

Verbesserungspotentiale des Ticketshops des Bar Convent Berlin unter Beachtung der Usability und User Experience

Analysen der Ticketshops von Reed Exhibitions Deutschland zeigten hohe Abbruchquoten während des Kaufprozesses. Eine durchgeführte Umsatzpotentialanalyse ergab, dass ein gewisses Potential im Rahmen der Ticketverkäufe ungenutzt bleibt. Daraus ergeben sich die Fragen, warum die Besucher die Ticketkäufe abbrechen. Wo sind die Schwächen des Ticketshops und wie muss er gestaltet sein, damit die Besucher den Kauf abschließen?

Die Autorin hat, unter anderem in Form einer Eye-Tracking-Studie, Verbesserungspotentiale identifiziert und dabei alternative Ticketing-Systeme untersucht. Die Arbeit vermittelt daneben einen grundlegenden Einblick in die Themen Usability und User Experience.

Die Autorin

Für ihre Abschlussarbeit an der DHBW Ravensburg, Studiengang Messe-, Kongress- und Eventmanagement, erhielt Luisa Schütz den Messe-Impuls-Preis 2018.

Prozessinnovation und neue Geschäftsmodelle durch Mixed Reality
Einsatzmöglichkeiten innerhalb eines Messebauunternehmens

Keine andere Entwicklung verändert momentan unser Leben so sehr wie die Digitalisierung. So sind Geräte und Systeme wie Smartphones, intelligente Assistenzsystem und Cloud-Computing seit wenigen Jahren ein selbstverständlicher Begleiter in unserem Leben geworden. Die Interaktion zwischen Mensch und Maschine verstärkt sich immer mehr. So verschmelzen die reale mit der virtuellen Umgebung. Genau mit diesem Verschmelzen der zwei Welten bzw. dem Ersetzen der realen durch die digitale Welt agieren die Technologien die unter „Mixed Reality" (kurz: MR, deutsch: gemischte Realität) zu verstehen sind. Schon jetzt lässt sich absehen, dass die MR-Technologien in den kommenden Jahren eine Vielzahl innovativer Anwendungen ermöglichen und Arbeitsprozesse grundlegend ändern.

Der Autor zeigt beispielhaft Prozessinnovationen auf, die sowohl in Dienstleistungs- als auch in Produktionsunternehmen relevant sind.

Der Autor

Max Mollenschott wurde mit seiner Bachelorarbeit im Studiengang Messe-, Kongress- und Eventmanagement an der DHBW Ravensburg Zweitplatzierte beim Messe-Impuls-Preis 2018.

Delphi-Studie zu potentiellen Veränderungen der Messewirtschaft durch die technischen Innovationen Augmented und Virtual Reality

Insbesondere Messeveranstalter sehen die technischen Innovationen meist als Gefährdung ihres Geschäftsmodells, das originär auf der Schaffung eines realen Marktplatzes basiert. Die technischen Innovationen Augmented Reality (AR) und Virtual Reality (VR) können jedoch durch intelligente Lösungen bzw. passenden Einsatz der Aufwertung und Weiterentwicklung dieses Geschäftsmodells dienen. Folglich geht es nicht darum die Messe als Marktplatz abzulösen, sondern sie durch Augmented und Virtual Reality zu ergänzen.

Um die Art und Weise, in der sich diese beiden Technologien in der Zukunft auswirken werden, sowie die Möglichkeiten, die damit einhergehen, besser einschätzen zu können, hat die Autorin diese beiden Innovationen einer wissenschaftlichen Betrachtung mithilfe einer Delphi-Studie unterzogen.

Die Autorin

Mit dieser Arbeit hat Jana Bailer ihr Masterstudium mit dem Schwerpunkt General Business Management abgeschlossen. Besondere Aufmerksamkeit erhielt sie dabei durch die aufwändige Erhebung von Expertenmeinungen in Form einer Delphi-Studie.

Virtual Reality bei Fachmessen aus Veranstaltersicht
Empirische Untersuchung über die wertschöpfende Einbindung und Nutzung der Technologie zur Ableitung von Handlungsimplikationen

In dieser Arbeit wurde hinterfragt, inwieweit es sinnvoll ist, Virtual Reality (VR) in das Konzept einer Fachmesse zu integrieren und in welcher Form die Technologie aus Sicht eines Messeveranstalters wertschöpfend eingesetzt und eingebunden werden kann. Es wurde insbesondere untersucht, welche Potenziale VR im B2B-Bereich bietet und wie diese nutzenbringend für den Veranstalter einsetzbar und für Fachmessen adoptierbar sind. Eine Zielsetzung dabei war es, mittels der gewonnenen Erkenntnisse durch die empirische Untersuchung, zentrale Handlungsimplikationen für Messeveranstalter hinsichtlich der Einbindung und Nutzung von VR bei Fachmessen abzuleiten.

Der Autor stellt in seinem Beitrag die Diffusionstheorie vor, in die er seinen Untersuchungsgegenstand einbettet.

Der Autor

Mit seiner Abschlussarbeit an der DHBW Ravensburg, Studiengang Messe-, Kongress- und Eventmanagement, wurde Maximilian Metzger für den Deutschen Forschungspreis für Live Communication 2018 nominiert.

VERBESSERUNGSPOTENTIALE DES TICKETSHOPS DES BAR CONVENT BERLIN UNTER BEACHTUNG DER USABILITY UND USER EXPERIENCE

Luisa Schüth

Inhaltsverzeichnis

Abbildungsverzeichnis

1 Einleitung

Eine Herausforderung in der Messebranche ist es, jährlich steigende Besucherzahlen auf den Messen nachzuweisen. Mit steigender Besucherzahl und gut gefüllten Hallen wird das Bedürfnis der Aussteller nach einer hohen Besucherfrequenz befriedigt. Bleiben Besucher aus, so bemerken das auch die Aussteller, die sich im Folgejahr die Teilnahme an der Messe gründlich überlegen. Die Besucherzahlen sind also ein Indikator für den Erfolg der Messe. Wenn der Besucher sich im Vorfeld der Messe auf die Suche nach Informationen begibt, dient die Website der Messe als die erste Anlaufstelle. Hier findet er alle notwendigen Informationen gut sortiert und übersichtlich dargestellt in kürzester Zeit. Entschließt sich der Besucher dann, die Messe zu besuchen, darf der Weg zum Ticket nicht durch Hindernisse erschwert werden. Im Gegenteil, dem Besucher soll ein positives Erlebnis bereitet werden, in dem er schnell und erfolgreich sein Ziel erreicht. Je weniger Besucher den Kaufprozess abbrechen, desto mehr kaufen ein Ticket und kommen zur Messe. An dieser Stelle setzt die Untersuchung der vorliegenden Arbeit an.

1.1 Problemstellung

Analysen der Ticketshops von Reed Exhibitions Deutschland zeigen hohe Abbruchquoten während des Kaufprozesses. Eine durchgeführte Umsatzpotentialanalyse zeigt, dass ein gewisses Potential im Rahmen der Ticketverkäufe ungenutzt bleibt. Daraus ergeben sich die Fragen, warum die Besucher die Ticketkäufe abbrechen. Wo sind die Schwächen des Ticketshops und wie muss er gestaltet sein, damit die Besucher den Kauf abschließen?

Die Usability gilt als Qualitätsmerkmal, um ein Produkt zu bewerten und um es von der Konkurrenz abzuheben. Neben weiteren grundsätzlichen Anforderungen an webbasierte Systeme rückt das Nutzererlebnis heutzutage immer stärker in den Vordergrund. Deshalb werden zur Beantwortung der Forschungsfragen die Zusammenhänge von Usability und die User Experience auf die Performance untersucht.

1.2 Zielsetzung

Zielsetzung dieser Arbeit ist das Aufdecken von Schwachstellen innerhalb des Ticketshops des Bar Convent Berlin als Beispielmesse der Reed Exhibitions Deutschland GmbH. Aus der Identifikation der Schwachstellen sollen dann konkrete Empfehlungen zur Optimierung des Ticketshops formuliert werden. Der erwünschte Effekt der Umsetzung von Optimierungsempfehlungen sind sinkende Abbruchraten im Ticketshop und damit steigende Besucherzahlen.

1.3 Aufbau der Arbeit

Der Aufbau des Theorieteils richtet sich nach dem User Experience Wirkmodell von Facit Digital, auf dem die Untersuchungen beruhen. In diesem werden Erfolgsfaktoren und Konsequenzen sowie Indikatoren von User Experience dargestellt. In dem theoretischen Teil der Arbeit werden die für die Untersuchung relevanten Bestandteile des Modells erläutert und Möglichkeiten zur Operationalisierung vorgestellt. Anschließend werden Forschungsmethoden präsentiert, die zur Untersuchung der Forschungsfragen genutzt werden. In Teil B folgt die Unternehmensvorstellung sowie die Beschreibung der Problemstellung und der Hypothesen. Daraufhin wird kurz das Untersuchungsdesign mit Bezug auf die Theorie erläutert. Die Ergebnisse werden im Anschluss dargelegt und zur Beantwortung der Forschungsfragen analysiert. Nach der zusammenfassenden Optimierungsempfehlung, in der konkrete Umgestaltungsansätze aufgezeigt werden, folgt die abschließende Diskussion der Ergebnisse. Um den Umfang dieser Arbeit zu begrenzen, werden die Ausführungen auf einzelne Beispiele beschränkt. So kann dennoch die Vorgehensweise aufgezeigt werden.

2 User Experience

In diesem Kapitel werden die grundlegenden theoretischen Inhalte vorgestellt. Zunächst wird der Begriff der User Experience erläutert. In der Beschreibung des User Experience Wirkmodells wird auf die einzelnen Aspekte des Modells eingegangen. Anschließend wird User Experience operationalisiert.

2.1 Begriff

Übersetzt wird User Experience mit den Worten Nutzungserlebnis oder Nutzungserfahrung (vgl. Jacobsen und Meyer, 2018, S. 34). Der Begriff User Experience (UX) umfasst laut der ISO-Norm 9241-210 „alle Aspekte der Erfahrung eines Nutzers bei der Interaktion mit einem Produkt, Dienst, einer Umgebung oder Einrichtung." (DIN Deutsches Institut für Normung e.V., 2010, in: Jacobsen und Meyer, 2018, S. 34) Bartel und Quint als UX-Experten ergänzen, dass User Experience die Effekte auf die User vor, während und nach der Nutzung einer Bedienoberfläche umfasst. Interaktion bedeutet in diesem Sinne das Sehen, Berühren und das Denken über das System oder Produkt sowie das Bewundern deren Präsentation bevor überhaupt eine physische Interaktion stattgefunden hat (vgl. Hartson und Pyla, 2012, S. 5).

Das Nutzungserlebnis vor (Erwartungen), während (Erlebnis) und nach (Erinnerung) der Verwendung eines Produkts spielt in der Bewertung von UX eine zentrale Rolle. Eine begehrenswerte Gestaltung, Spaß bei der Nutzung (Joy of Use), Freude und andere positive Gefühle sowie Vertrauensbildung sind essentiell für eine gute User Experience (vgl. Bartel und Quint, 2018b, o. S.). Glücklich und zufrieden soll der Nutzer die Anwendung verlassen und optimalerweise wieder zurückkehren. Zusätzlich soll er vor und nach der Verwendung des Systems emotional angesprochen werden und begeistert sein. Das Gesamterlebnis steht im Vordergrund. Die emotionale Ansprache soll durch Gestaltung, Funktionalität und Leistungsmerkmale geschehen (vgl. Jacobsen und Meyer, 2018, S. 33 f.).

Für die vorliegende Arbeit soll für UX eine einheitliche Definition formuliert werden. Ein Versuch lautet wie folgt: User Experience umfasst alle Aspekte der Nutzererfahrung mit einem Produkt. Der Nutzer soll durch Gestaltung,

Funktionalität und Leistungsmerkmale emotional angesprochen werden. Durch zufriedene Anwender, die Freude bei der Nutzung empfinden, wird das Produkt positiv wahrgenommen, was zu Weiterempfehlung und wiederholter, intensiver Nutzung führt.

2.2   User Experience Wirkmodell

Im Rahmen einer User Experience Untersuchung werden im Vorfeld Variablen definiert, die beeinflussend auf die User Experience wirken können. Dazu werden Einflussfaktoren und Konsequenzen identifiziert, die unter Oberkategorien zusammengefasst werden. Die wichtigsten Variablen sind das Produkt und seine Funktion, der Nutzungskontext und der Nutzer selbst (vgl. Sontheimer, 2016, S. 10). Die Zusammenhänge zwischen Ursache und Wirkung zeigt das nachfolgende User Experience Wirkmodell von Facit Digital GmbH:

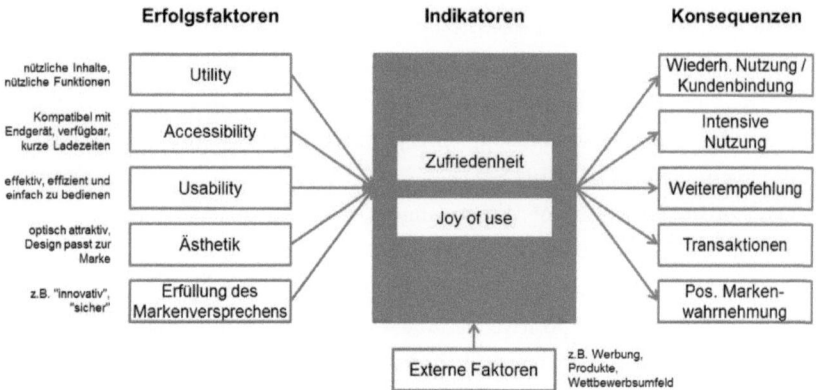

Abbildung 1: Das User Experience Wirkmodell von Facit Digital
Quelle: Wörmann, 2013, o. S.

Erfolgsfaktoren

Die Erfolgsfaktoren sind Eigenschaften des User Interfaces, die entscheidend für eine gute User Experience sind (vgl. Wörmann, 2013, o. S.). Das User Interface ist der Teil einer Software, durch den der User mit dem Programm kommuniziert. Eine gute Benutzerschnittstelle oder auch Benutzeroberfläche lässt den

Nutzer vergessen, dass er mittels eines Computers ein Dokument verfasst und nicht direkt mit dem Dokument selbst arbeitet (vgl. Bodker, 1991, S. 1). Ausschlaggebend für die Bewertung dieser Erfolgsfaktoren ist die subjektive Wahrnehmung der Nutzer. Im Folgenden werden die Erfolgsfaktoren kurz erläutert. Auf Grund seiner zentralen Bedeutung für die vorliegende Arbeit erfolgt eine ausführliche Darstellung des Begriffs der Usability in Kapitel 3 (vgl. im Folgenden Wörmann, 2013, o. S.).

- **Utility** beschreibt den subjektiv empfundenen Nutzen der Inhalte und der Funktionen.
- **Accessibility** beschreibt die Zugänglichkeit und Kompatibilität mit den Endgeräten des Nutzers sowie die subjektiv empfundene Performance und Ladezeiten.
- **Usability** beschreibt die effektive und effiziente und damit einfache Bedienung, die in zufriedenstellender Zielerreichung resultieren soll.
- **Ästhetik** beschreibt die optische Attraktivität und Anpassung an die Marke.
- **Erfüllung des Markenversprechens und der Erwartungen der Nutzer** stellt eine Herausforderung dar, weil Nutzer das User Interface mit dem Produkt gleichsetzen und entsprechende Erwartung an das UI stellen, wie z.B. Einfachheit, Innovation oder Sicherheit.

Indikatoren

Die Indikatoren grenzen das Konstrukt der User Experience ein und stellen die Variablen eines positiven Nutzererlebnisses dar. Dazu zählen neben der Zufriedenheit der Nutzer, die Joy of Use. Letzteres kann als Freude bei der Nutzung übersetzt werden, die entsteht, wenn die Ziele des Nutzers durch die Website einfach erreicht werden, wenn die Bedienung und das Systemfeedback problemlos ineinandergreifen und ein flüssiger Dialog entsteht sowie wenn gesuchte Informationen auf innovative Weise vermittelt werden. Besonders erfreulich sind für den User Erfolgserlebnisse, die durch ein effektives und effizientes User Interface ermöglicht werden (vgl. Wörmann, 2013, o. S.).

Externer Faktor

Der externe Faktor beinhaltet eine Vielzahl an Variablen, die es bei der Datenerhebung zu berücksichtigen gilt. Dazu gehört die individuelle Einstellung des Users gegenüber dem Produkt oder der Marke, die individuelle Tagesform des Nutzers sowie Effekte aus dem Wettbewerbsumfeld und die Testsituation selbst. Diese Faktoren können auf das tatsächliche und natürliche Nutzerverhalten einwirken, das es zu untersuchen gilt (vgl. Sontheimer, 2016, S. 11).

Konsequenzen

User Experience ist ein wesentlicher Erfolgsfaktor für digitale Geschäftsmodelle, da sie das Nutzerverhalten signifikant beeinflusst. Die Performance von Websites wird deshalb anhand von unterschiedlichen Metriken überwacht, die das Nutzerverhalten abbilden. Neben dem Nutzerverhalten beeinflusst gute User Experience auch die Markenwahrnehmung und das Empfehlungsverhalten sowie die Kundenbindung, intensive Nutzung und Transaktionen, welche als Key Performance Indikatoren (KPI) zum Zweck der Überwachung hinzugezogen werden (vgl. Wörmann, 2013, o. S.). Innerhalb des User Experience Wirkmodells werden die KPIs unter der Kategorie Konsequenzen einsortiert.

Wirkungszusammenhänge

Die Zusammenhänge zwischen den drei Spalten des Modells können wie folgt beschrieben werden: Die Erfolgsfaktoren als Eigenschaften des User Interfaces sind gestaltbare Variablen. Diese beeinflussen die Indikatoren der User Experience und sind entscheidend dafür, ob die UX als gut empfunden wird. Abhängig davon wie sie empfunden wird, folgen Konsequenzen, die als Performance der Website gemessen werden.

2.3   Messung der User Experience

Bei der Untersuchung von UX geht es darum, warum Menschen welche Dinge tun. Laut Jacobsen können neben qualitativen auch quantitative Ansätze herangezogen werden, um Vorgesetzte, Controller und Produktverantwortliche, die an Business-Metriken interessiert sind, mit eben solchen Werten zu versorgen. Hier nennt Jacobsen zum einen den Return on Investment (ROI) und weitere klassische Werte wie Absprungraten, Konversionsrate und aufgerufene Seiten pro Besuch. Auf der anderen Seite stehen die User-Experience-Experten, die an Metriken wie der System Usability Scale (SUS), der Fehlerrate und der Task Completion Time (TCT) interessiert sind. Bei diesen Werten steht das Nutzerverhalten im Zentrum (vgl. Jacobsen, 2018a, S. 8). Neben diesen Kriterien gibt es jedoch noch weitere Ansätze zur Bewertung von User Experience, die speziell auf die Joy of Use und die Nutzerzufriedenheit ausgerichtet sind.

2.3.1 Messung der Joy of Use

Laugwitz, Held und Schrepp haben als theoretische Grundlage für die Konzipierung eines User Experience Fragebogens (UEQ) die Komponenten der wahrgenommenen ergonomischen Qualität, der wahrgenommenen hedonischen Qualität und der wahrgenommenen Attraktivität verwendet. Da dieser Fragebogen für die Messung der Joy of Use in dieser Arbeit herangezogen werden soll, wird er im Folgenden näher erläutert. Laut Laugwitz, Held und Schrepp umfassen ergonomische und hedonische Qualität unterschiedliche Qualitätsaspekte. Während ergonomische Qualität stärker ziel- und aufgabenorientierte Aspekte beschreibt, die den effizienten und effektiven Umgang mit dem Produkt ermöglichen (Usability-Ziele), richtet sich die hedonische Qualität hauptsächlich auf die nicht-aufgabenorientierten Qualitätsaspekten aus (UX-Ziele). Beispiele für hedonische Aspekte einer Software sind die Originalität des Designs sowie die Schönheit der Benutzeroberfläche (UI). Folglich werden Usability-Aspekte mit UX-Aspekten innerhalb eines Fragebogens verbunden und abgefragt. Bezüglich der wahrgenommenen Attraktivität wurde angenommen, dass die Testperson viele verschiedene Aspekte bei der Bewertung eines Softwareprodukts wahrnimmt. Somit ist die Attraktivität das Ergebnis der Mittelwerte von wahrgenommenen Qualitäten, die für die Bewertung des Produkts relevant sind. Einerseits kann die wahrgenommene Attraktivität innerhalb des Fragebogens direkt durch Item-Paare gemessen werden. Andererseits kann durch das Heranziehen von Item-Paaren der ergonomischen und hedonischen Qualität indirekt auf die Attraktivität geschlossen werden (vgl. Laugwitz et al., 2008, S. 64 ff.). Neben des Faktors der Attraktivität, der den Gesamteindruck des Produkts abfragt, wurden deshalb noch fünf weitere Faktoren innerhalb eines aufwändigen Analyseprozesses extrahiert (vgl. im Folgenden Schrepp et al., 2017, S. 104; Schrepp, 2018, S. 2):

Durchschaubarkeit
Ist es leicht, sich mit dem Produkt vertraut zu machen? Ist es leicht erlernbar? Ist das Produkt leicht verständlich und eindeutig? (ergonomisch)

Effizienz
Können die Nutzer ihre Aufgaben ohne unnötigen Aufwand erfüllen? Ist die Interaktion effizient und schnell? Reagiert das Produkt schnell auf den Input des Nutzers? (ergonomisch)

Steuerbarkeit
Hat der Nutzer das Gefühl, die Kontrolle über die Interaktion zu haben? Kann der Nutzer das Verhalten des Systems vorhersagen? Fühlt sich der Nutzer selbstbewusst, wenn er mit dem Produkt arbeitet? (ergonomisch)

Stimulation
Ist die Nutzung des Produkts aufregend und motivierend? Ist die Nutzung angenehm und erfreulich? (hedonisch)

Originalität
Ist das Produkt innovativ und kreativ? Weckt es die Aufmerksamkeit des Nutzers? (hedonisch)

Die Abbildung 2 zeigt die grundlegende Struktur des Fragebogens inklusive der zuvor beschriebenen Kriterien, an denen User Experience gemessen werden kann. Außerdem zeigt sie die zugehörigen Items, die in dem Fragebogen zur Erfassung der Daten auf einer siebenstufigen Likert-Skala abgefragt werden.

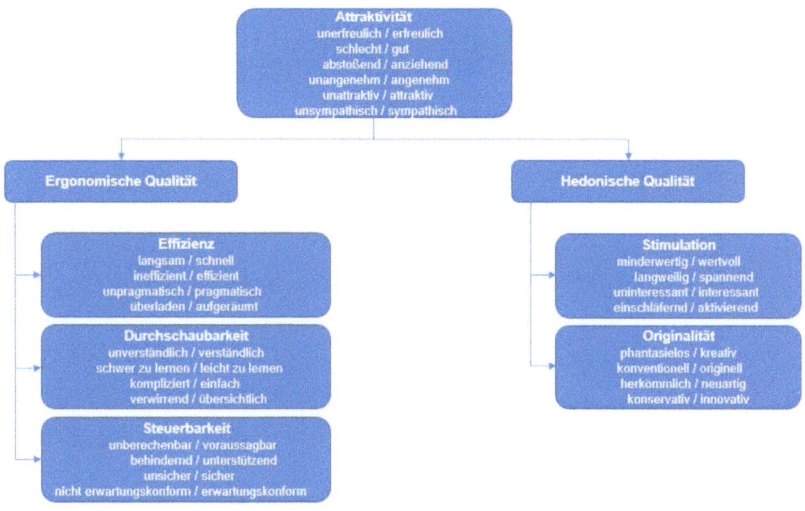

Abbildung 2: Vorausgesetzte Faktorenstruktur des UEQ
Quelle: Vgl. Schrepp, 2018, S. 3.

2.3.2 Messung der Nutzerzufriedenheit

Die ISO-Norm 9241-11 96 liefert folgende Begriffsdefinition für Nutzerzufriedenheit: „Maße der Zufriedenheit beschreiben die Beeinträchtigungsfreiheit und die Akzeptanz der Nutzung. [...] Maße der Zufriedenheit können sich auf Einstellungen beziehen, ein Produkt zu benutzen, oder auf das Benutzerurteil über Aspekte wie Effizienz, Nützlichkeit und Lernförderlichkeit." (DIN Deutsches Institut für Normung e.V., 2016, in: Gizycki, 2002, S. 3) Als subjektives Merkmal ist die Nutzerzufriedenheit nicht mit messbaren Größen bewertbar. Sie hängt stärker von den Erwartungen der Nutzer ab und entsteht erst, wenn diese erfüllt oder übertroffen werden. Eine weitere Größe, die die Nutzerzufriedenheit beeinflusst, ist die von den Nutzern subjektiv empfundene Effizienz. Zeitempfinden sowie die Erwartungen an Ladezeiten oder an die Dauer von speziellen Prozessen sind von Nutzer zu Nutzer unterschiedlich. Demnach müssen die Erwartungen der Nutzer bekannt sein, um sie erfüllen zu können. Zusätzlich gilt es, das mit jeder erfüllten Erwartung steigende Anspruchsniveau zu beachten. Innovative Gestaltung und außergewöhnliche Lösungen erscheinen den Usern nach einigen Klicks als durchschnittlich, weil sie stetig mehr erwarten (vgl. Gizycki, 2002, S. 3 f.). Die Komplexität der Nutzerzufriedenheit stellt ein Problem für dessen Operationalisierung dar. Benötigt wird eine Kennzahl oder Größe, anhand derer eine Bewertung der Nutzerzufriedenheit möglich ist. Kundenorientierte Unternehmen nutzen unternehmensübergreifende Kennzahlen als Key Performance Indikatoren, um beispielsweise die Qualität der Kundenbeziehung aus Sicht der Kunden objektiv zu ermitteln (vgl. van Riet und Kirsch, 2010, S. 38).

Die Satisfaction Rate ist ein Key Performance Indikator, der von der Reed Exhibitions Deutschland GmbH (Reed) in der Besucher- und Ausstellerbefragung eingesetzt wird. Dieser KPI erhebt in Kombination mit zwei weiteren Kennzahlen die Zufriedenheit der Besucher und wird folgendermaßen abgefragt: „Wie beurteilen Sie die [Messe] alles in allem gesehen?" Die Antworten werden auf einer Fünfer-Skala erfasst bei der 5 für ‚sehr schlecht' und 1 für ‚sehr gut' steht. Die Summe der Prozentzahlen aus der Top2 Box (Antwort 1 und 2) werden für die Berechnung addiert (vgl. Meier, 2018). Abhängig vom Untersuchungsgegenstand müsste die Frage entsprechend angepasst werden. Zusätzlich kann die Nutzerzufriedenheit auf einer Schulnoten-Skala von eins bis sechs abgefragt werden (vgl. Kleinholz, 2015, o. S.). Diese Methode bietet sich an, da die Bewertung auf einer Schulnoten-Skala dem Großteil der Bevölkerung durch das Durchlaufen der Schulzeit vertraut ist. Durch die Umrechnung in Oberstufen-Punkte kann anschließend ein Durchschnittswert berechnet werden, um eine Gesamtnote zu erhalten, die die Nutzerzufriedenheit widerspiegelt.

3 Einflussfaktor: Usability

Für die Definition des Begriffs der Usability wurden Normen und Standards in der DIN EN ISO 9241 festgehalten, um bei einer entsprechenden Ausrichtung an diesen Normen einen Grad an Gebrauchstauglichkeit sicherzustellen. Den Websitebetreibern helfen diese Regeln bei der Entwicklung ergonomischer Websites, die den Nutzern den Umgang mit der Seite erleichtern (vgl. Rampl, 2007, o. S.). Verschiedene Usability-Experten und Berater haben die Definition um weitere für sie relevante Aspekte ergänzt. Im Folgenden wird der Begriff der Usability beleuchtet, um anschließend eine Definition für die weitere Verwendung des Begriffs in dieser Arbeit zu formulieren. Außerdem werden Kriterien definiert, mit denen Usability bewertet werden kann. Entlang der Kriterien können Aussagen über die Usability der untersuchten Website formuliert werden.

3.1 Begriff

Übersetzt wird der Begriff Usability meist mit Gebrauchstauglichkeit oder Nutzerfreundlichkeit (vgl. PONS Online Wörterbuch, 2018, o. S.). Die formal korrekte Übersetzung lautet ausschließlich Gebrauchstauglichkeit (vgl. Jacobsen und Meyer, 2018, S. 59). Die ISO-Norm 9241-11 beschreibt Usability wie folgt: „Usability bezeichnet das Ausmaß, in dem ein Produkt durch bestimmte Benutzer in einem bestimmten Nutzungskontext genutzt werden kann, um bestimmte Ziele effektiv, effizient und zufriedenstellend zu erreichen." (DIN Deutsches Institut für Normung e.V., 2016, in: Gizycki, 2002, S. 2) Weiterführend wird erklärt, dass „es keine allgemeine Regel dafür [gibt], wie Maße ausgewählt oder kombiniert werden sollen." (DIN Deutsches Institut für Normung e.V., 2016, in: Gizycki, 2002, S.2) Dies wird damit begründet, dass „die relative Bedeutung dieser Komponenten [Effizienz, Effektivität und Zufriedenstellung, A. d. V.] der Gebrauchstauglichkeit sowohl vom Nutzungskontext abhängt als auch von dem Zweck, für den die Gebrauchstauglichkeit zu beschreiben ist." (DIN Deutsches Institut für Normung e.V., 2016, in: Gizycki, 2002, S. 2) Somit gibt es keine uneingeschränkt allgemein gültigen Lösungen für Usability, da stets der Zweck und der Kontext für die Formulierung eines Lösungsansatzes relevant sind. Diese

Aussage vertritt auch Krug. Seine Antwort auf Usability-Fragen lautet häufig: „Es kommt drauf an." (Krug, 2014, S. 7) Diese Aussage schränkt er ein, indem er hinzufügt, dass es einige nützliche Richtlinien gibt, die hilfreich sein können (vgl. Krug, 2014, S. 7).

Usability kann als Qualitätsmerkmal angesehen werden. Wie schnell ein Mensch die Benutzung einer Website erlernen kann, wie effizient er diese nutzt, wie leicht die Benutzung merkbar ist, wie fehleranfällig die Website ist und wie sie dem Menschen gefällt, bestimmt die Qualität der Website (vgl. Nielsen und Loranger, 2008, S.xvi). Zusammengefasst ist Usability „die Lehre von der Benutzbarkeit von Software." (Puscher, 2001, S. 1) Das Ziel von Usability ist folglich, eine Website möglichst einfach nutzbar zu machen im Sinne der Effizienz. Die Gestaltung sollte intuitiv und nutzerfreundlich sein, um den Nutzer zufrieden zu stellen. Der dritte Aspekt ist die Zielerreichung des Nutzers, welche die Effektivität darstellt (vgl. Jacobsen und Meyer, 2018, S. 33).

Für die vorliegende Arbeit soll eine Kombination der zuvor dargestellten Definitionen verwendet werden, sodass ein eindeutiges Verständnis des Begriffs gegeben ist. Ein Versuch dieser umfassenden Definition lautet wie folgt: Usability ist die Lehre der Benutzbarkeit einer Software, um sie möglichst einfach, intuitiv und nutzerfreundlich zu gestalten, sodass der Nutzer sein Ziel erreichen kann. Sie gilt als Qualitätsmerkmal einer Website, mit dem das Ausmaß bestimmt werden kann, wie effizient, effektiv und zufriedenstellend ein Ziel unter Verwendung der entsprechenden Website erreicht werden kann. Aufgrund der Abhängigkeit des Zwecks und des Nutzungskontextes gibt es keine allgemeingültigen Lösungen für eine gute Usability. Allerdings kann die Beachtung von nützlichen Richtlinien hilfreich sein.

3.2 Messung der Usability

Usability besitzt als wesentliche Aspekte die Effizienz, die Effektivität sowie die Nutzerzufriedenstellung. Neben der Effektivität und der Effizienz, die genau definiert werden können als „die Genauigkeit und Vollständigkeit, mit der Benutzer ein bestimmtes Ziel erreichen" (DIN Deutsches Institut für Normung e.V., 2016, in: Gizycki, 2002, S. 2) (Effektivität) und als „relevanter Aufwand [, der] psychische oder physische Beanspruchung, Zeit, Material oder monetäre Kosten enthalten [kann]" (DIN Deutsches Institut für Normung e.V., 2016, in: Gizycki, 2002, S. 3) (Effizienz) erscheint die Nutzerzufriedenstellung als softer Faktor schwieriger zu operationalisieren. Sie hängt von den verschiedenen Erwartungen eines Nutzers ab (vgl. Gizycki, 2002, S. 3). Krug nennt als ergänzende Aspekte neben der Effizienz und Effektivität noch folgende Adjektive: nützlich, erlernbar, einprägsam, begehrenswert und reizvoll (vgl. Krug, 2014, S. 9). Diese sollen seine Definition von Nutzerzufriedenstellung darstellen. Da Nutzerzufriedenstellung offensichtlich schwierig zu definieren ist, ist deren Messung noch schwieriger. Aus diesem Grund wird in dieser Arbeit Usability nur anhand von Effektivität und Effizienz gemessen. Im Folgenden werden die Effizienz und die Effektivität operationalisiert, um sie in der Analyse von Websites bewertbar zu machen und um eine geeignete Testmethode zur Datenerhebung auszuwählen.

Effektivität: Abgeleitet von der Definition nach der ISO Norm kann Effektivität an der Zielerreichung gemessen werden. Die Nutzer bekommen eine Aufgabe gestellt. Wenn die Website den Nutzern ermöglicht, das Ziel zu erreichen und die Aufgabe zu erfüllen, unabhängig vom Aufwand oder der benötigten Zeit, so ist die Website effektiv (vgl. Gizycki, 2002, S.3). Dieser Wert ist auch als Task Completion Rate (TCR) bekannt. Hierbei wird die Anzahl der erfolgreichen Testpersonen durch die Gesamtzahl der Testpersonen geteilt (vgl. Jacobsen, 2018a, S. 22). Ergänzend kann in diesem Rahmen auch die Anzahl der Fehler, die auf dem Weg der Zielerreichung begangen werden in einer Fehlerrate erfasst werden, wenn bekannt ist, wie viele mögliche Fehler es gibt (vgl. Jacobsen und Meyer, 2018, S. 188).

Effizienz: Der Aufwand und die benötigte Zeit sowie alle weiteren aufzuwendenden Ressourcen werden bei der Bewertung der Effizienz betrachtet. Wenn die Nutzer zur Erfüllung der Aufgabe den geringstmöglichen Einsatz von Ressourcen benötigen, so ist die Website effizient. Ist der Aufwand größer als der Ertrag, den die Website den Nutzern bietet, so würden sie den Vorgang abbrechen. Deshalb gilt: Je schneller und einfacher, desto besser (vgl. Gizycki, 2002, S. 3). Folglich ist der wichtigste Indikator für Effizienz die benötigte Zeit, für die Ausführung einer Aufgabe. Dieser Wert ist auch als Task Completion Time (TCT) bekannt. Bei der Messung der TCT ist darauf zu achten, dass die Bedingungen bei jeder

Testperson die gleichen sind und nicht durch unterschiedlich lange Ladezeiten oder Ähnliches verfälscht werden. Außerdem ist zu berücksichtigen, dass es mehr und minder gesprächige Probanden gibt. Durch ausführliches Mitteilen der Gedanken kann sich das Nutzerverhalten verändern und die TCT deutlich verlängern, ohne dass die Usability schlechter ist (vgl. Jacobsen, 2018b, o. S.).

4 Konsequenzen: Kundenbindung & Weiterempfehlung

Dem User Experience Wirkmodell zufolge sind Kundenbindung und Weiterempfehlung Konsequenzen von User Experience. Da diese beiden Aspekte für die Untersuchung der vorliegenden Arbeit herangezogen werden, wird sich nur auf diese beiden Konsequenzen von User Experience konzentriert.

Die Kundenbindung kann aus Sicht der Anbieter und der Nachfrager definiert werden. Während die Nachfragersicht kaufverhaltensbezogen ist, ist die Anbietersicht managementbezogen bzw. maßnahmenorientiert (vgl. Meffert, 2005, S. 149 f.). Bei der Nachfragersicht steht der Kunde im Fokus des Interesses. Hier geht es um die Identifikation von Voraussetzungen und Konsequenzen der Bindung des Kunden und das Verständnis von bei ihm ablaufenden Prozessen, um Möglichkeiten für seine Beeinflussung zu erhalten (vgl. Weinberg und Terlutter, 2005, S. 43). Bei der Anbietersicht geht es um diejenigen Managementmaßnahmen, die ein Unternehmen nutzt, um eine Kundenbindung zu erreichen. Kundenbindungsmanagement lässt sich definieren als „die systematische Planung, Realisation, Kontrolle und Anpassung aller auf den aktuellen Kundenstamm gerichteten Aktivitäten mit dem Ziel, die Wechselbereitschaft durch die Herstellung oder Intensivierung von faktischen und emotionalen Bindungen zu verringern bzw. temporär einen Wechsel auszuschließen." (Meffert, 2005, S. 149)

Die Bereitschaft für Wiederkäufe und Weiterempfehlungen hängt von dem vom Kunden wahrgenommenen Nutzen ab, welcher z.B. in Form von höherer Qualität, Bedürfnisbefriedigung, schnellerer Bereitstellung und Vertrauen vorkommen kann (vgl. Homburg et al., 2005, S. 6 ff.).

4.1 Messung der Kundenbindung

Die Messung der Kundenbindung erfolgt anhand der von Reed ebenfalls verwendeten Kennzahl Likelihood to Attend Rate. Diese spiegelt die Wiederkommens-Absicht der Messebesucher wider (vgl. Meier, 2018). Allgemein ist sie jedoch als Wiederkaufswahrscheinlichkeit bekannt. Sie wird von Rogall als Möglichkeit zur Operationalisierung der Kundenbindung vorgestellt (vgl. Rogall, 2000, S. 88

ff.). Die Likelihood to Attend Rate wird wie folgt erfragt: „Werden Sie die nächste [Messe] wieder besuchen?" Die Antwortmöglichkeiten reichen von 1 – Auf jeden Fall, 2 – Wahrscheinlich, 3 – Weiss (noch) nicht, über 4 – Wahrscheinlich nicht, bis hin zu 5 – Auf keinen Fall. Auch hier werden wie bei der Satisfaction Rate für die Berechnung die Prozentzahlen der Top2 Box verwendet und addiert (vgl. Meier, 2018). Eine Anpassung der Frage an das Untersuchungsobjekt muss ebenfalls entsprechend vorgenommen werden sowie eine Anpassung der Bezeichnung dieser Kennzahl. In Ermangelung eines passenden Begriffs wird für die vorliegende Arbeit diese Kennzahl Wiedernutzungswahrscheinlichkeit genannt.

4.2 Messung der Weiterempfehlung

Für die Messung der Weiterempfehlung wurde 2003 eine Kennzahl von Reichheld vorgestellt: der Net Promoter Score (NPS) (vgl. im Folgenden Reichheld, 2003, o. S.). Dieser Wert gibt an, mit welcher Wahrscheinlichkeit ein Produkt als Konsequenz für die Nutzerzufriedenheit weiterempfohlen wird. Auf Grund von zu komplizierten und aufwändigen Kundenzufriedenheitsstudien von Unternehmen entwickelte Reichheld die ultimative Frage, mit der der NPS ermittelt werden kann: „How likely is it that you would recommend [company X] to a friend or a colleague?" (Reichheld, 2003, o. S.)

Die Befragten können auf einer Skala von null bis zehn antworten, wobei zehn „extremely likely" (Reichheld, 2003, o. S.) und null „not at all likely" (Reichheld, 2003, o. S.) bedeutet. In der Analyse der Ergebnisse werden drei Cluster gebildet: die Promotoren mit den besten Bewertungen, die eine neun oder zehn vergaben, die Passiven oder Neutralen, die eine sieben oder acht ankreuzten und die Detraktoren, die einen Wert zwischen null und sechs ankreuzten. Um den NPS zu berechnen, werden die jeweiligen Antworten pro Cluster addiert und anschließend in das Verhältnis zur Gesamtheit gesetzt. Der Anteil bzw. die Prozentzahl der Detraktoren wird von der Prozentzahl der Promotoren abgezogen (vgl. Abb. 3).

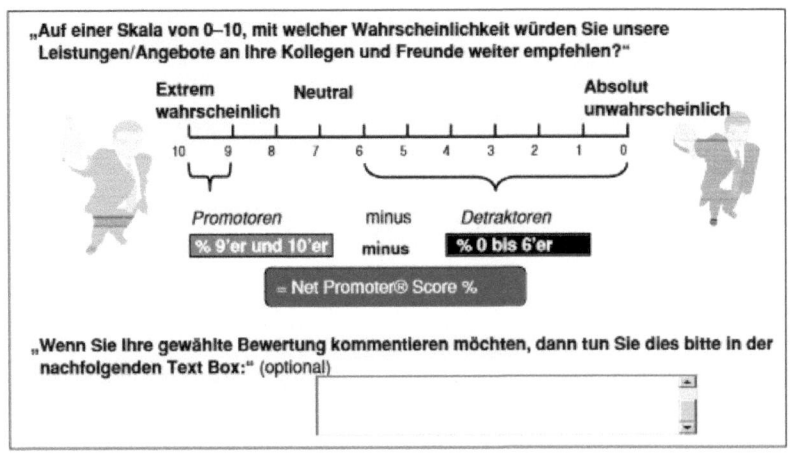

Abbildung 3: Die ultimative Frage
Quelle: van Riet und Kirsch, 2010, S. 45.

Jacobsen sieht drei Vorteile in der Verwendung des NPS als Kennzahl: Zum einen ist er sehr einfach ermittelbar, zum anderen kennen ihn die meisten Marketing- und Businesschefs. Außerdem gibt es viele Vergleichsdaten aus unterschiedlichen Branchen, da er in vielen Unternehmen aus verschiedensten Bereichen eingesetzt wird. Als Kritikpunkt nennt Jacobsen, dass die NPS-Frage das zukünftige Vorhaben der Testpersonen betrifft. Die Problematik ist in der folgenden Frage erkennbar: „Möchten Sie sich im nächsten Monat gesund ernähren und regelmäßig Sport treiben?" Auch hier wird ein Vorhaben abgefragt. Vermutet wird, dass die meisten Probanden mit „Ja" antworten, doch nicht jeder der „Ja"-Sager wird im Endeffekt sein Vorhaben umsetzen. Deshalb bevorzugen gerade UX-Experten solche Fragen, die auf Aspekten aus der Vergangenheit abzielen, da hier die Fehlerquote geringer ist. Als weiteren Kritikpunkt nimmt Jacobsen auf, dass bei der Berechnung des NPS viele Informationen verloren gehen, da die Neutralen nicht berücksichtigt und Werte von einander subtrahiert werden. Trotzdem empfiehlt er die Erfassung des NPS für die Arbeit mit Nicht-UX-Kollegen und weist auf die Darstellung der Rohdaten hin, was den Informationsverlust ausgleicht (vgl. Jacobsen, 2018a, S. 17 ff.).

Entscheidend ist an dieser Stelle zu betonen, dass der NPS eine Standard-Kennzahl für die Bewertung der Nutzerzufriedenheit ist. In dem User Experience Wirkmodell von Facit Digital ist die Weiterempfehlung jedoch als Konsequenz dargestellt, was die Verortung des NPS in diesem Kapitel begründet. Für die Messung der Nutzerzufriedenheit wurde wie bereits beschrieben eine andere Methode gefunden. Somit werden in der vorliegenden Untersuchung die Konsequenzen anhand des NPS und der Wiedernutzungswahrscheinlichkeit bewertet.

5 Testmethoden

Für die Durchführung von Usability und User Experience Studien gibt es eine große Auswahl an Methoden zur Datenerhebung, Datenanalyse und zum Datenvergleich. Rohrer empfiehlt eine Kombination aus mehreren Nutzerforschungsmethoden, um kombinierte und verbundene Einblicke in das Nutzerverhalten zu erhalten. Zu entscheiden gilt es, welcher Methoden-Mix der Richtige ist (vgl. Rohrer, 2014, o. S.). In diesem Kapitel werden die einzelnen Methoden, die für die vorliegende Arbeit relevant sind, vorgestellt.

5.1 Usability-Test

Ein Usability-Test ist ein komplexer Vorgang, für den es unterschiedliche Ausführungsmöglichkeiten gibt. Meist ähnelt sich die Durchführung der Usability-Tests, während weiterführende Testmethoden je nach Anforderungen und Entwicklungsstadien des Testobjektes ausgewählt werden (vgl. Stoessel, 2002, S. 76ff).

Voraussetzung für die Durchführung eines solchen Tests ist die Kenntnis darüber, wer die Zielgruppe des Produktes darstellt und was der Nutzungskontext des Produktes ist. Das bedeutet, dass der Endnutzer und die Umgebung bekannt sein müssen, in der das Produkt vom Endnutzer verwendet wird. Stoessel beschreibt einen Usability-Test als simulierten Praxisfall. Das Produkt wird durch die Bewertung typischer Anwendungen getestet. Diese Tests werden von Experten durchgeführt. Sie sind in der Lage, Stärken und Schwächen der Usability abzuleiten. Als weiterführende Testmethoden nennt Stoessel hier noch Fragebögen und Interviews, sowie Mouse Tracking und Eyetracking (vgl. Stoessel, 2002, S. 76ff).

Der Nutzertest ist die effektivste Methode, um Probleme und Verbesserungspotentiale eines Produkts zu erkennen. Die UX-Experten von usability.de GmbH & Co. KG führen Usability-Tests grundsätzlich mit realen Usern der Zielgruppe durch. Mittels der Beobachtung des tatsächlichen Verhaltens der Nutzer während der Interaktion mit dem Produkt, können Schwachstellen identifiziert und Optimierungsvorschläge herausgearbeitet werden (vgl. Bartel und Quint, 2018d, o. S.). Besonders entscheidend ist dabei für sie, dass die Probanden zu 100% mit der Zielgruppe des Produkts übereinstimmen und dass für die Durchführung des Tests konkrete Aufgaben an die Probanden kommuniziert werden, die für die Nutzung des Produkts typisch sind. Um auch unbewusste kognitive Prozesse zu erfassen, empfehlen Bartel und Quint den Einsatz von Eye-Tracking. Zusätzlich können UX-Experten die Probanden aus einem Beobachtungsraum heraus studieren und deren ungefilterte Meinungen und Aussagen aufnehmen, um sie im Nachgang bei der Analyse zu berücksichtigen. Getestet werden unter anderem Websites, Terminals und Automaten, Apps auf Tablets und Smartphones, wie auch Haushaltsgeräte, Spielekonsolen, Anwendungssoftware und einfache Prototypen. Je nach Testobjekt kann der Test entweder in einem voll ausgestatteten Usability-Labor durchgeführt werden oder direkt Zuhause oder am Arbeitsplatz der Nutzer, was vom Nutzungskontext und den räumlichen Gegebenheiten abhängt. Die Möglichkeiten für einen Usability-Test sind sehr vielseitig. Die Antworten auf Fragestellungen wie (im Folgenden Bartel und Quint, 2018c, o. S.) „Können die Nutzer die Kernaufgabe ohne Probleme lösen?", „Sind wichtige Informationen auch tatsächlich auffindbar?", „Sind Texte verständlich und übersichtlich aufbereitet?", „Gibt es Stellen, an denen der Nutzer nicht ohne Hilfe weiter kommt?" und „Macht es Spaß das Produkt zu nutzen?" können mittels Usability-Test gegeben werden (vgl. Bartel und Quint, 2018c, o. S.).

Das Studiendesign selbst ist je nach Anforderung gestaltbar und lässt sich gut mit anderen Datenerhebungsverfahren wie Eye-Tracking, Hautleitwiderstandmessung oder Klicktracking kombinieren. Im Rahmen von Usability-Tests können ebenfalls Werte wie die TCR und TCT erfasst werden (vgl. Jacobsen und Meyer, 2018, S. 178). Das Ergebnis eines Usability-Tests ist eine Liste von Problemen, die den User verwirrt oder frustriert haben und die es zu beheben gilt (vgl. Krug, 2014, S. 113).

In einer gängigen Erweiterung zur Datenerhebung des Usability-Tests bekommen die Interviewer von Krug zwei zusätzliche Jobbeschreibungen. Zum einen sind sie ein Tourguide, der den Testteilnehmern sagt, was zu tun ist, sie in Bewegung und bei Laune hält. Andererseits sind die Interviewer Therapeuten. Sie sollen die Probanden dazu ermuntern, ihre Gedanken und Gefühle zu verbalisieren, während sie die Anwendung testen. Die Probanden sollen dazu angehalten werden, auszusprechen, was sie versuchen zu tun, wohin sie sehen, was sie sehen, was sie lesen oder überfliegen und welche Fragen sie sich stellen. Diese Methode heißt „Thinking Aloud Protocol" oder zu Deutsch Gedankenprotokoll (vgl. Krug, 2010, S. 63). Anhand der Ergebnisse können die Gründe der Handlungen des Nutzers verstanden werden, was einen besonderen Wert in der Analysephase hat. Durch die Verbalisierung der Gedanken kann erfasst werden, warum der Nutzer einen falschen Button geklickt hat, nicht nur, dass er den falschen Button geklickt hat und deshalb den Kauf nicht abschließen konnte (vgl. Nielsen und Loranger, 2008, S. 4). Dies erkannte Nielsen bereits 1993, als er schrieb: „Thinking aloud may be the single most valuable usability engineering method." (Nielsen, 1993, S. 195) Der wichtigste der vielseitigen Vorteile ist das ‚Fenster zur Seele' des Nutzers, das er selbst durch das freie Aussprechen seiner Gedanken öffnet. Falsche Annahmen, Fehlinterpretationen von Designelementen und Umgestaltungsvorschläge sind Anhaltspunkte für Veränderungen. Noch entscheidender ist der Grund für jede Fehlinterpretation und warum andere Teile des User Interface wiederum als leicht verständlich empfunden werden. Hinzu kommt, dass diese Methode günstig, robust gegenüber Durchführungsfehlern, flexibel bezüglich Einsatzzeitpunkt und Testobjekt, überzeugend und motivierend für Entwickler und Designer und zusätzlich noch leicht erlernbar ist. Die Probanden können jedoch leicht durch Nachfragen und Aufforderungen in ihrem natürlichen Nutzerverhalten beeinflusst werden. Dennoch sind diese notwendig für die Erfassung von Daten. Nielsen rät in solchen Fällen Teile der Studie zu verwerfen, in denen der Interviewer den Probanden durch Unterbrechungen beeinflusst hat. Letztlich ist die Thinking-Aloud-Methode kein Allheilmittel für Usability-Tests. Trotzdem bietet sie die Möglichkeit der Erfassung notwendiger Daten und wird als die effektivste Methode bezeichnet, um die Usability zu verbessern (vgl. Farrell, 2017, o. S.; Nielsen, 2012, o. S.).

5.2 Fragebogen

Eine der Standard-Methoden für qualitative und quantitative Ergebnisse sind Befragungen. Hier gilt es einige Punkte zu beachten, da Details die Ergebnisse und Antworten der Nutzer beeinflussen können, beispielsweise die Formulierung der Fragen, deren Reihenfolge sowie die Antwortmöglichkeiten. Für UX-Befragungen haben Experten professionelle Fragebögen statistisch validiert und optimiert, um möglichst unverzerrte Ergebnisse zu erhalten. In diesem Zusammenhang spielen Validität, Reliabilität und Objektivität eine wichtige Rolle. Eine valide Metrik misst genau das, was sie angibt zu messen. Reliabilität bedeutet Zuverlässigkeit im Hinblick darauf, dass bei wiederholter Messung die gleichen Ergebnisse wieder herauskommen. Bei einer objektiven Messung ist es für die Ergebnisse irrelevant, wer die Messung durchgeführt hat. Auch bei wechselnden Testleitern sind die Ergebnisse gleich (vgl. Jacobsen, 2018a, S. 9 ff.).

Für Usability-UX-Tests haben sich drei standardisierte Fragebögen etabliert: die SUS – System Usability-Scale zur Bewertung der Usability auf einer Skala; der UEQ – User Experience Questionnaire, ein Fragebogen zur Erfassung der UX und der VisAWI – Visual Aesthetics of Website Inventory, ein Fragebogen zur Erfassung der visuellen Ästhetik einer Anwendung. Der Einsatz solcher standardisierten Fragebögen wird bei der Erhebung von Vergleichswerten empfohlen, um sogenannte Benchmark Analysen durchführen zu können. Dies ist möglich, da die Fragebögen quantitative Zahlen zur Nutzerbewertung der Usability, User Experience und Ästhetik der Anwendung liefern. Im Rahmen dieser Befragungen kann auch die Wiederbesuchs- und Weiterempfehlungsbereitschaft sowie Zufriedenheit anhand von Skalen erfasst werden (vgl. Jacobsen und Meyer, 2018, S. 185). Ergänzend zu den quantitativen Ergebnissen kann eine Anschlussfrage für die Analyse der Ergebnisse interessant sein. Hierbei geht es um eine qualitative Antwort des Befragten. Warum hat sich der Proband für dieses Urteil entschieden? Aus den Antworten können weitere Nutzerprobleme abgeleitet werden (vgl. Jacobsen, 2018a, S. 21).

5.3   Eyetracking

Eye-Tracking ist ein apparatives Verfahren zur Blickaufzeichnung von Personen. Anhand der Daten können Aussagen darüber gemacht werden, wie lange und in welcher Reihenfolge die Rezipienten das zu beobachtende Objekt betrachtet haben. Unterschiedliche Gerätetypen erlauben die Untersuchung verschiedener Objekte (vgl. Blake, 2013, S. 367). Stationäre Eye-Tracker werden meist zur Untersuchung von Websites, Anzeigen, Videos und Ähnlichem genutzt, während mobile Systeme in Form einer Brille auch zur Nutzung im Feld, beispielsweise in Geschäften, auf Messen und Ähnlichem eingesetzt werden (vgl. Tobii AB, 2018, o. S.).

Menschen nehmen die Welt um sie herum mit den Augen wahr. Mittels Eye-Tracking kann das natürliche menschliche Verhalten interpretiert und analysiert werden, um Einblicke in deren Handlungen zu erlangen. Daraus resultierend können Vorhersagen über verhaltensbeeinflussende Faktoren getroffen werden (vgl. Tobii AB, 2018, o. S.).

In Hinblick auf den Einsatz von Eye-Tracking in Verbindung mit einem Usability-Test können wertvolle zusätzliche Daten erhoben werden. Neben den qualitativen Ergebnissen entstehen quantitative Daten wie die Betrachtungsdauer und Betrachtungsreihenfolge bestimmter Designelemente (vgl. Bartel und Quint, 2018c, o. S.). Auch können Aussagen über aufmerksamkeitserregende Elemente und übersehene Elemente getroffen werden (vgl. Bartel und Quint, 2018d, o. S.). Die Wahrnehmung und die Informationsaufnahme sind die beiden Elemente, die im Zentrum der Untersuchung stehen. Die Kamera zeichnet Blickbewegungen auf und die dazugehörige Software wertet die Bilder aus, indem sie Betrachtungspunkte und deren Dauer festhält (vgl. Jacobsen und Meyer, 2018, S. 183). Essentiell für die Auswertung solcher Daten sind konkrete Fragestellungen wie „Wie erkunden (explorieren) die Nutzer die Anwendung [...]? Welche Elemente werden zuerst wahrgenommen und in den ersten zwei bis drei Sekunden am intensivsten betrachtet? Wird ein bestimmtes Element auf einer Seite der Anwendung überhaupt wahrgenommen [...]? [Und] [w]ann nimmt der Nutzer ein bestimmtes Element wahr? Wie lange dauert es, bis er es wahrnimmt, und wie häufig betrachtet er es?" (Jacobsen und Meyer, 2018, S. 183) Die Auswertungsmöglichkeiten sind vielseitig. Heatmaps markieren besonders stark betrachtete Elemente in der Farbe Rot, weniger betrachtete Bereiche werden gelb bis grün dargestellt. Gazeplots zeigen die Blickverläufe durch Nummerierungen und Verbindungslinien an (vgl. Jacobsen und Meyer, 2018, S. 184).

Mind-Eye-Hypothese

Die Mind-Eye-Hypothese besagt, dass Menschen normalerweise über das nachdenken, was sie gerade anschauen. Sie setzen sich nicht direkt mit dem auseinander, was sie sehen oder verstehen es auch nicht immer, aber sie schenken dem, was sie sehen, meist ihre Aufmerksamkeit, vor allem wenn sie sich auf die Lösung einer speziellen Aufgabe konzentrieren.

Die Hypothese hält im alltäglichen Leben nicht Stand, da nicht zwangsläufig immer über das Gleiche nachgedacht wird, was man sieht und nicht immer das gesehen wird, worüber man gerade nachdenkt. Eine Ausnahme sind z.B. Tagträume (vgl. Nielsen und Pernice, 2010, S. 9). Die Hypothese besitzt folglich keine generelle Gültigkeit. Allerdings lassen die meisten Untersuchungssituationen ein verträumtes Starren des Probanden während der Blickaufzeichnung nicht zu bzw. wird es als unwahrscheinlich erachtet, dass Probanden in der Testsituation derartig reagieren. Sollte dies doch der Fall sein, so ist für die Beantwortung von Forschungsfragen nicht die Analyse von einzelnen Fixationen notwendig, sondern wird die Summe der gesamten Fixationen betrachtet (vgl. Geise, 2011, S. 198). Für Eye-Tracking-Studien wird die Hypothese eingesetzt, da Wissen darüber, wohin ein Mensch sieht, keinen Nutzen hat, wenn es nicht etwas über sein Verhalten aussagt. Menschen tendieren dazu, die Dinge anzuschauen, über die sie nachdenken. Das ist die natürliche Funktionsweise des menschlichen Sehapparats. Daraus kann geschlossen werden, dass Fixationen mit Aufmerksamkeit gleichgesetzt werden können. Der User betrachtet die Design Elemente, die ihn am meisten interessieren und je öfter er sie anschaut, desto stärker denkt er über sie nach. Das bedeutet jedoch nicht automatisch, dass der Nutzer wirklich versteht oder verarbeitet, was er sieht. Manchmal registrieren Nutzer nicht, was die Designer mit einem Wort, einem Bild oder einem Link vermitteln wollen (vgl. Nielsen und Pernice, 2010, S. 9).

5.4 Benchmarking

Den Kerngedanken des Benchmarkings beschrieb 1994 der Begründer der Methode mit folgenden Worten: „Benchmarking ist die Suche nach Lösungen, die auf den besten Methoden und Verfahren der Industrie [...] basieren und ein Unternehmen zu Spitzenleistungen führen." (Camp, 1994, S. 16) Benchmarking ergänzt den klassischen Unternehmensvergleich, indem es die Suche nach neuen Ideen und Methoden außerhalb der eigenen Branche unterstützt. Vorteilhafte Praktiken und Eigenschaften werden dabei adaptiert und implementiert, um stärker im Wettbewerb aufzutreten. Best Practices von anderen Unternehmen werden identifiziert und übernommen, um von den daraus resultierenden Wettbewerbsvorteilen zu profitieren. Die kennzeichnende Frage des Benchmarkings lautet: „Warum machen es Andere besser und was können wir daraus lernen?" (Mertins und Kohl, 2004, S. 16) Der darin enthaltene Vorteil des Benchmarkings ist der Nachweis der Durchführbarkeit der Best Practice, da andere Unternehmen die Methode bereits implementiert haben und anwenden.

Benchmarking im Rahmen von Usability-Studien

Benchmarking wird ebenfalls im Rahmen der Usability-Analyse angewendet. Dabei wird die Usability von mehreren Produkten unter Einsatz verschiedener Maße verglichen. Als Ergebnis können Aussagen über das Produkt im Vergleich zur Konkurrenz formuliert und daraus Verbesserungspotentiale gezogen werden. Entsprechende Maße sind die Kriterien der Usability und der UX. In vergleichenden Usability-Tests werden Daten zu den Testobjekten erhoben. Anschließend werden analog zum gewöhnlichen Usability-Test bestimmte Metriken ausgewertet. In der Vergleichsphase werden dann Werte der unterschiedlichen Testobjekte miteinander verglichen, Schwächen und Stärken erfasst und ausgewertet, wie die Produkte im Vergleich zueinander abschneiden. Abschließend können Verbesserungsvorschläge zusammengetragen werden. Zusätzlich zu den Usability- und UX-Kriterien Effektivität, Effizienz, Nutzerzufriedenheit und Joy of Use können Präferenzen erfasst werden, die aufzeigen, welches Produkt die Nutzer bevorzugen (vgl. Bartel und Quint, 2018a, o. S.).

6 Reed Exhibitions Deutschland GmbH

In diesem Abschnitt wird der Praxisbezug hergestellt. Das Unternehmen und die Messe werden vorgestellt. Außerdem werden aus der Problemstellung die Forschungsfragen abgeleitet und Hypothesen zur Beantwortung dieser formuliert.

6.1 Unternehmens- und Messevorstellung

Reed Exhibitions ist weltweit der größte Veranstalter von Messen und Ausstellungen und Teil der RELX Gruppe. Zum Portfolio gehören 500 Messen und Events in 43 Ländern. Die Reed Exhibitions Deutschland GmbH mit Sitz in Düsseldorf ist ein privatwirtschaftliches und standortunabhängiges Unternehmen. Je nach Veranstaltung werden Messestandorte in Düsseldorf, Essen, Berlin, Frankfurt, Hannover, Köln und Stuttgart genutzt (vgl. Reed Exhibitions Deutschland GmbH, o. J.a, o. S.). Zum Portfolio von Reed Exhibitions Deutschland gehören neun Messen auf rund 415.200 Quadratmetern Messefläche, mit über 414.000 Messebesuchern und mehr als 4.600 Ausstellern. In dem Büro in Düsseldorf sind rund 130 Mitarbeiter beschäftigt (vgl. Reed Exhibitions Deutschland GmbH, o. J.b, o. S.). Der Bar Convent Berlin, kurz BCB, wurde 2007 gegründet und hat sich seitdem zu einer der führenden internationalen Messen der Bar- und Getränkebranche entwickelt. Seit 2014 besteht eine Kooperation zwischen den drei Gründern der Veranstaltung und Reed als Veranstalter. Mehr als 12.200 Fachbesucher, darunter 1.500 Referenten und VIP-Gäste der 370 Aussteller nahmen an dem BCB 2017 teil.

6.2 Problemstellung und Forschungsfrage

Der Ticketshop wurde innerhalb der Reed internen Arbeitsgruppe „Customer Journey" als Besucher-Touchpoint mit „dringende[m] Verbesserungsbedarf" (Müller, 2018) definiert. Zu verbessernde Kriterien sind die Übersichtlichkeit, Verständlichkeit, Prozessdauer und die Kundenfreundlichkeit. (vgl. Müller, 2018). Die Abteilung Digital Business von Reed Exhibitions hat den Ticketshop genau analysiert und ein internes Dokument erstellt. Dort werden die negativen und unangenehmen Erlebnisse im Zusammenhang mit den Kundenaufgaben als

„Customer Pain Points" beschrieben. Entlang der Customer Journey werden diese Schmerzpunkte bei Berührung mit dem Ticketshop aufgezählt und erläutert. Dazu zählen auch dem Kauf im Ticketshop vor- und nachgeschaltete Prozesse. Des Weiteren werden Umsatzpotentialanalysen und Google Analytics herangezogen, um die hohen Abbrecherzahlen und den dadurch potentiell verlorenen Umsatz zu erfassen. Diese Analysen der Seitenaufrufe im Ticketshop zeigen das verloren gegangene Potential. Interessenten, die den Kaufprozess beginnen und dann abbrechen sind potentielle Ticketkäufer, die sich im Prozess entscheiden, ihn abzubrechen. Das gilt es zu verhindern, um das noch nicht ausgeschöpfte Potential zu nutzen.

Aus dieser Problemstellung ergeben sich mehrere Forschungsfragen.

Forschungsfrage 1:
Warum brechen potentielle Käufer den Prozess ab?

Mit dieser Forschungsfrage wird untersucht, welche Gründe es für den Abbruch des Kaufprozesses innerhalb des Ticketshops geben könnte bzw. was den Kaufabbruch positiv beeinflussen könnte. Dazu werden im nächsten Kapitel Hypothesen aufgestellt, die im weiteren Verlauf der Arbeit untersucht werden.

Forschungsfrage 2:
Was sind die Schwächen des Ticketshops?

Mit der Forschungsfrage 2 wird untersucht, welche Schwächen der Ticketshop des Bar Convent Berlin im Vergleich zu anderen Ticketshops aufweist. In diesem Rahmen sollen ebenfalls Stärken definiert werden, um ein ausführliches Stärken-Schwäche-Profil zu erstellen. Dies geschieht anhand von Aussagen der Probanden, die den BCB-Ticketshop einerseits als den schlechtesten der drei nennen (Schwächenanalyse) und anhand der Aussagen der Probanden, die den BCB-Ticketshop als den besten bewerten (Stärkenanalyse).

Forschungsfrage 3:
Wie muss der Ticketshop gestaltet werden, um die Zahl der Kaufabbrecher zu reduzieren?

Diese Forschungsfrage stellt den Kern der Untersuchung dar. Die Definition von Verbesserungspotentialen ist das Ziel der vorliegenden Arbeit. Unter Einbezug der Ergebnisse der Forschungsfragen 1 und 2 sollen konkrete Verbesserungsvorschläge formuliert werden, um im Hinblick auf eine mögliche Umgestaltung der Website als Maßnahmenplan zu dienen. Außerdem werden bei der Beantwortung dieser Frage auch die Ticketshops der Stone+tec und der 11. EnergieEffizienz Messe herangezogen, um Stärken aus diesen Shops auf den des BCBs zu übertragen.

6.3 Hypothesen

Zur Forschungsfrage 1: Gründe für den Abbruch eines Kaufprozesses gibt es viele und nicht jeder hat direkt mit dem Ticketshop selbst zu tun. Eine wesentliche Rolle spielt der potentielle Käufer selbst. Sein sozio-demographischer Hintergrund sowie seine Einstellung und sein Verhaltensmuster beeinflussen seine Handlungen und Entscheidungen. Hinzu kommen situative Einflüsse, wie das Nutzungsumfeld, die Dringlichkeit der Beschaffung und die momentane Stimmung des PTK (vgl. Bortz und Döring, 2006, S. 6). Eine große Hürde kann beispielsweise die Eingabe von Daten sein, da dies zum einen eine Verbindlichkeit für den potentiellen Käufer bedeutet, zum anderen zeitlicher Aufwand entsteht. Andererseits spielt das User Interface eine Rolle. Ein gebrauchstaugliches UI soll die Informationsverarbeitung des Nutzers bestmöglich unterstützen. Da bei jedem weiteren Schritt des Nutzers die Gefahr besteht, dass er die Website verlässt, muss die Gebrauchstauglichkeit entsprechend gut sein, um den Nutzer auf der Website zu halten. Das User Interface muss somit auf unterschiedliche Nutzungskontexte von Nutzern abgestimmt sein, um Abbruchquoten zu verringern (vgl. Thesmann, 2016, S. 13). Die Zusammenhänge zeigt das User

Experience Wirkmodell von Facit Digital (Abb. 1). Die in der vorliegenden Arbeit zu untersuchenden Annahmen zur Beantwortung der ersten Forschungsfrage basieren auf jenem Modell und lauten:

Hypothese 1:
Je besser die Usability, desto besser die User Experience.

Hypothese 2:
Je besser die Usability, desto besser die Performance.

Hypothese 3:
Je besser die User Experience, desto besser die Performance.

Ist die Usability oder die User Experience gut, so werden weniger potentielle Ticketkäufer den Kaufprozess abbrechen. Die Performance wäre gut. Gründe für Abbrüche wären dann die schlechte Usability oder die schlechte User Experience.

Die Usability wird laut Modell in Kapitel 2.2 anhand der Effektivität und der Effizienz gemessen. Die Usability beeinflusst neben anderen Faktoren die Indikatoren für User Experience. Indikatoren für UX sind laut Modell die Zufriedenheit und Joy of Use. Externe Faktoren wirken ebenfalls beeinflussend auf diese Indikatoren ein. Die Konsequenzen sind mit der Performance des Ticketshops gleichzusetzen und werden anhand der Kundenbindung bzw. der wiederholten Nutzung und anhand der Weiterempfehlungsrate gemessen. Das Untersuchungsobjekt ist folglich der gesamte Kaufprozess und damit jede einzelne der Ticketshop-Seiten.

Eine positive Korrelation wird zwischen den einzelnen Faktoren vermutet. Bei den Hypothesen handelt es sich also um gerichtete, multikausale Hypothesen, da sie nicht behaupten, dass die unabhängige Variable (Je-Teil der Hypothese) die einzige Erklärung für die abhängige Variable (Desto-Teil der Hypothese) ist (vgl. Bortz und Döring, 2006, 8 ff.).

7 Untersuchungsdesign der Studie

In diesem Kapitel werden die Vorbereitung sowie die Durchführung der Studie ausführlich vorgestellt. Dabei wird hauptsächlich auf Inhalte aus den Kapiteln 2.3, 3.2,4 und 5 zurückgegriffen, da dort Begriffe, Testmethoden und Vorgehensweisen bereits kurz erläutert wurden. Die Vorgehensweise stammt vorrangig aus den Werken von Jacobsen und Meyer (Praxisbuch Usability & UX) und von Krug (Don't Make Me Think, Rocket Surgery Made Easy).

7.1 Erhebungs- und Auswertungsmethoden

Die Entscheidung bezüglich der Wahl der richtigen Nutzerforschungsmethoden wurde anhand einer Vorgehensweise von Jacobsen getroffen. Dabei sind drei Schritte durchzuführen: die Definition des Ziels, die Definition des Verhaltens und die Definition der Metrik (vgl. Jacobsen, 2018b, S. 7). Auf die ausführliche Beschreibung dieser wird an dieser Stelle verzichtet.

In der vorliegenden Arbeit soll zur Bewertung der Usability die Task Completion Rate für die Messung der Effektivität herangezogen werden. Die Effizienz wird mit der Task Completion Time gemessen. Diese Werte sollen im Rahmen eines Usability-Tests erhoben werden. Die Joy of Use der User Experience soll mittels User Experience Questionnaire erfasst werden, in dem die wahrgenommene Attraktivität, die wahrgenommene ergonomische Qualität und die wahrgenommene hedonische Qualität gemessen werden. Zusätzlich wird die Schulnote hinzugezogen, die die Zufriedenheit der Nutzer misst. Als Kontrollwert und in Kombination mit der Schulnote wird die Satisfaction Rate erhoben. Die Konsequenzen werden durch die Erhebung des Net Promoter Scores und der Wiederkaufswahrscheinlichkeit erfasst.

Zusätzlich zum UEQ sollen Eye-Tracking und die Thinking-Aloud-Methode die Ergebnisse aus dem Usability-Test erweitern, um Schwachstellen anhand der Blickverläufe und anhand der Aussagen der Probanden zu erkennen und zu analysieren. Außerdem soll nicht nur der Ticketshop des Bar Convent Berlin untersucht werden. Im Rahmen eines Benchmarkings werden noch zwei weitere Ticketshops analog zum BCB-Ticketshop untersucht, um Vergleichswerte, Anreize und Unterschiede aufzudecken. Dabei spielen die subjektiven Empfindungen der Probanden eine entscheidende Rolle. Deshalb wird am Ende des gesamten Tests jedem Probanden die Frage der Präferenz gestellt: „Welcher Shop war am besten und warum? Welcher Shop war am schlechtesten und warum?" Anhand der Ergebnisse sollen Rangfolgen erstellt und Ansätze für Good Practices identifiziert werden.

Die Auswertung der Daten erfolgt entlang der Forschungsfragen, um gezielt Antworten auf diese aufzudecken. Die Analyse der Hypothesen steht dabei zunächst im Vordergrund der Untersuchungen. Auf die quantitative Analyse der Hypothesen folgt im Rahmen des Benchmarkings die qualitative Analyse und die Erstellung des Stärken-Schwächen-Profils sowie die Formulierung von Optimierungsvorschlägen.

7.2 Auswahl der Benchmarking Partner

Bei der Auswahl der Benchmarking Partner wurde zum einen die Dienstleisterseite betrachtet. Ein Konkurrent des Dienstleisters von Reed Exhibitions (Dimedis GmbH) ist die ADITUS GmbH. Im Rahmen einer Ist-Soll-Analyse des Ticketshops wurde von Mitarbeitern von Reed bereits ein Dienstleister Benchmarking durchgeführt. Dabei kam heraus, dass ADITUS in Bezug auf die Anforderungen von Reed knapp den zweiten Platz hinter Dimedis belegt. Ein weiteres Argument, warum ADITUS als Benchmarking Partner innerhalb dieser Studie genutzt werden soll, sind die Kunden des Unternehmens. Auf der Startseite wirbt das Unternehmen mit Kunden wie der Deutschen Messe, der NürnbergMesse, der Messe Frankfurt, der Messe Berlin sowie mit der Landesmesse Stuttgart und HINTE (vgl. ADITUS GmbH, 2018, o. S.). Bei diesen Unternehmen handelt es sich zum Teil um weltweit führende Messeunternehmen (vgl. Austellungs- und Messe-Ausschuss der Deutschen Wirtschaft e. V., 2017, o. S.). Es ist anzunehmen, dass Reed Exhibitions als privater Messeveranstalter und ohne eigenes Messegelände trotzdem ähnliche Ansprüche an Einlasssysteme und an den Ticketshop hat wie andere Unternehmen aus der Branche. Der Ticketshop der Stone+tec der NürnbergMesse wurde als Testobjekt ausgewählt.

Der zweite Benchmarking Partner soll ein Unternehmen sein, das sich auf den Verkauf von Tickets für Veranstaltung spezialisiert. Zur Auswahl stehende Ticketshops waren Xing Events, Eventim, Eventbrite und der Ticketshop des BVB. Außerdem muss der Kaufprozess gewährleisten, dass dieser ohne vorherige Registrierung möglich ist, sodass nicht pro Testperson ein Fake-Account angelegt werden muss. Dies war zum Zeitpunkt der Studie ausschließlich bei Eventbrite möglich, weshalb dieser Ticketshop als zweiter Benchmarking Partner ausgewählt wurde. Außerdem waren Gründe für diese Entscheidung, der andersartige Aufbau des Ticketshops sowie dessen Datenabfrage. Als Veranstaltung wurde die 11. EnergieEffizienz-Messe und Kongress Frankfurt ausgewählt, da zum einen die Veranstaltung während der Studie online sein würde und zum anderen der Umfang des Ticketangebots ähnlich überschaubar ist wie beim Bar Convent Berlin.

Auf die Vorstellung der Ticketshops der Benchmarking-Partner wird im Folgenden verzichtet.

7.3 Aufgabenstellung und User Szenarien

Für die Studie sollen spezifische Aufgaben gestellt werden, da die Nutzer ein konkretes Ziel erreichen sollen. Durch das Stellen spezifischer Aufgaben ist eine quantitative Bewertung anhand der Task Completion Time und der Task Completion Rate möglich. Außerdem können mögliche Fehler, die der Proband auf dem Weg der Zielerreichung begeht, erfasst werden. Die Nutzerszenarien werden so realitätsnah wie möglich verfasst, sodass sich die Probanden problemlos in die jeweilige Situation versetzen können. Außerdem wird darauf geachtet, dass die Aufgaben leicht verständlich und eindeutig formuliert werden. Die Testperson soll direkt und unmissverständlich erkennen, was das angestrebte Ziel ist (vgl. Jacobsen und Meyer, 2018, S. 188).

7.4 Durchführung der Untersuchung

Die Studie wurde an zwei Tagen im Mai im MediaLab der DHBW Ravensburg durchgeführt. Am ersten Tag nahmen neun und am zweiten Tag zwölf Probanden teil. Die erste Sitzung begann um 8:00 Uhr morgens. Pro Testperson wurde ca. eine Stunde Zeit eingeplant. Dieser Wert wurde in Anlehnung an die benötigte Dauer eines Testlaufes des Forschers festgelegt.

8 Ergebnisse

In diesem Kapitel werden die erhobenen Daten analysiert und interpretiert. Auf die alleinige Darstellung wird hier verzichtet. Anhand der Daten sollen die aufgestellten Hypothesen untersucht werden, um mögliche Zusammenhänge aufzudecken. Dann wird in einem kurzen Kapitel die Usability und User Experience sowie die Werte für die KPIs für den gesamten Ticketshop analysiert. Außerdem soll ein Stärken-Schwächen-Profil für den Ticketshop des Bar Convent Berlin auf Grundlage der Audio-Protokolle erstellt werden. Ergänzend werden dazu Eye-Tracking-Daten hinzugezogen, um mögliche Nutzungsprobleme mittels Blickverlaufsaufzeichnung darzustellen. Des Weiteren sollen Verbesserungsmöglichkeiten des Ticketshops des BCB aufgezeigt werden. Um den Umfang dieses Kapitels zu begrenzen, wird das Vorgehen an jeweils einer Schwachstelle, einer Stärke, einer Gestaltungsempfehlung und einer Good Practice beschrieben.

8.1 Zu Forschungsfrage 1: Wirkungszusammenhänge

Nachfolgend wird die Forschungsfrage 1 anhand der drei Hypothesen beantwortet. Dazu wird jeweils der Wirkungszusammenhang mittels Korrelationskoeffizienten ermittelt.

8.1.1 Hypothese 1

Je besser die Usability, desto besser die User Experience.

Um diese Hypothese zu untersuchen, wurden die Task Completion Time und die Task Completion Rate pro Person für den Ticketshop des Bar Convent Berlin zur Bewertung der Usability herangezogen. Da die TCR bei jedem Probanden jedoch 100% betrug, wurde dieser Wert in die Untersuchung nicht mit einbezogen. Die Joy of Use als Indikator für User Experience wurde anhand der drei Komponenten wahrgenommene Attraktivität, wahrgenommene ergonomische/pragmatische Qualität und hedonische Qualität bewertet. Um einen Gesamtwert für die Joy of Use zu erhalten, wurden die Werte der drei Komponenten addiert. Dieser Gesamtwert kann inhaltlich nicht interpretiert werden, trotzdem kann er als Gesamtbewertung der Joy of Use pro Person herangezogen werden.

Pro Testperson wurden die jeweiligen Bewertungen gegenübergestellt, um dann einen Korrelationskoeffizienten (r) zu errechnen. Dabei ergab sich folgender Wert: r = -0,34

Der zweite Indikator für User Experience ist die Nutzerzufriedenheit. Diese wurde anhand der Satisfaction Rate und der Schulnote abgefragt. Zwischen diesen beiden Komponenten ergab sich ein Korrelationskoeffizient von r = 0,91. Um die Korrelation zwischen Usability und Nutzerzufriedenheit zu untersuchen wurden zunächst die Schulnoten in das Punktesystem der Oberstufe übertragen. Da die Schulnoten direkt nach der Durchführung des Tests abgefragt wurden, werden diese auch zur Untersuchung der Korrelation herangezogen. Dabei ergab sich folgender Wert:

r = -0,33

Korrelationskoeffizient	Einstufung
$|r| \leq 0,2$	Sehr geringe Korrelation
$0,2 \leq |r| \leq 0,5$	Geringe Korrelation
$0,5 \leq |r| \leq 0,7$	Mittlere Korrelation
$0,7 \leq |r| \leq 0,9$	Hohe Korrelation
$0,9 \leq |r| \leq 1$	Sehr hohe Korrelation

Abbildung 4: Einstufung nach Korrelationskoeffizient
Quelle: Vgl. Zöfel, 2007, S. 119.

Dem zufolge besteht in diesen beiden Fällen nur eine geringe Korrelation. Die Usability hat nur einen geringen Einfluss auf die User Experience. Die erste Hypothese wird somit falsifiziert. Ergänzend wird darauf hingewiesen, dass zwischen der Schulnote und der Satisfaction Rate eine sehr hohe Korrelation besteht. Der Grund dafür liegt darin, dass es sich fast um die gleiche Frage handelt, nur dass sie einmal vor Ausfüllen des UEQ und einmal nach dem Ausfüllen des UEQ gestellt wurde.

8.1.2 Hypothese 2

Je besser die Usability, desto besser die Performance.

Für die Usability wird wie bereits in Hypothese 1 die TCT herangezogen. Die Performance wird anhand der beiden KPIs NPS und Wiederkaufswahrscheinlichkeit gemessen. Auch für diese beiden Komponenten wird durch die Addition der Werte pro Person ein Gesamtwert pro Person ermittelt. Als Korrelationskoeffizient ergibt sich der Wert:

$r = -0{,}37$

Nach der Einstufung nach Zöfel besteht in diesem Fall eine geringe Korrelation. Die Usability hat ebenfalls nur geringen Einfluss auf die Performance. Damit wird auch die zweite Hypothese abgelehnt.

8.1.3 Hypothese 3

Je besser die User Experience, desto besser die Performance.

Die User Experience wird analog zur ersten Hypothese bewertet. Die Performance wird wie in der Untersuchung der zweiten Hypothese bewertet. Zunächst wurde die Korrelation zwischen der Joy of Use als Indikator für UX und dem Gesamtwert der Performance untersucht. Dabei ergibt sich als Korrelationskoeffizient der Wert:

$r = 0{,}82$

Die Nutzerzufriedenheit wurde erneut anhand der Schulnoten bewertet. Der Einfluss der Nutzerzufriedenheit auf die Performance wird anhand des folgenden Korrelationskoeffizienten eingestuft:

$r = 0{,}88$

Nach Zöfels Tabelle besteht zwischen der Joy of Use und der Performance sowie zwischen der Nutzerzufriedenheit und der Performance eine hohe Korrelation. Die dritte Hypothese kann somit nicht falsifiziert werden. In Bezug auf die erste Forschungsfrage bedeutet diese Erkenntnis, dass für die vorliegende Untersuchung nur die dritte Hypothese zur Beantwortung der Forschungsfrage angenommen werden kann. Die User Experience hat einen großen Einfluss auf die Performance eines Ticketshops. Der Grund für einen Abbruch hängt im Falle dieser Studie somit weniger mit einer schlechten Usability zusammen als mit einer schlechten User Experience.

8.1.4 Bewertung des BCB Ticketshops

Die Task Completion Rate liegt für den Ticketshop des Bar Convent Berlin bei 100%. Somit ist der Shop als effektiv zu bezeichnen. Die Task Completion Time reichte von 7:06 Minuten bis hin zu 21:28. Das zeigt, dass es zu massiven Problemen bei der Zielerreichung gekommen sein muss, was die Audio- und Eye-Tracking-Daten bestätigen. Der langsamste Proband hat rund dreimal so lange benötigt wie der schnellste. Der Mittelwert liegt bei 13:39 Minuten, der Median bei 14:12 Minuten. Das bedeutet wiederum, dass die Dauer mit 21:28 Minuten kein Ausreißer-Wert ist. Im Durchschnitt haben die Probanden doppelt so lange benötigt wie der schnellste Tester. Das spricht gegen eine gute Effizienz in Anbetracht der nachfolgend analysierten Schwächen des Ticketshops (vgl. Kap. 8.2).

Die User Experience kann als neutral beschrieben werden. Mit Werten zwischen 0,23 und 0,74 sind die Attraktivität, Durchschaubarkeit, Effizienz, Steuerbarkeit, Stimulation und die Originalität weder als positiv noch als negativ zu beschreiben.

Bezüglich der drei KPIs liegt der Shop des BCB im Mittelfeld von den drei untersuchten Ticketshops. Mit einem NPS von -14 ist die Weiterempfehlungsrate zunächst als negativ zu bewerten. Allerdings muss an dieser Stelle darauf hingewiesen werden, dass kein NPS für Ticketshops als Branchenvergleich bekannt ist, was eine Einschätzung des Ergebnisses in seiner Aussagekraft einschränkt. Die Wiederkaufwahrscheinlichkeit und Satisfaction Rate liegen beide bei über 60%. Jeder zweite empfindet den Shop folglich als gut oder sehr gut und würde ihn auf jeden Fall oder wahrscheinlich wiederverwenden. In Verbindung mit der Durchschnittsschulnote 2- werden diese Ergebnisse als gut bewertet.

8.2 Zu Forschungsfrage 2: Stärken-Schwächen-Profil

In diesem Kapitel soll nun die zweite Forschungsfrage beantwortet werden, die nach Schwächen des Ticketshops des Bar Convent Berlin fragt. In diesem Rahmen werden ebenfalls Stärken des Ticketshops anhand von Eye-Tracking-Daten und Sprachprotokollen aufgedeckt werden. Diese Analyse orientiert sich an den Präferenzen der Probanden, die am Ende der Testsitzung abgefragt wurden. Die Aufnahmen der Testpersonen, die den BCB-Ticketshop als schlechtesten genannt haben, werden zur Untersuchung der Schwächen analysiert. Die Aufnahmen der Testpersonen, die den BCB-Ticketshop als den besten nannten, werden zur Aufdeckung von Stärken analysiert. Als Anhaltspunkt dienen bei der Analyse der Stärken und Schwächen die Begründungen der Probanden. An dieser Stelle ist auf den Einfluss des Forschers hinzuweisen, da bei dieser qualitativen Analyse der Forscher über die Relevanz der genannten Punkte entscheidet. Werden Aspekte mehrmals von unterschiedlichen Probanden genannt, so werden sie in diesem Kapitel aufgeführt. Einzelaussagen werden nach Einschätzung des Forschers aufgeführt mit dem Hinweis, dass es sich dabei um eine Einzelaussage handelt. Beispielhaft wird im Folgenden die Beschreibung einer Schwachstelle und einer Stärke aufgeführt, da die Beschreibung aller Schwachstellen und Stäken den Rahmen dieser Ausarbeitung überschreiten würde.

8.2.1 Schwächen des BCB-Ticketshops

Insgesamt haben acht Personen den BCB Ticketshop als den schlechtesten der drei untersuchten Ticketshops genannt. Im Folgenden werden die Eye-Tracking-Daten und das Gesprächsprotokoll der Probanden analysiert und beschrieben, um Schwächen des Ticketshops aufzudecken. Dabei wird jede Ticketshop-Seite einzeln untersucht. Anhand von Zitaten und Gazeplots sollen die Schwächen aus Nutzersicht dargestellt werden.

Shop 1: Auf dieser Seite sollten die Probanden ihre Tageskarte auswählen. Dabei entstand Verwirrung, da beim Anklicken des ersten Tickets zwei weitere Tickets für die beiden anderen Tage für 10 Euro billiger ausklappten. „Ich bin gerade verwirrt, warum das gerade doppelt alles auftaucht. Das verwirrt mich, warum die beiden aufgetaucht sind", sagte ein Proband. Ein anderer bezeichnete die Darstellung der Tage als „ein bisschen wild". Einige Probanden ließen sich von den ausgeklappten Auswahlmöglichkeiten nicht beirren. Sie wählten eine Tageskarte aus und fuhren mit dem Kaufprozess fort. Die Testperson, die nachfolgenden Blickverlauf hatte, probierte über zwei Minuten lang, das System hinter der Ticketauswahl zu verstehen, um zu verhindern, dass sie Tickets kaufte, die sie nicht haben wollte. „Jetzt wäre wahrscheinlich der Moment, wo ich eventuell sogar anrufen würden, wenn ich da als Inhaber hingehen würde, weil ich es nicht verstehe, weil ich hab Angst, dass ich nachher für 70 Euro bestelle statt 30 oder

40.“ Mit diesem Satz klickte sie den „Nächster-Schritt“-Button, um zu erkennen, dass sie zwei Tickets ausgewählt hatte. „Das ist jetzt echt schwierig.“ Den genauen Blickverlauf über die zwei Minuten zeigt der Videoausschnitt in der Anlage 10 mit dem Titel „Schwachstelle Ticketauswahl“.

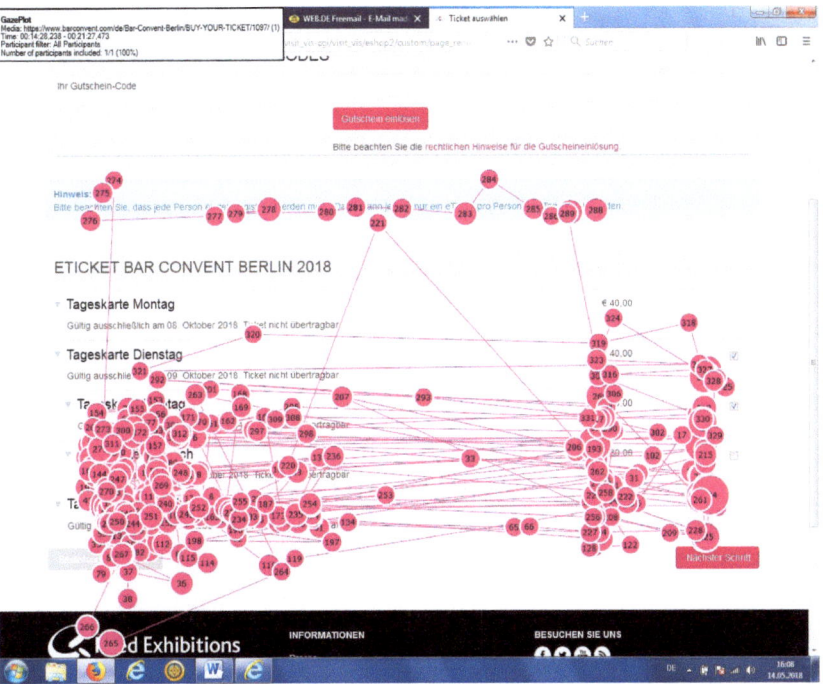

Abbildung 5: Shop 1 Ticketauswahl Gazeplot
Quelle: Eigene Abbildung.

8.2.2 Stärken des BCB-Ticketshops

Um die Stärken des BCB-Ticketshops aufzudecken, werden im Folgenden die Gesprächsprotokolle der sieben Probanden untersucht, die den BCB-Ticketshop als den besten der drei Shops bewertet haben. Hinzugezogen werden Aussagen der acht bereits untersuchten Datensätze, die einzelne Elemente des Shops als positiv hervorgehoben haben. Zu betonen ist an dieser Stelle, dass Menschen im Allgemeinen vorrangig negative Aspekte äußern, da sie diese stören oder beeinträchtigen. Positive Aspekte werden daher seltener als solche erkannt und angesprochen, was das Aufdecken der Stärken erschwert.

Shop 1 - 4: Auf diesen Seiten wurde vor allem die Leiste, die im oberen Drittel der Webseite in Schritten den Kaufprozess darstellt, positiv wahrgenommen. Außerdem wurde in Shop 2 als Pluspunkt gewertet, dass es so viele unterschiedliche Zahlungsmöglichkeiten gibt und in Shop 4, dass es unterschiedliche Möglichkeiten gibt, das Ticket zu erhalten. Je nach Präferenz des Probanden konnte es dort entweder direkt als E-Ticket auf das Handy geladen oder als PDF auf den Computer heruntergeladen werden. Zusätzlich war den Probanden wichtig, dass die Rechnung ebenfalls direkt auf der Seite verfügbar war, um sie an die Buchhaltung des Unternehmens weiterzuleiten.

8.3 Zu Forschungsfrage 3: Empfehlung zur Optimierung

In diesem Kapitel sollen Empfehlungen zur Verbesserung des Ticketshops des Bar Convent Berlin formuliert werden. Zunächst werden dazu Aussagen der Probanden während der Nutzung des BCB-Ticketshops herangezogen, da sie nach der Überwindung einer Schwachstelle direkt Verbesserungsvorschläge äußerten. Anschließend werden die Audio-Protokolle der Probanden angehört, die einen der beiden anderen Ticketshops als den besten bewertet hatten, um zu erfahren, warum eben jener andere Shop besser war als der des BCBs. Hierbei sollen nicht die Stärken der anderen Ticketshops aufgeführt werden. Vielmehr geht es um übertragbare Verbesserungsempfehlungen für den BCB-Shop. Auch hier wird nur beispielhaft eine Empfehlung zur Optimierung und eine Good Practice beschrieben.

8.3.1 Direkte Empfehlungen zur Umgestaltung

In diesem Kapitel werden die Vorschläge aus der Stärken-und-Schwächen-Analyse pro Ticketshop-Seite aufgeführt.

Shop 1 - 4: Im Shop 1 bestand die Schwierigkeit der Ticketauswahl durch aufklappende Felder, die das zweite und dritte ausgewählte Ticket vergünstigt darstellten. Für die Probanden war nicht direkt ersichtlich, was diese ausgeklappten Felder zu bedeuten hatten. Der Vorschlag einer Testperson lautete: „Vielleicht ist es möglich, dass die beiden anderen Möglichkeiten dann komplett verschwinden." Mit den anderen Möglichkeiten ist die doppelte Anzeige der noch auswählbaren Tage gemeint. Außerdem schlug ein weiterer Proband vor, dass es „vielleicht cool wäre, wenn das hier [die Vergünstigung, A. d. V.] nochmal besser signalisiert werden würde". Als Darstellungsmöglichkeit nannte der Proband ein kurzes grünes Aufblinken, sodass direkt auffällt, dass man 10 Euro ab dem zweiten Ticket sparen kann.

8.3.2 Vorstellung von Good Practices

Die Messe München führt für die Expo Real im Oktober 2018 einen neuen Ticketshop ein. Dieser soll die Customer Journey der Kunden verändern. Über Social-Log-in können sich die Besucher registrieren und die Teilnahme auf Facebook oder LinkedIn kommunizieren. Neben vielen weiteren nützlichen Funktionen ist die digitale Eintrittskarte neu beim Ticketing. Somit kann auf allen Endgeräten ein Barcode direkt am Drehkreuz gescannt werden, woraufhin das Messe-Badge ausgedruckt wird (vgl. BlachReport 2018, o. S.). Der Ticketshop wurde von ADITUS erstellt. Somit ähneln die Gestaltung, der Aufbau und Design-Elemente denen der Stone+tec. Einige Unterschiede sind bei einem Testkauf dennoch aufgefallen. Darunter das Angebot einer Matchmaking-Funktion und ein Legitimierungs-Schritt für Studenten. Beides zeigt Reed eine alternative Herangehensweise.

9   Diskussion

Einschränkungen bezüglich der Aussagekraft der Ergebnisse wurden bereits teilweise an den entsprechenden Stellen aufgeführt. Im Folgenden werden noch einmal die wichtigsten Aspekte hervorgehoben, die Einfluss auf die Untersuchung haben könnten.

Ein kritisch zu betrachtender Punkt ist der Einfluss des Testleiters. An dieser Stelle muss betont werden, dass es sich bei diesem um keinen erfahrenen UX-Experten handelt. Trotz der Absicht, die Studie und die Auswertung so neutral und objektiv wie möglich zu gestalten, kann auf Grund der qualitativen Analyse und Interpretation der Gesprächsprotokolle keine Objektivität garantiert werden. Angesichts der Messung der TCT und der TCR sowie der Eye-Tracking-Daten und des Fragebogens ist jedoch das Gütekriterium der Objektivität erfüllt. Diese Untersuchungsmethoden sind ebenfalls als valide anzusehen, da das gemessen wurde, was auch gemessen werden sollte, in diesem Fall die Effizienz und die Effektivität zur Bewertung der Usability sowie Blickverläufe von Testpersonen und deren Empfindungen bezüglich der User Experience inklusive der Abfrage der KPIs und der Schulnote. Mehrere Untersuchungen von Laugwitz, Held und Schrepp weisen nach, dass es sich bei dem UEQ in deutscher Sprache auch um ein reliables und valides Maß für die User Experience handelt (vgl. Laugwitz et al., 2008, S. 76). Einschränkend muss an dieser Stelle jedoch betont werden, dass nicht das gesamte Analyse-Tool der Verfasser des UEQ genutzt wurde. Die Tabellenblätter zur Berechnung von Konfidenz-Intervallen, Cronbachs Alpha-Koeffizient und Unregelmäßigkeiten werden nicht weiter in die Bewertung der Aussagekraft der Ergebnisse mit einbezogen. Bei der Zeitmessung (TCT) und der Erfolgsmessung (TCR) handelt es sich ebenfalls um reliable Forschungsmethoden. Wichtig ist bezüglich der TCT vorab zu definieren, was als Wartezeit gilt und in welchem Rahmen die Wartezeit abgezogen wird. In dem Fall des BCB-Ticketshops wurde die Zeit ab dem Moment des letzten Klicks für die Aktualisierung des E-Mail-Postfachs bis zur Öffnung der korrekten zweiten E-Mail pro Proband von der Gesamtdauer abgezogen. Dies wurde durchgeführt, um die unterschiedlich langen Wartezeiten, auf die der Proband und der Testleiter keinen Einfluss nehmen konnten, nicht in das Gesamtergebnis der TCT einfließt. Somit würden unter gleichen Bedingungen bei einer wiederholten Messung die gleichen Ergebnisse wie bei der ersten Messung herauskommen. Bezüglich der Reliabilität von Eye-Tracking-Studien ist diese nicht gegeben. Eine Untersuchung von Lesemann und Wilms zeigt, dass mindestens 30 Probanden für akzeptable Ergebnisse benötigt werden (vgl. Lesemann und Wilms, 2007, S. 19). Die Stichprobe ist mit 21 Teilnehmern folglich zu klein, um aussagekräftige Ergebnisse zu erzielen.

Des Weiteren können Gründe wie soziale Erwünschtheit sowie Vermeidung von extremen Bewertungen innerhalb der Befragung zu tendenziell mehr durchschnittlichen Bewertungen geführt haben. Da ein Großteil der Probanden wusste, dass der BCB-Ticketshop zum Unternehmen des Testleiters gehörte, ist trotz mehrfacher Einforderung einer ehrlichen Meinung seitens des Testleiters anzunehmen, dass bei der Bewertung des BCB-Ticketshops die Wortwahl von Kritik vorsichtiger ausfiel.

Neben den bereits beschriebenen möglichen Einflüssen auf die Ergebnisse, spielt zusätzlich der externe Faktor noch eine entscheidende Rolle. Dieser beinhaltet beispielsweise die tagesabhängige Stimmung und Form der Probanden und des Testleiters sowie die persönliche Einstellung gegenüber den Untersuchungsobjekten und die Testsituation selbst. Hinzu kommt die Größe des Bildschirms, der von einigen Probanden als sehr groß empfunden wurde.

Wie die Diskussion zeigt, gab es viele beeinflussende Wirkungen auf die Untersuchungsergebnisse. Außerdem reicht die Stichprobenzahl nicht aus, um aussagekräftige Ergebnisse zu erzielen. Hinzu kommt noch, dass die Stichprobe nicht der Zielgruppe der Messe entsprach und somit anzunehmen ist, dass beispielsweise Barinhaber andere Schwerpunkte setzen, andere Herangehensweisen haben und andere Blickverläufe zeigen. Dennoch ist davon auszugehen, dass die prägnantesten Schwächen des Ticketshops die gleichen sein würden, wie bei einer Studie mit der Zielgruppe. Damit besteht die Empfehlung zur Optimierung des Ticketshop an entsprechenden Stellen weiterhin.

10 Fazit und Ausblick

Die eingangs vorgestellte Problemstellung der hohen Abbruchquoten in den Ticketshops der Messen von Reed Exhibitions Deutschland kann nicht allein durch die Umsetzung der Optimierungsempfehlungen behoben werden. Gründe für den Abbruch eines Kaufprozess sind zu vielfältig, als dass sie nur an der Gestaltung des Onlineshops festgemacht werden können. Trotzdem sollte untersucht werden, wie sich die Abbruchquoten nach Umsetzung der Optimierungsempfehlungen verhalten. Die Ergebnisse der Untersuchung zeigen, dass Probanden, die ein positives Nutzererlebnis hatten, den Ticketshop wahrscheinlicher weiterempfehlen und wiederbenutzen würden.

Als zentrale Ergebnisse wurden die Schwachstellen des Ticketshops des Bar Convent Berlin aufgedeckt. Diese befinden sich unter anderem in der Registrierung, in der ein Legitimierungsdokument hochgeladen werden muss. Eine weitere Schwachstelle ist in der E-Mail zur Legitimierung zu finden, in welcher der Link zurück in den Ticketshop nicht erkannt wird. Die dritte Schwachstelle ist die Ticketauswahl, in der zwischen den drei Tageskarten ausgewählt werden muss. Diese Probleme führen zu einer Verlängerung des Kaufprozesses. Die vorrangigen Optimierungsempfehlungen betreffen entsprechend diese Schwachstellen. Zusammengefasst lauten diese wie folgt: Zur Behebung der ersten Schwachstelle genügt ein Hinweis darüber, welche Dokumente hochgeladen werden sollen. Außerdem muss gekennzeichnet werden, dass das Hochladen des Fachbesuchernachweises verpflichtend ist. Die zweite Schwachstelle kann durch das deutliche Hervorheben und die Umformulierung des verlinkten Textes behoben werden. Bei der dritten Schwachstelle bedarf es ebenfalls eines Hinweises über die Vergünstigung des zweiten Tickets und einer Umgestaltung der Ticketauswahl, sodass die Tageskarten nicht mehr doppelt werden. Seitenübergreifende Optimierungsempfehlungen entstanden aus dem Vergleich mit anderen Ticketshops. Dabei kam heraus, dass der Wechsel zwischen Ticketshop und E-Mail vermieden werden und der gesamte Kaufprozess verkürzt werden sollte. Außerdem wird zu Beginn des Kaufprozesses eine Leiste zur Fortschrittsanzeige benötigt, die den Besuchern anzeigt, wo sie sich im Kaufprozess befinden.

Die Bewertung des Ticketshops ist in dieser Arbeit stärker von der wahrgenommenen User Experience abhängig als von der gemessenen Effizienz. Da die Effizienz nur ein Teil der Usability ist und die Effektivität in der Studie unberücksichtigt bleibt, können nur teilweise Rückschlüsse auf die Usability gezogen werden. An dieser Stelle muss auf die eingeschränkte Aussagekraft der Studienergebnisse eingegangen werden. Nicht jede der verwendeten Forschungsmethoden erfüllt die Gütekriterien der Objektivität, Reliabilität und Validität. Hinzu kommt die Stichprobe, die einerseits nicht der Zielgruppe entsprach und andererseits zu klein war, um repräsentative Ergebnisse zu erhalten. Trotz der genannten Einschränkungen der Studie soll die Bedeutsamkeit der Ergebnisse für das Optimierungspotential des BCB-Ticketshops hier noch einmal hervorgehoben werden.

Um die Auswirkungen der Umgestaltung zu messen, müssen in einem definierten Zeitraum nach der Umsetzung der Optimierungsempfehlungen die Abbruchquoten beobachtet werden. In Kombination mit A/B-Tests können dann die wirksamsten Änderungen aufgedeckt werden. Zusätzlich sollten regelmäßige Usability-Tests durchgeführt werden, um zeitnah vorgenommene Veränderungen am Ticketshop zu evaluieren. Je nach Kapazitäten können in Verbindung dazu noch weitere Forschungsmethoden zur Datenerhebung genutzt werden. Als Maßnahme zur Erforschung weiterer Gründe für den Abbruch im Ticketshop kann dem Abbrecher vor dem Schließen des Browserfensters noch eine entsprechende Frage in einem Pop-Up-Fenster gestellt werden. Abhängig von den Ergebnissen dieser Befragung können dann noch weitere, dem Abbruch entgegensteuernde Maßnahmen ergriffen werden. Außerdem sollten erfolgreiche Ticketshops genauer untersucht werden. Eventim als größter Ticketshop Europas dient dabei als Best Practice Beispiel. Neben Eventim sollten jedoch auch die Leistungen branchenzugehöriger Dienstleister im Bereich Ticketverkauf genauer analysiert werden. Der entscheidende Punkt ist der weiterführenden Forschung ist das Wissen um aktuelle Standards und Entwicklungen.

Der Blick in die Zukunft zeigt eine fortschreitende Digitalisierung. Alexa, Siri und Cortana erleichtern bereits heute vielen Menschen den Alltag. Auf den sozialen Medien teilen Menschen bereitwillig persönliche Informationen und Interessen. Die 1-Click-Bestellung bei Amazon ermöglicht Käufe in

Sekundenschnelle. Kombiniert man alle von den Menschen online zur Verfügung gestellten Daten, könnte es in Zukunft möglich sein, einen 1-Click-Ticketkauf zu tätigen.

Literaturverzeichnis

ADITUS GmbH. (2018). Startseite. https://aditus.de/startseite/. Zugegriffen: 15. August 2018.

Austellungs- und Messe-Ausschuss der Deutschen Wirtschaft e. V. (2017). Messe-Umsatz weltweit: Vier der Top-10- Unternehmen aus Deutschland. http://www.auma.de/de/presse/seiten/presse-2017-19.aspx. Zugegriffen: 15. August 2018.

Bartel, T. & Quint, G. (usability.de GmbH & Co. KG, Hrsg.). (2018a). Benchmarking-Test. https://www.usability.de/leistungen/methoden/benchmarking-test.html. Zugegriffen: 29. Juli 2018.

Bartel, T. & Quint, G. (usability.de GmbH & Co. KG, Hrsg.). (2018b). Usability & User Experience. https://www.usability.de/usability-user-experience.html. Zugegriffen: 22. Juli 2018.

Bartel, T. & Quint, G. (usability.de GmbH & Co. KG, Hrsg.). (2018c). Usability-Test. https://www.usability.de/leistungen/ux-testing-nutzerforschung/usability-test.html. Zugegriffen: 22. Juli 2018.

Bartel, T. & Quint, G. (usability.de GmbH & Co. KG, Hrsg.). (2018d). UX Testing & Nutzerforschung. https://www.usability.de/leistungen/ux-testing-nutzerforschung.html. Zugegriffen: 22. Juli 2018.

BlachReport. (2018). Messe München initialisiert neuen Ticketshop. https://www.blachreport.de/messe-marketing/messe-marketing/15611-messe-muenchen-initialisiert-neuen-ticket-shop.html.

Blake, C. (2013). Eye-Tracking: Grundlagen und Anwendungsfelder. In W. Möhring (Hrsg.), Handbuch standardisierte Erhebungsverfahren in der Kommunikationswissenschaft (Handbuch, S. 367–388). Berlin. Springer.

Bodker, S. (1991). Through the interface. A human activity approach to user interface design. Hillsdale, NJ. Lawrence Erlbaum.

Bortz, J. & Döring, N. (2006). Forschungsmethoden und Evaluation. Für Human- und Sozialwissenschaftler; mit 87 Tabellen (Springer-Lehrbuch Bachelor, Master, 4. Aufl.). Heidelberg. Springer-Medizin.

Camp, R. C. (1994). Benchmarking. München. Hanser.

DIN Deutsches Institut für Normung e.V. (2010). Ergonomie der Mensch-System-Interaktion - Teil 210: Prozess zur Gestaltung gebrauchstauglicher interaktiver Systeme, DIN EN ISO 9241-210:2010.

DIN Deutsches Institut für Normung e.V. (2016). Ergonomie der Mensch-System-Interaktion - Teil 11: Gebrauchstauglichkeit: Begriffe und Konzepte, DIN EN ISO 9241-11.2:2016.

Farrell, S. (Nielsen Norman Group, Hrsg.). (2017). UX Research Cheat Sheet. https://www.nngroup.com/articles/ux-research-cheat-sheet/. Zugegriffen: 29. Juli 2018.

Geise, S. (2011). Eyetracking in der Kommunikations- und Medienwissenschaft. SCM Studies in Communication and Media 0 (2), 149–263. https://www.scm.nomos.de/fileadmin/scm/doc/SCM_11_02_geschuetzt.pdf. Zugegriffen: 29. Juli 2018.

Gizycki, V. von. (2002). Usability - nutzerfreundliches Web-Design. In M. Beier & V. von Gizycki (Hrsg.), Usability. Nutzerfreundliches Web-Design (X.media.press, S. 1–17). Berlin, Heidelberg. Springer.

Hartson, R. & Pyla, P. S. (2012). The UX book. Process and guidelines for ensuring a quality user experience. Amsterdam. Morgan Kaufmann.

Homburg, C., Kuester, S., Beutin, N. & Menon, A. (2005). Determinants of Customer Benefits in Business-to-Business Markets: A Cross-Cultural Comparison. Journal of International Marketing 13 (3), 1–31. doi:10.1509/jimk.13.3.1

Jacobsen, J. (2018a). UX messbar machen & die UX-Kultur im Unternehmen stärken. o. O. ohne Verlag.

Jacobsen, J. (TestingTime AG, Hrsg.). (2018b). Warum du 2018 am Messen der UX nicht vorbei kommst - und was du dabei beachten musst. https://www.testingtime.com/ux-strategy/ux-messen/. Zugegriffen: 28. Juli 2018.

Jacobsen, J. & Meyer, L. (2018). Praxisbuch Usability & UX. Was jeder wissen sollte, der Websites und Apps entwickelt (Rheinwerk Computing, 1. Auflage). Bonn. Rheinwerk Verlag.

Kleinholz, F. (ebuero AG, Hrsg.). (2015). Kundenzufriedenheit messen - Wie geht es richtig? https://www.ebuero.de/blog/kundenzufriedenheit-messen-wie-geht-es-richtig/. Zugegriffen: 31. August 2018.

Krug, S. (2010). Rocket surgery made easy. The do-it-yourself guide to finding and fixing usability problems. Berkeley, CA. New Riders.

Krug, S. (2014). Don't make me think! Web & mobile usability - das Intuitive Web (3. Aufl.). o. O. mitp Verlags GmbH & Co. KG.

Laugwitz, B., Held, T. & Schrepp, M. (2008). Construction and Evaluation of a User Experience Questionnaire. In A. Holzinger (Hrsg.), HCI and Usability for Education and Work (Lecture Notes in Computer Science, Bd. 5298, S. 63–76). Berlin, Heidelberg. Springer Berlin Heidelberg.

Lesemann, E. & Wilms, U. (2007). Reliabilität von Eye Trecking-Untersuchungen: Wie viele Probanden werden benötigt? In K. Röse & H. Brau (Hrsg.), Usability Professionals 2007. Berichtband des fünften Workshops des German Chapters der Usability Professionals Association e.V. (S. 15–20). Stuttgart. Frauenhofer IRB. https://dl.gi.de/bitstream/handle/20.500.12116/5752/Lesemann_etal_2007.pdf?sequence=2&isAllowed=y. Zugegriffen: 13. September 2018.

Meffert, H. (2005). Kundenbindung als Element moderner Wettbewerbsstrategien. In M. Bruhn & C. Homburg (Hrsg.), Handbuch Kundenbindungsmanagement (5. Aufl., S. 145–166). Wiesbaden. Gabler.

Meier, A. (2018). *Name im Rahmen dieser Publikation geändert.* Reed Exhibitions Deutschland GmbH. Schriftliches Interview vom 25.07.2018.

Mertins, K. & Kohl, H. (2004). Benchmarking - der Vergleich mit den Besten. In K. Mertins (Hrsg.), Benchmarking. Leitfaden für den Vergleich mit den Besten (S. 15–58). Düsseldorf. Symposion.

Müller, I. (2018). *Name im Rahmen dieser Publikation geändert*. Reed Exhibitions Deutschland GmbH. Schriftliches Interview vom 30.07.2018.

Nielsen, J. (1993). Usability engineering. Amsterdam. Morgan Kaufmann.

Nielsen, J. (Nielsen Norman Group, Hrsg.). (2012). Thinking Aloud: The #1 Usability Tool. https://www.nngroup.com/articles/thinking-aloud-the-1-usability-tool/. Zugegriffen: 29. Juli 2018.

Nielsen, J. & Loranger, H. (2008). Web Usability. München. Addison-Wesley.

Nielsen, J. & Pernice, K. (2010). Eyetracking web usability. Berkeley, CA. New Riders.

PONS Online Wörterbuch. (2018). Übersetzung Usability Englisch-Deutsch. https://de.pons.com/%C3%BCbersetzung?q=usability&l=deen&in=&lf=de. Zugegriffen: 1. Juli 2018.

Puscher, F. (2001). Das Usability-Prinzip. Wege zur benutzerfreundlichen Website. Heidelberg. Dpunkt-Verlag.

Rampl, H. (2007). Handbuch Usability. Normen und Standards. http://www.handbuch-usability.de/normen-und-standards.html. Zugegriffen: 1. Juli 2018.

Reed Exhibitions Deutschland GmbH (Reed Exhibitions Deutschland GmbH, Hrsg.). (o. J.a). Reed Exhibitions Deutschland GmbH. Geschichte. https://www.reedexpo.de/geschichte_70.html. Zugegriffen: 7. Juli 2018.

Reed Exhibitions Deutschland GmbH (Reed Exhibitions Deutschland GmbH, Hrsg.). (o. J.b). Reed Exhibitions Deutschland GmbH. Startseite. https://www.reedexpo.de/de. Zugegriffen: 7. Juli 2018.

Reichheld, F. F. (2003). The One Number You Need to Grow, Harvard Business Review. https://hbr.org/2003/12/the-one-number-you-need-to-grow. Zugegriffen: 15. Juli 2018.

Rogall, D. (2000). Kundenbindung als strategisches Ziel des Medienmarketing. Entwicklung eines marketingorientierten Konzeptes zur Steigerung der Leserbindung am Beispiel lokaler/regionaler Abonnementzeitungen. Marburg. Tectum.

Rohrer, C. (Nielsen Norman Group, Hrsg.). (2014). When to Use Which User-Experience Research Methods. https://www.nngroup.com/articles/which-ux-research-methods/. Zugegriffen: 27. Juli 2018.

Schrepp, M. (Team UEQ, Hrsg.). (2018). User Experience Questionnaire Handbook. All you need to know to apply the UEQ successfully in your projects. https://www.ueq-online.org/. Zugegriffen: 27. Juli 2018.

Schrepp, M., Hinderks, A. & Thomaschewski, J. (2017). Design and Evaluation of a Short Version of the User Experience Questionnaire (UEQ-S). International Journal of Interactive Multimedia and Artificial Intelligence 4 (6), 103–108. doi:10.9781/ijimai.2017.09.001

Sontheimer, R. (2016). Arbeitspapier: User Experience und User Experience Design. Eine Übersicht zum aktuellen Stand der User Experience Research.

Stoessel, S. (2002). Methoden des Testings im Usability Engineering. In M. Beier & V. von Gizycki (Hrsg.), Usability. Nutzerfreundliches Web-Design (X.media.press, S. 75–96). Berlin, Heidelberg. Springer.

Thesmann, S. (2016). Interface Design. Usability, User Experience und Accessibility im Web gestalten (2. Aufl.). Wiesbaden. Springer Fachmedien; Imprint: Springer Vieweg.

Tobii AB. (2018). This is Eye Tracking. https://www.tobii.com/group/about/this-is-eye-tracking/. Zugegriffen: 22. Juli 2018.

van Riet, J. & Kirsch, M. (2010). Konzeption und Nutzung des Net Promoter Score. In E. Benning-Rohnke & G. Greve (Hrsg.), Kundenorientierte

Unternehmensführung. Konzept und Anwendung des Net Promoter® Score in der Praxis (Gabler Research, S. 35–83). Wiesbaden. Gabler.

Weinberg, P. & Terlutter, R. (2005). Verhaltenswissenschaftliche Aspekte der Kundenbindung. In M. Bruhn & C. Homburg (Hrsg.), Handbuch Kundenbindungsmanagement (5. Aufl., S. 41–66). Wiesbaden. Gabler.

Wörmann, M. (Serviceplan - Gruppe für innovative Kommunikation GmbH, Hrsg.). (2013). Messung von User Experience. https://serviceplan.blog/de/2013/06/messung-von-user-experience/.

Zöfel, P. (2007). Statistik verstehen. Ein Begleitbuch zur computergestützten Anwendung. Ein Leitfaden zu statistischen Lösungen (Scientific computing). München. Addison-Wesley.

PROZESSINNOVATION UND NEUE GESCHÄFTSMODELLE DURCH MIXED REALITY

EINSATZMÖGLICHKEITEN INNERHALB EINES MESSEBAU-UNTERNEHMENS

Max Mollenschott

Inhaltsverzeichnis

Abbildungsverzeichnis

Abkürzungsverzeichnis

3D	dreidimensional
6DoF	six degrees of freedom (dt.: sechs Freiheitsgrade)
AR	Augmented Reality (dt.: Erweiterte Realität)
AV	Augmented Virtuality (dt.: Erweiterte Virtualität)
B2B	Business-to-Business (dt.: Unternehmen zu Unternehmen)
B2C	Business-to-Customer (dt.: Unternehmen zu Privatperson)
Bitkom	Bundesverband Informationswirtschaft, Telekommunikation und neue Medien e.V.
CAD	Computer Aided Design (dt.: rechnerunterstütztes Konstruieren)
CAVE	CAVE Automatic Visual Environment (dt.: Höhle mit automatisierter, virtueller Umwelt)
DHL	DHL International GmbH
dt	deutsch
EY	Ernst & Young Global Limited
LKW	Lastkraftwagen
MR	Mixed Reality (dt.: gemischte Realität)
US	United States (dt.: Vereinigte Staaten)
USP	Unique Selling Proposition (dt.: einzigartiges Verkaufsversprechen)
VR	Virtual Reality (dt.: Virtuelle Realität)

I   Einleitung

"Every organization needs an AR-Strategy." [1]

Michael E. Porter [2]

Keine andere Entwicklung verändert momentan unser Leben so sehr wie die Digitalisierung. So sind Geräte und Systeme wie Smartphones, intelligente Assistenzsystem und Cloud-Computing seit wenigen Jahren ein selbstverständlicher Begleiter in unserem Leben geworden. Wir stehen heute erst am Anfang einer grundlegenden Entwicklung, die das Verhältnis zu den uns umgebenden Maschinen und Systemen ändert. Diese passen sich lernfähig an die individuellen Fähigkeiten und Bedürfnisse des Menschen an und arbeiten nicht nur starr ihre Aufgaben ab. Die Interaktion zwischen Mensch und Maschine verstärkt sich immer mehr. So verschmelzen die reale mit der virtuellen Umgebung. Genau mit diesem Verschmelzen der zwei Welten bzw. dem Ersetzen der realen durch die digitale Welt agieren die Technologien die unter „Mixed Reality" (kurz: MR, deutsch: gemischte Realität) zu verstehen sind. Head-Mounted-Displays (kurz: HMD, deutsch: am Kopf befestigte Bildschirme) lösen derzeit riesige Begeisterungswellen aus. Reihenweise werden von Herstellern neue Endgeräte präsentiert, Anbieter von immersiven (siehe 2.2 Grundlagen der Mixed Reality) Content arbeiten an innovativen Diensten und Anwender sind von dem Erlebnis der virtuellen und erweiterten Realität begeistert. Auch haben Unternehmen das Potenzial von MR-Anwendungen erkannt und innerhalb kurzer Zeit zahlreiche B2B (Business-to-Business, dt.: Unternehmen zu Unternehmen) -Lösungen, wie virtuelle Showrooms und neuartige Simulatoren für Trainingszwecke, entwickelt und umgesetzt.

Schon jetzt lässt sich absehen, dass die MR-Technologien in den kommenden Jahren weitere innovative Anwendungen ermöglichen und Arbeitsprozesse grundlegend ändern. Je nach Anwendung, setzen sich Lösungen aus den

---

1   Dt.: „Jedes Unternehmen benötigt eine ‚Erweiterte Realität'-Strategie"
2   Quelle: HBR, November 2017 in: Lucas, 2017, S. 7

unterschiedlichen MR-Teilbereichen durch. Doch obwohl die Marktaussichten selbst bei konservativer Bewertung sehr positiv sind, bleiben doch einige Fragen offen. Wie sehen diese konkrete Anwendungen im B2B Bereich, genauer im Falle eines Messebauers, aus? Welches Equipment kommt dabei zum Einsatz? Welche Lösungen sind unmittelbar umsetzbar und was ist reine Zukunftsvision?

Die vorliegende Bestandsaufnahme ordnet die Einsatzmöglichkeiten von Mixed Reality Anwendung in den Unternehmenskontext der mac messe- und ausstellungscenter Service GmbH (kurz: mac) ein.

Entgegen erster Befürchtungen, virtuelle Messen könnten irgendwann das klassische Messeformat ersetzen, konnte sich das traditionelle Live-Event bislang erfolgreich halten. Dies liegt womöglich an der Besonderheit von Messen, die diese persönliche Face-to-face Kommunikation mit einer Vielzahl relevanter Kontakte bündelt. (Vgl. Delfmann/Dorn, 2016, S. 8f.; Becker, 2018, o. S.; Kalbfleisch, 2018, o. S.) Dennoch sind Auswirkungen der Digitalisierung auch im Bereich von Messen spürbar, so werden Messestände immer mehr mit interaktiver Medientechnik versehen, aber auch bereits im Vorhinein werden mittels Onlineshop Eintrittskarten verkauft oder online technische Bestellungen, wie Wasser, Strom und Druckluft, für die Messebeteiligung getätigt. (Vgl. von Lukas, 2006, S. 111.) Einige Messegesellschaften haben hierfür eigene Funktionsbereiche, die nur der Digitalisierung gewidmet sind, gegründet. Beispiel hierfür ist die Messe Frankfurt oder die Koelnmesse. Von bedeutender Relevanz ist hierbei, wie in der Einleitung vom US-amerikanischen Ökonomen Michael E. PORTER angesprochen, nicht einfach auf den digitalen Zug aufzuspringen, sondern dass sich Unternehmen genau überlegen, welche Entwicklungen sie in ihren zukünftigen Strategien integrieren sollten. Hierfür ist entscheidend, systematisch zu untersuchen, wie die Digitalisierung einen Einfluss auf die bestehende Wertschöpfungskette nehmen kann. Und zu analysieren, welche Maßnahmen zum einen dem eigenen Unternehmen aber auch dem Kunden einen Mehrwert bringen kann. (Vgl. Delfmann/ Dorn, 2016, S. 8f.; Becker, 2018, o. S.; Kalbfleisch, 2018, o. S.)

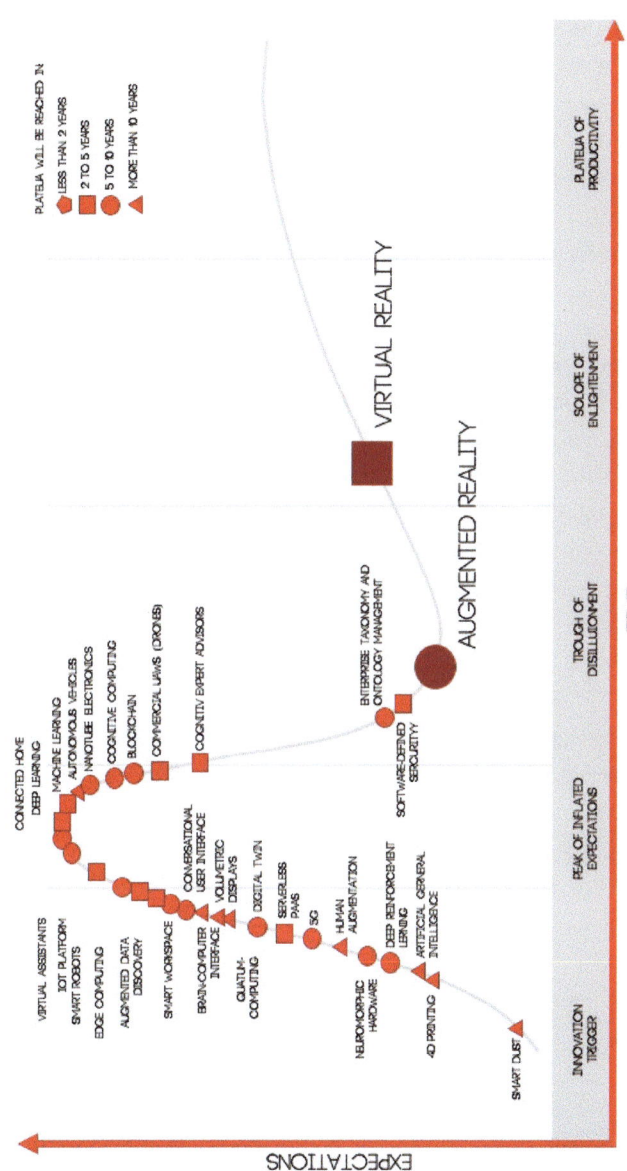

Abbildung 1: Gartner Hype Cycle for Emerging Technologies, 2017.
Quelle: Gartner, 2017, o. S.

Die technischen Gegebenheiten haben sich deutlich geändert. Der Hype Cycle for Emerging Technologies (dt.: Hype Zyklus neuer Technologien) von Gartner, der zur Bewertung neuer Technologien dient, zeigt, dass sich die beiden MR-Technologien, Virtual und Augmented Reality in 2017 im allgemeinen Digitalisierungskontext in Richtung Plateau of Productivity (dt.: Produktionsplateau) bewegten (siehe Abbildung 1). Dies heißt auch, dass MR-Anwendungen an Reife gewonnen haben. Das hat zur Folge, dass die Technologie nun breiter eingesetzt wird, als dies bei dieser bisher nischenhaften Technologie der Fall war. (Vgl. Gartner, 2017, o. S.)

Diese positive Entwicklung hat nicht nur, Auswirkungen auf den B2C (Businessto-Consumer, dt.: Unternehmen zu Privatperson) Spielebereich, sondern auch auf den B2B Bereich. So prognostiziert der Bundesverband Informationswirtschaft, Telekommunikation und neue Medien e.V. (kurz: Bitkom) einen Anstieg des Jahresumsatzes im Bereich von MR-Anwendungen von rund aktuell 541 Mio. Euro auf 841 Mio. Euro im Jahr 2020. Dies entspricht einem Wachstum von rund 55 % innerhalb von zwei Jahren. Hierbei nimmt der Bereich für Lösungen (Software, Implementierung etc.) mit rund 90% Umsatzanteil eine führende Rolle ein. (Vgl. Deloitte/Fraunhofer FIT/Bitkom, 2018, o. S.)

Ziel dieser Arbeit ist, es die forschungsleitende Frage: „Welches Innovationspotenzial bieten MR- Anwendungen für ein Messebau-Unternehmen?" zu beantworten. Hierfür müssen zuerst die Einsatzmöglichkeiten von Mixed-Reality Anwendungen innerhalb eines Messebau-Unternehmens herausgestellt werden. Hierfür werden aktuelle Fallbeispiele auf das Unternehmen mac adaptiert, um anschließend deren Potenzial zu bewerten. Dies soll dabei helfen, die Aufmerksamkeit für diese Entwicklung zu schärfen und das damit verbundene Innovationspotenzial aufzuzeigen.

2 Mixed Reality

2.1 Begriffsdefinition: Mixed Reality

Der Begriff Mixed Reality dient als Überbegriff und vereint unter sich die Technologie Entwicklung, die sich mit dem Vermischen von realer und virtueller Umgebung beschäftigt. MILGRAM sieht so ein Mixed-Reality Kontinuum begrenzt durch zwei Extrempunkte, die reale Welt auf der einen und die digitale bzw. virtuelle Welt auf der anderen Seite. Im Rahmen dieses Frameworks wird Mixed Reality als eine Umgebung definiert, in der reale und virtuelle Objekte in beliebiger Weise in einer Darstellung, das heißt zwischen den beiden Endpunkten des Kontinuums liegend, kombiniert werden. (Vgl. Milgram et al., 1994, S. 1ff.) So gibt es die folgenden Abstufungen: (Vgl. im Folgenden Milgram et al., 1994, S. 1ff.)

- **Real Environment** (kurz: RE, deutsch: reale Umwelt)
  Zeigt die reale Umgebung ohne jegliche digitale Erweiterung.
- **Augmented Reality** (kurz: AR, deutsch: erweiterte Realität)
  Augmented Reality ist hierbei sehr nah an der realen Umgebung anzusiedeln, da digitale Elemente ergänzend eingesetzt werden
- **Augmented Virtuality** (kurz AV, deutsch: erweiterte Virtualität)
  Die Augmented Virtuality nutzt gegenteilig zu AR reale Elemente um die virtuelle Welt zu ergänzen (siehe hierzu Kapitel 3.4 Augmented Virtuality).
- **Virtual Reality** (kurz: VR, deutsch: virtuelle Realität)
  Wenn die reale Welt nicht nur ergänzt, sondern komplett durch die virtuelle Welt ersetzt wird, spricht man von der Virtuellen Realität

Die oben genannten Abstufungen im Reality-Virtuality-Continuum nach MILGRAM sind in Abbildung 2 zu sehen.

Abbildung 2: Reality-Virtuality Kontinuum
Quelle: Milgram et al., 1994, S. 2.

MEHLER-BICHER/STEIGER bezeichnen dagegen nur die beiden Technologien AR und AV als Mixed Reality. Da aber in der aktuellen Zeit der Begriff
der Augmented Virtuality kaum benutzt wird, werden die Ausdrücke MR und
AR meist synonym zueinander verwendet. (Vgl. Mehler-Bicher/Steiger, 2014, S.
31.) Anders sehen es SCHART/TSCHANZ. Sie sehen MR als eine weitere Form
von AR, die zwischen Virtual und Augmented Reality liegt. Zwar wird auch hier
die reale Welt mit virtuellen Objekten erweitert, doch kommt eine weitere Komponente hinzu. Diese Komponente soll den Eindruck der Realität des digitalen
Objektes steigern. Demnach soll MR die Umgebung erkennen und diese virtuellen Objekte in Abhängigkeit der Umgebung einblenden. (Vgl. Schart/Tschanz,
2018, S. 21f.)

In der Praxis wird unter dem Begriff Mixed Reality zunehmend nicht nur die
Augmented Reality, sondern auch die Virtual Reality gesehen. Laut SULLIVAN
(Director of Communications for Mixed-Reality bei Microsoft) gebe es zu viele
Nuancen, um strikt in VR und AR zu unterteilen. Stattdessen werden alle Anwendungen die VR und AR benutzen unter MR zusammengefasst. (Vgl. Mantel, 2017, o. S.) Hinzu kommt in der Praxis, dass von unterschiedlichen Firmen
auch unterschiedliche Begrifflichkeiten genutzt werden. So nutzt Intel den Begriff
Merged Reality (deutsch: Zusammengeführte Realität). Selbst Microsoft, die wie
von SULLIVAN bereits erwähnt, den Begriff von MR über alle Technologien
ziehen, spricht nun neuerdings auch noch von Holographic Computing. (Vgl.
Schart/Tschanz, 2018, S. 24.)

Im Rahmen dieser Arbeit wird die Definition von SULLIVAN für den Begriff
der Mixed Reality verwendet, um so eine praxisnahe Bewertung der Innovations-
potenziale zu gewährleisten.

2.2 Grundlagen der Mixed Reality

Immersion

Der vom lateinischen Wort „immeregere" abstammende Begriff der Immersion, bedeutet so viel wie „eintauchen" oder „abtauchen". (Vgl. Brill, 2009, S. 6; Ludwig, 2016, S.28.) Umso besser dieses „Eintauchen" gelingt, desto besser nimmt das menschliche Gehirn die virtuelle Erweiterung/Umgebung als reales Erlebnis an und verarbeitet sie entsprechend. Die Wahrnehmung und die Erinnerung liegen im Falle eines MR-Erlebnisses, nahe des, eines echten, real erlebten Erlebnisses. (Vgl. Ludwig, 2016, S. 28.)

Stereo- und monoskopisches Sehen

Um bei den MR-Technologien die Immersion zu steigern, arbeiten diese mit dem Effekt des stereoskopischen Sehens. Hierrunter versteht man das räumliche Sehen des Menschen. Gegenstände werden dreidimensional wahrgenommen, da beide Augen die Umgebung aus zwei zueinander versetzten Positionen erfassen und diese Informationen, wie in Abbildung 3 zu sehen, im Gehirn zu einem Bild zusammengesetzt werden. (Vgl. Diehl, 2002, S. 15; Waehlert, 1997, S. 12.)

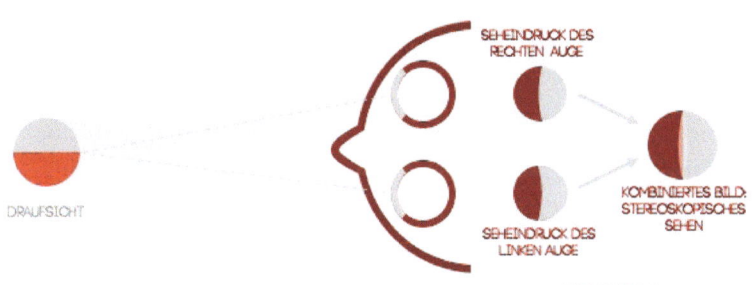

Abbildung 3: Stereoskopisches Sehen
Quelle: in Anlehnung Mißfeld, 2018, o. S.

Auf der gleichen Grundlage funktioniert auch ein stereoskopisches Sehen im MR System. Eine Software teilt das Motiv auf und produziert für jedes Auge ein leicht versetztes Bild auf die Bildschirme. Dieses wird im Gehirn des Anwenders zu einem 3-Dimensionalem Ergebnis. (Vgl. Diehl, 2002, S. 15; Waehlert, 1997, S. 12.)

Im Gegensatz zum stereoskopischen und hochimmersiven Sehen, handelt es sich beim monoskopischen Sehen, um ein MR-Erlebnis bei dem für jedes Auge das gleiche Bild als Grundlage dient. Dies hat zur Folge, dass der Grad an Immersion geringer ist. (Vgl. Diehl, 2002, S. 15; Waehlert, 1997, S. 12.)

Tracking

Da alle Mixed-Reality Technologien unter der Zuhilfenahme eines Tracking-Systems arbeiten, sollte dies hier grundlegend definiert werden. Beim Tracking handelt es sich um die Erkennung und Verfolgung von Objekten bzw. Personen. Aber auch die Bewegungsgeschwindigkeit sowie die Beschleunigung oder Verzögerung von Objekten, lässt sich mittels dieser Technologie berechnen. (Vgl. Mehler-Bicher/Steiger, 2014, S. 34.) Um zu verstehen, welche Bewegungen hiermit erfasst werden, muss man die grundsätzlichen Bewegungsmöglichkeiten eines Körpers in einem dreidimensionalen Raum verstehen. Diese werden durch die „Six Degrees of Freedom" (6DoF) beschrieben, hierzu zählen die (wie in Abbildung 4 ersichtlich) drei Bewegungsrichtungen forward/back (vorwärts/zurück), up/down (hoch/runter) und left/right (links/rechts) und die drei verschiedenen Richtungen, in die ein Körper rotieren kann: pitch (neigen), yaw (schwenken) and roll (rollen). (Vgl. Lang, 2013, o. S.)

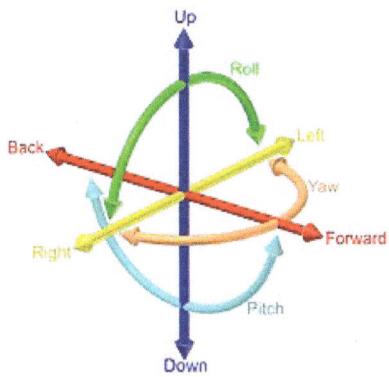

Abbildung 4: Six Degrees of Freedom
Quelle: Ionescu, 2010, o. S.

2.3 Begriffsdefinition

2.3.1 Augmented Reality

Da der Ursprung dieser Technologie im industriellen Bereich liegt, verwundert es nicht, dass die gängigen AR Definitionen heutzutage meist einen technischen Fokus besitzen. Hinzu kommt, dass die Definitionen, wie auch bei Mixed Reality, zudem sehr unterschiedlich und teils auch widersprüchlich sind. (Vgl. Schart/ Tschanz, 2018, S. 25.)

AZUMA weist die folgenden Charakteristika Augmented Reality zu:

- Kombination von virtueller Realität und realer Umwelt mit teilweiser Überlagerung
- Interaktion in Echtzeit
- Dreidimensionaler Bezug virtueller und realer Objekte. (Vgl. Azuma, 1997, S. 1f.)

95

Augmented Reality wird oftmals dahingehend beschrieben, dass sie die existierende reale Welt mit zusätzlichen digitalen Elementen anreichert bzw. überlagert. Teilweise jedoch wird nicht die „wirkliche Realität" angereichert, sondern nur das Abbild der Umgebung des Nutzers, welches mithilfe von Medien-Technologie erzeugt wurde. So handelt es sich um eine Anreicherung des mit einer Kamera aufgenommen Livestreams mit virtuellen Elementen, so als ob es ein reales Objekt in der realen Umgebung wäre. Somit beschreibt Augmented Reality auch eine Illusion, welche durch die Anwendung der Technologie erzeugt wird. (Vgl. Schart/Tschanz, 2018, S. 25.)

Des Weiteren wird zwischen Augmented Reality im engeren und im weiteren Sinne differenziert:

- Augmented Reality im engeren Sinn:
  Virtuelle, dreidimensionale Objekte, welche die reale Umwelt überlagern können
- Augmented Reality im weiteren Sinn:
  Zweidimensionale Inhalte ohne Überlagerung mit der Umwelt.
  (Vgl. Mehler-Bicher/Steiger, 2014, S. 32.)

Innerhalb der Definition von AR werden bezüglich der Erweiterung keine Einschränkungen hinsichtlich der Sinnesmodalitäten vorgenommen. Somit kann die meist mit AR verbundene visuelle Sinneserweiterung genauso mit akustischen, taktilen, olfaktorischen oder gustatorischen Wahrnehmungen ergänzt werden. Im Rahmen dieser Arbeit liegt der Fokus auf der visuellen Sinneserweiterung.

2.3.2 Augmented Virtuality

Obwohl jeder diese Technologie kennt, wird sie kaum in der Literatur angesprochen. Hierbei handelt es sich in gewisser Weise um das Gegenstück zu Augmented Reality. Innerhalb der AR werden virtuelle Objekte in das reale Umfeld eingefügt. Bei der Augmented Virtuality werden hingegen physikalisch vorhandene, also reale Objekte, in Echtzeit in die virtuelle Welt eingefügt. Diese Technologie findet heutzutage sehr oft Anwendung und ist uns besonders aus dem

Fernsehen bekannt. Man bedenke nur den realen Meteorologen vor der digitalen Wetterkarte, der uns die Wettervoraussagen liefert.

Diese Kombination von Virtualität und Realität in Echtzeit kann mithilfe verschiedenster Techniken erreicht werden. Beispielsweise ist es denkbar, dass sich ein realer Teilnehmer vor einem sogenannten „Green Screen" befindet und so an einer Konferenz in einem digitalen Raum teilnehmen kann. (Vgl. Carmigniani/ Furht, 2011, S. 26f.)

Der Effekt der AV-Anwendungen wird nur von Außenstehenden wahrgenommen und nicht vom Nutzer selbst. Er wird nur über eine Rückkopplung auf einem Monitor gezeigt und beruht nicht auf seinem eigenen Sehen. So erlebt der Nutzer nicht durch sein eigens Sehen ein solchen Effekt und daher werden die Anwendungsfälle der AV innerhalb dieser Arbeit nicht weiter ausgeführt.

2.3.3 Virtual Reality

Unter dem Oxymoron Begriff der virtuellen Realität, versteht LANIER eine „scheinbare Wirklichkeit" (Lainer, 2010, o. S.). Oxymoron daher, weil es sich um einen Widerspruch in sich handelt. Auf der einen Seite beschreibt das Wort „virtuell" etwas, das nur scheinbar existiert. Auf der anderen Seite beschreibt der Begriff „Realität" etwas Nachweis- und Überprüfbares, also Existentes. (Vgl. Bormann, 1994, S. 25.) LANIER nutzt hierbei die Definition von AUKSTA-KAL-NIS/BLATNER. Sie beschreiben VR als eine computergenerierte, dreidimensionale Welt, mit der Anwender interagieren und somit die Immersion (fachsprachlich: eintauchen) der Nutzer in die Umgebung ermöglicht. (Aukstakalnis/ Blatner, 1994, S. 24.) Wie AUKSTAKALNIS/BLATNER betont WILLM den Aspekt der Immersion in seiner Definition. Die Einbindung des Nutzers ist laut ihm maßgeblich dadurch geprägt, dass ein visuelles und akustisches Eintauchen in eine scheinbar vorhandene Welt möglich ist. (Vgl. Willm, 1992, S. 32, zitiert nach Waehlert, 1997, S. 4 f.) Diese Technik findet laut BRILL „überall dort Anwendung, wo Anwender[..] komplexe Daten visualisieren, manipulieren und damit interagieren" (Brill, 2009, S. 6.) möchten.

Auf Grundlage der oben genannten unterschiedlichen Definitionen lassen sich die wesentlichen Charakteristika von VR bestimmen. Es handelt sich um eine

- „computergenerierte dreidimensionale Computergrafik,
- die interaktiv und
- immersiv ist." (Bauer, 1996, S. 17.)

Diese einzelnen Charakteristika werden im Folgenden genauer beschrieben:

Computergenerierte dreidimensionale Computergrafik

Grundlegend für die Nutzung von VR ist eine am Computer erstellte, virtuelle Welt. Hierbei fungiert der Computer nicht nur als Entwicklungswerkzeug, sondern ist zeitgleich ein unabdingbares Element der Inhaltswiedergabe. Diese Inhalte werden dreidimensional dargestellt und über das menschliche Auge bzw. das Gehirn wahrgenommen. Grundlage hierfür sind Daten aus CAD- oder Modellierungsprogrammen, die über eine Ausprägung in x-, y- und z-Richtung verfügen.

Interaktivität

Dieses Merkmal beschreibt die Tatsache, dass der Anwender aktiv in das Geschehen eingreifen kann. Bei VR existiert eine Wechselwirkung zwischen dem Nutzer und der virtuellen Umgebung. Dementsprechend ist es von zentraler Bedeutung, dass die Aktionen des Nutzers eine Reaktion bzw. ein sofortiges Feedback innerhalb der virtuellen Welt zufolge haben. Grundvoraussetzung hierfür ist, dass die virtuelle Umgebung in Echtzeit auf einen generierten Impuls reagieren muss. Dies erfolgt durch entsprechende Eingabegeräte, die als Schnittstelle dienen. Dadurch ist der Nutzer bei VR nicht nur passiver Beobachter, sondern kann diese nach seinen Bedürfnissen und Wünsche lenken. (Vgl. Bauer, 1996, S. 16; Waehlert, 1997, S. 6.)

Immersion:

Ziel von VR ist es, dem Nutzer das Gefühl zu geben, sich in der virtuellen Landschaft zu befinden. Diesen Effekt nennt man „Immersion". Und wurde einleitend in 2.2 Grundlagen der Mixed Reality bereits definiert.

Übergreifend können zwei Varianten von VR unterschieden werden:

- **Echtzeit-Rendering**
  Durch Entwicklungsumgebungen wie Unity oder Unreal werden Räume und Objekte in 3D erstellt. Da jedes Objekt im Raum bestimmte Eigenschaften (wie feststehendes Hindernis, Beweglich oder Blickdicht usw.) zugewiesen bekommt, ist es möglich, sich zu jedem Punkt innerhalb des Raumes zu bewegen (Ausnahmen bilden hierbei Hindernisse wie beispielsweise Wände und Tische). Bei einer solchen Echtzeit-Rendering-Anwendung ist ein hoher Rechenbedarf notwendig. Ebenfalls werden Systeme zur Umwandlung der Bewegung in die digitale Welt und Steuerung benötigt. (Vgl. Behaneck, 2017, o. S.)

- **360°-Bilder/Video**
  Im Gegensatz hierzu können auch 360°-Bilder/Videos erstellt werden. Hierfür werden Panorama-Fotos erstellt, bei Videos werden 24 solcher Bilder zu einer Sekunde Video nacheinander angefügt. Der Vorteil dieser Variante ist, dass keine Daten abgeändert und Objekte nicht mit Eigenschaften versehen werden müssen, da die VR-Art nur auf rein visueller und nicht auf interaktiver Basis agiert. Das Fehlen dieser interaktiven Basis ist auch der Nachteil. So sind nur ein Standpunkt bzw. mehrere einzelne Standpunkte oder eine vorgegebene Route möglich und kein freies Bewegen innerhalb des digitalen Raumes möglich. (Vgl. Behaneck, 2017, o. S.) Die Inhalte können, sowohl digital erstellt als auch real, mithilfe von einer 360°-Kamera aufgenommen werden.

2.4 Ausblick und Zukunftsfähigkeit

Wie eingangs zusehen, benötigt die Technologie um VR nach Einschätzung der Experten von Gartner, mindestens noch zwei Jahre bis das Plateau der Produktivität erreicht wird (siehe Abbildung 1). Dennoch ist es die Technologie mit den meisten produktiven Einsätzen des gesamten Diagrammes. AR-Anwendungen folgen an zweiter Stelle, direkt hinter Virtual Reality. Dennoch schätzen die Experten eine Zeit von bis zu 10 Jahren bis sich AR auf dem Plateau der Produktivität befindet. Somit ist hier ein Vorteil von VR gegenüber AR feststellbar. (Vgl. Gartner, 2017, o. S.)

Für diesen Vorsprung spricht ebenfalls, dass aktuell zahlreiche weitere Hersteller ihre Bemühungen im Bereich VR-Hardware und auch Software intensivieren. Sprachsteuerung und Eye-Tracking sind nur wenige der kommenden Innovationen, die den VR-Markt bereichern und somit das Eintauchen in die virtuelle Welt vereinfachen und intensivieren. Schon jetzt gibt es Ankündigungen von so genannte „All-in-one"-Geräte (dt.: alles in einem Gerät), wie zum Beispiel die Oculus Go, welche die erste preisgünstige VR-Brille ist, bei der kein Handy benötigt wird. Damit ist die Brille der Beginn einer ganz neuen Gerätegeneration, die zum Massenmarkt-Produkt heranreift. (Vgl. Illenberger, Rolf in Schwab, 2018, o. S.) Diese Brille verfügt zudem auch über genügend Akkukapazität, um autark funktionieren zu können. Dadurch wird keine Kabelverbindung zur Stromversorgung benötigt, was den Bewegungsraum deutlich vergrößert. (Vgl. Röhrich, 2017, S. 58.) Auch ist eine Steigerung bei der Auflösung zu erwarten, hier ist die Rede von 8K, also UltraHD-2-Display, mit 7.680 x 4.320 Pixel, welche somit viermal feiner als die aktuell angebotenen Displays, Inhalte darstellen. (Vgl. Danneberg, 2017, o. S.)

In den kommenden Jahren werden neue Anwendungsfelder für AR erschlossen und der aktuelle Vorsprung von VR, welcher einer größeren Bekanntheit geschuldet ist, aufgeholt. Jedoch erwartet die Deutsche Bank im Jahr 2020 einen globalen AR-Markt von 7,5 Milliarden Euro. (Vgl. Arnoldy et al., 2016, S. 29.) Der VR Markt hingegen soll bis zum selben Zeitpunkt auf 37,7 Milliarden Euro anwachsen und sogar bis zum Jahr 2025 auf 80 Milliarden Euro steigen. (Vgl. SuperData Research, 2017, S. 6.) Zum Vergleich besitzt die deutsche Messewirtschaft eine wirtschaftliche Bedeutung von nur rund 12 Milliarden Euro. (Vgl. Auma, 2009, o. S.) Der Hardware-Markt wird zwar bis dahin noch dominieren, doch sobald einer kritische Masse der Zugang zu VR-Geräten gewährt wird, ist zu erwarten, dass der Markt für Software, Services und Werbebudgets an Relevanz gewinnt. (Vgl. Buss/Bohnhoff, 2016, S. 12.)

Die Analysten von Goldmann Sachs prognostizieren für das Jahr 2025 eine Menge von 125 Millionen verkauften VR-Brillen pro Jahr. Es ist mit einer ähnlichen Preisentwicklung wie bei verwandten Hardware bzw. Peripherieprodukten zu rechnen. Zum Vergleich war der Preis von Computern im Jahr 2001 6,8-mal höher, als im Jahr 2010, bei Monitoren war er 3,7-mal so hoch. (Vgl. Buss/Bohnhoff, 2016, S. 12.) Erste Beweise für eine solche Preisentwicklung ist der Preisfall der Oculus Rift. Hier ist der Preis im vergangenen Jahr (Stand 14. Juni 2018) um ca. 40 % gesunken. (Vgl. Berg, 2016, o. S.) „Folgt man dieser Logik, ist damit zu rechnen, dass VR-Brillen in zehn Jahren zwischen 90 $ und 215 $ kosten werden." (Buss/Bohnhoff, 2016, S. 13.)

Abschließend lassen sich folgende Schlussfolgerungen ziehen: (Vgl. im Folgenden Esser/Oppermann/Lutter, 2016, S. 12.)

- Virtual Reality sich gleichermaßen im B2C- und B2B-Bereich etablieren wird. Die Unternehmen können unmittelbar davon profitieren, dass Mitarbeiter die neuartigen Geräte im privaten Bereich kennenlernen und einem Einsatz auch in Unternehmen positiver gegenüberstehen. Der B2B-Schwerpunkt liegt in den Bereichen Marketing, Visualisierung, Simulation und Kollaboration. Durch die abschottende Wirkung, werden VR-Brillen tendenziell in kurzen Sessions verwendet.
- Augmented Reality in den kommenden Jahren primär ein B2B-Thema sein wird. Bedingt wird dies durch die gewöhnungsbedürftige Optik der Brillen, sowie die öffentliche Diskussion über Datenschutzaspekte. Diese Faktoren werden unter anderem absehbar einen Erfolg im Konsumentenmarkt verhindern. AR hingegen verspricht durch die digitalen Inhalte angereicherte Realität ein immenses Potenzial für Industrieanwendungen. „Das Einblenden kontextbezogener Informationen mittels Smart Glasses sowie die Handsfree-Nutzung der Brillen kann Prozesse gerade in den

Segmenten Logistik, Fertigung und Maintenance deutlich optimieren." (Esser/Oppermann/Lutter, 2016, S. 12.)

Der aktuelle Hype um VR- und AR-Brillen erzeugt eine immense Erwartung. Jedoch „falls diese nicht überzeugend erfüllt werden, besteht die Gefahr einer Desillusionierung von Markt und Endverbrauchern. Eine erste kleinere VR-Welle in den 1990er-Jahren hat gezeigt, dass die Euphorie um die neuen Produkte schnell ins Gegenteil umschlagen kann." (Esser/Oppermann/Lutter, 2016, S. 13.) Daher sollten Anbieter ihre künftigen Kommunikationsstrategien den tatsächlichen, unmittelbar erlebbaren Möglichkeiten der neuen Hardware anpassen. Auch sollte der Zeitpunkt des Marktstarts unbedingt dem Reifegrad der neuen Technologie entsprechen. Dies gilt besonders für B2B-Lösungen. Erst dann werden innovative, perfekt funktionier¬ende Hardware und die zugehörigen Anwendungen auch im Unternehmensumfeld nachhaltig überzeugen. (Vgl. Esser/Oppermann/Lutter, 2016, S. 13.)

3 Prozessinnovation

3.1 Überblick

Die Prozessinnovationen innerhalb des Unternehmen mac lassen sich in vier Kategorien einteilen, siehe Abbildung 5. Vorab kommen die produktiven Bereiche, wie die Werkstätten, Lagerhaltung und Montage. Zu dieser Kategorie zählt aber auch der Bereich der Wartung, da dieser vor allem Auswirkungen auf die davor genannten Bereiche hat. Als nächste Kategorie folgt der Bereich der Präsentationen, welcher in den Bereichen des Vertriebs/Projektmanagement, Design und Personal zu finden ist. Hierrunter fallen die reine Projektpräsentation, also die Präsentation eines Messestandes und die meist bei Neukunden vorweg gehende Unternehmenspräsentation. Hinzu kommt die Präsentation vor neuen potentiellen Mitarbeiter im Rahmen des Recruitingprozesses. Innerhalb der dritten Kategorien, der sonstigen Anwendungsfelder, werden die möglichen Anwendung in den übrigen Bereichen genannt. Teilweise ist eine Anwendung in den Kategorien eins und zwei möglich. Als letzte Kategorie und übergreifend auf alle drei vorherigen Anwendungsgebiete ist der Bereich der Schulung zu nennen. Dazu zählen Schulungen, Aus- und Weiterbildung sowie Unterweisungen von Mitarbeiter aus allen Bereichen des Unternehmens. Anwendungen die zeitnahumsetzbar sind konnten direkt innerhalb der Innovationspotenzialanalyse mit Anzeige-, Tracking- und Steuerungskomponenten versehen werden.

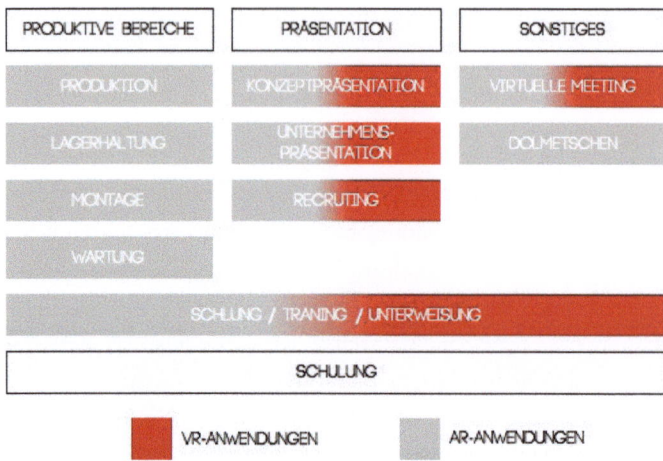

Abbildung 5: Überblick der Anwendungsbereiche
Quelle: Eigene Darstellung, 2018.

3.2 Produktive Bereiche

3.2.1 Geeignete Arbeitsaufgaben

Innerhalb des Unternehmens gibt es Arbeitsaufgaben, die besser für Optimierung durch den Einsatz von MR-Technologien geeignet sind. Mögliche Indikatoren hierfür sind: (Vgl. im folgenden Imhof/Thalmann, 2016, S. 10.)

- Zur Erfüllung der Arbeitsaufgabe müssen beide Hände genutzt werden.
- Die Beschäftigten müssen bei der Durchführung der Arbeitsaufgabe mobil sein.
- Die Hauptaufgaben werden durch kurze Sekundäraufgaben unterbrochen.
- Die Arbeitsaufgaben lässt in Teilaufgabe untergliedern, welche nur einen geringen Informationsbedarf für einzelne Teilschritte haben.
- Es handelt sich um Navigationsaufgaben.
- Aus Datenschutzgründen ist ein nicht offen einsehbares Display notwendig.
- Beschäftigte befinden sich in der Anlernphase.
- Einzelnen Aufgabenelement sich nur selten wiederholen.

Anhand dieser Indikatoren wurden die folgenden Bereiche und die Prozessabläufe herausgearbeitet. Und mithilfe der Experteninterviews bewertet.

3.2.2 Produktion

Allgemein

- **Planung:**

  Durch Virtual Reality ist die Erstellung und Anpassung von Prototypen im virtuellen Raum möglich. Hierbei erweist sich die Nutzung von VR Anwendungen als besonders hilfreich für komplexe, sehr große, schwierig zu produzierenden Produkten und Unikate, wie es Messestände meist sind. „VR hat hierbei das Potenzial, die nächste, effizientere und nutzerfreundlichere Weiterentwicklung von CAD-Anwendung (Computer Aided Design, dt.: rechnerunterstütztes Konstruieren) zu sein" (Ebert et al., 2016, S. 21.). Die Nutzung zum Prototyping bietet hierbei Potentiale im Bereich der Kostensenkung, effizientere Entscheidungsprozesse und Wettbewerbsvorteile durch eine bessere Planung. (Vgl. Ebert et al., 2016, S. 21.) Fehlproduktionen können mit der sogenannten 1-10-100 Regel beschrieben werden: die Kosten für die Problembehebung im Designprozess entsprechen einer Einheit, im Produktionsprozess bereits zehn Einheiten und hundert, wenn der Fehler dem Endkunden bereits aufgefallen ist. (Vgl. Ebert et al., 2016, S. 25.)

- **Qualitäts- und Prozesskontrolle:**

  In der Kontrolle von Qualität und des gesamten Prozesses kommen AR-Anwendungen vor allem für den Soll-Ist-Vergleich bei optischen und visuellen Elementen zum Einsatz. Dadurch kann die Qualität der Produktion in Echtzeit überprüft werden und Fehlproduktionen können unmittelbar identifiziert und behoben werden. Eine schnellere und in Echtzeit durchgeführte Qualitätskontrolle lässt eine frühere Fehlererkennung zu und senkt die Korrekturkosten. (Vgl. Ebert et al., 2016, S. 27.)

- **Arbeitsschutz und sicherheit:**

  Durch den Einsatz von AR-Technologien können Mitarbeiter gefährliche Objekte oder fehlerhafte Anwendungen schneller erkennen und anschließend beseitigen. Automatische Sicherheitskontrollen und VR-Sicherheitstraining (siehe 3.5 Schulung) verringern die Anzahl der Arbeitsunfälle in der Produktion. Durch die Früherkennung von Gefahrenquellen kommt es zu einer Effizienzsteigerung, da Fehler frühzeitig erkannt und somit die Auswirkungen dieser gemindert werden. Die damit verbundene Reduktion von Produktionsausfällen führt zu einer Kostensenkung. (Vgl. Ebert et al., 2016, S. 25.)

Schreinerei

Innerhalb der Schreinerei und sonstigen produktiven Bereichen sind, Schulungen ausgenommen, nur AR-Anwendungen denkbar, da der Mitarbeiter immer noch die Realität im Blick haben soll. Diese Anwendungen ermöglichen dem Mitarbeiter, eine virtuelle 3D Ansicht, die in der jetzigen Papierform der Pläne nicht möglich ist. Mit Hilfe von AR kann der Mitarbeiter, zum Beispiel, bei der Anfertigung der Unterkonstruktion, das fertige Möbelstück sehen. Der Schreiner erlangt dadurch ein besseres Bild vom ganzen Möbelstück und kann eventuelle Planungsfehler frühzeitig beheben bzw. darauf aufmerksam machen. So greift auch hier die 1-10-100-Regel, die bereits vorher schon erwähnt wurde, etwaige Kosten senkt. (Vgl. Hofferbert, 2018, o. S.) Eine weitere Anwendungsmöglichkeit ist, dass das System erkennt, an welchem Projekt bzw. an welcher Baugruppe innerhalb des Projektes der Mitarbeiter arbeitet. Dies wird zeitlich erfasst werden und liefert so eine genauere Möglichkeit der Abrechnung. Aktuell muss der Mitarbeiter noch zu einer Station gehen und seine laufende Arbeitszeit auf ein Projekt buchen. Durch das eigenständige erkennen des Systems wird, wie die Auswertung verbessert, da eine Auswertung nach Baugruppen und nicht wie bisher auf Projekten möglich wird. Ein weiterer Vorteil ist die Zeitersparnis, da der Mitarbeiter nicht mehr zur Station gehen und sich anmelden muss, sondern sich mit dem nächsten Auftrag beschäftigen kann. Ein weiterer möglicher Schritt wäre eine Auftragsvergabe bzw. -zuteilung über AR-Brillen. Dabei erhält der Mitarbeiter direkt seine nächsten Aufgaben in sein Sichtfeld und kann auch deren Fertigstellung an den Vorgesetzten zurückmelden. Dazu ist ein einfacher Vergleich durch optisches Vermessen, zwischen Soll und Ist möglich.

Lackiererei

Neben der Möglichkeit der Arbeitsvergabe wie auch in der Schreinerei, ist es innerhalb der Lackiererei möglich, 3D-Ansichten der zu bearbeiteten Werkstücke zu zeigen. Hier könnte auch die Farbgebung bei mehrfarbigen Objekten übertragen werden.

Des Weiteren ist innerhalb der Lackierkabine eine Auswertung des Farbauftrages denkbar. Dabei erhält der Lackierer in Echtzeit wichtige Parameter für die Lackierung, wie Druck, Farbdicke und Füllstand der Spritzpistole, in sein Sichtfeld eingeblendet. (Vgl. Hofferbert, 2018, o. S.)

E-Werkstatt

Durch AR-Anwendungen werden die Spezialisten in der Schaltschrankverdrahtung optimal unterstützt. Da die direkte Abbildung der Anschlüsse über eine Augmented-Reality-Brille erfolgt, ist eine gedankliche Übertragung vom Plan auf die real vorliegende Situation nicht mehr notwendig. Der Mitarbeiter scannt den zu bearbeitenden Auftrag und das zugehörige Verdrahtungsprojekt wird geöffnet. Die Fehleranfälligkeit sinkt und der Arbeiter hat beide Hände frei für die Verdrahtung. (Vgl. EPLAN, 2017, o.S.) Auch eine Unterstützung bei der Prüfung der Schaltschränke ist denkbar. Dabei könnten virtuell die Prüfschritte eingeblendet werden und dadurch fehlende Messungen ausgeschlossen werden. (Vgl. Hofferbert, 2018, o. S.)

Schlosser

Innerhalb der metallverarbeitenden Werkstatt, sind AR-Assistenzanwendungen möglich. Es gibt bereits es Anwendungen, die Bewegungen und Prozessparameter beim Schweißen über eine Augmented-Reality-Umgebung zwischen Anwendern weltweit und in Echtzeit austauschen. Dadruch ist die Analyse und Optimierung des Schweißprozesses direkt im Sichtbereich des Anwenders möglich. (Vgl. o.V., 2017, o.S.) „Ziel ist, das Schweißen so realitätsnah wie möglich aufzuzeichnen und die Erkenntnisse wie bei einem Assistenzsystem so präzise und einfach wie möglich darzustellen." (o.V., 2017, o.S.)

3.2.3 Lager

(Nach-) Verfolgung und Navigation

Durch präzisere Erfassung der AR-Anwendungen und Navigationsunterstützung kann es zu einer Verbesserung der Effizienz entlang der Logistikkette kommen. Der LKW-Fahrer kann den Abladeort auf der Messe direkt in sein Sichtfeld mittels eines Head-Up-Display erhalten und verfährt sich dadurch nicht. Daneben ist es auch per GPS-Tracking möglich, die Position des LKWs an den Monteur bzw. Bauleiter zu senden und diese entweder auf einer Karte anzuzeigen, oder mittels HMD den Standort im Sichtfeld des mac-Mitarbeiters anzuzeigen. Dies ermöglicht dem Mitarbeiter einen höheren Informationsstand über etwaige Verspätung. Gerade bei kurzen Aufbauzeiten spielen auch nur kleine Verzögerungen im Zeitplan eine große Rolle.

Lagermanagement

Durch die Einblendung von Arbeitsanweisungen, Routen oder sonstigen Informationen mittels Datenbrille ermöglichen AR-Anwendungen eine schnellere Bearbeitung ohne manuelle Eingriffe der Kommissionierung. Paket bzw. Objekte werden in Echtzeit erfasst, verarbeitet und entspreche weitere Informationen eingeblendet. Durch die Einblendung virtueller Routen, wird eine Wegeoptimierung und somit eine Zeitersparnis erreicht. Eine besondere Effizienzsteigerung ergibt sich in den Bereich, in denen der Mitarbeiter für den eigentlichen Arbeitsschritt beide Hände einsetzt, wie zum Beispiel das Fahren eines Gabelstaplers. (Vgl. Ebert et al., 2016, S. 31; Dallüge, 2018, o. S.) Bereits im Jahr 2015 setzte die Deutsche Post DHL Group, der weltweit führende Logistikanbieter, im Rahmen eines Pilotprojektes in einem Distributionszentrum in den Niederlanden erfolgreich Datenbrillen („Smart Glasses") und Augmented Reality (AR) Anwendungen ein. Hierbei wurde die Technologie für die AR-unterstützte Kommissionierung („Vision Picking") im Lagerbetrieb eingesetzt und durch die Vermeidung von unnötigen Handgriffen konnte eine Effizienzsteigerung von 25 Prozent erzielt werden. (Vgl. DHL, 2015, S. 1.)

Auch im Testbetrieb bei IT-Systemhaus Bechtle konnten die Smart Glasses bereits Kommissionieraufträge durch das Scannen von Behältern, Lager- und Artikelbarcodes, sowie per Spracheingabe die Mitarbeiter unterstützen. Diese mussten nicht mehr mit großen Handscannern und Lieferscheinen hantieren, was zum einen den Vorgang beschleunigte aber auch verhinderte, dass die Mitarbeiter ein falsches Paket greifen und so fehlerhafte Lieferungen zusammenstellten. (Vgl. Bechtle, 2016, S. 1.)

3.2.4 Montage

Auch im Bereich der Montage von Messestände sind AR-Anwendungen denkbar. So hat bereits im Jahr 2002 ein Vergleich zwischen AR- und Papiermontageanleitungen gezeigt, dass die Versuchspersonen für einfache Aufgaben zwar ähnliche Ausführungszeiten aufwiesen, jedoch für schwierigere Aufgabe mithilfe von AR eine durchschnittliche Verkürzung der Montagezeit um 33% gegenüber der Papieranleitung erreicht werden konnte. Zudem bewies AR mit einer signifikant niedrigeren Fehlerhäufigkeit gegenüber der Papieranleitung eine bessere Montagequalität selbst, ohne ein automatisches Registrieren der Fehler mit Hilfe des AR-Systems. (Vgl. Wiedenmaier/Stadtler, 2002, S. 5.)

Auch könnte mittels AR-Anwendung, das Aufmaß von der Messeseite überprüft werden und das so genannte Aufmessen verbessert werden. Beim Aufmessen werden Markierungen für Strom, Wasser und Druckluft auf dem Boden vermerkt, um anschließend innerhalb des Unterbodens die Anschlüsse zu verlegen.

3.2.5 Wartung

Mittels AR Technologie werden zum Beispiel Unregelmäßigkeiten in der sichtbaren Abnutzung von beweglichen Teilen automatisch erfasst und dem Mitarbeiter gemeldet. (Vgl. Ebert et al., 2016, S. 28.) Dieser Erfassung bildet die Grundlage für die sogenannte Predictive Maintance (dt.: vorrausschauende Wartung). Dies ist eine Kernkomponente der Industrie 4.0 und grenzt sich, durch seinen proaktiven Charakter, deutlich von den herkömmlichen Wartungsansätzen wie der reaktiven oder präventiven Wartung ab. Die Predictive Maintance wartet hierbei nicht auf einen Eintritt eines Schadensfalls und im Gegensatz zu der präventiven Wartung, welche nach einem vorher festgelegten Zeitplan arbeitet, sondern reagiert direkt auf live erfasste Daten. Für verlässliche Vorhersagen der vorausschauenden Wartung, ist es erforderlich, eine große Menge von Daten zu erfassen, zu speichern und zu analysieren. (Vgl. Litzel, 2017, o. S.)

Zusätzlich können Anweisungen und Reparaturschritte eingeblendet werden. Die ermöglicht einfache Reparaturen durch nicht speziell ausgebildete Mitarbeiter, mit der Möglichkeit der Unterstützung durch die Zuschaltung eines Experten. Dadurch können Ausfälle ganz oder zumindest auf das minimum reduziert werden. (Vgl. Ebert et al., 2016, S. 28.) Dies hat eine deutliche Kostensenkung zur Folge, denn innerhalb der Produktion ist die Wartung mit 37 % und mit 9 % für ungeplante Instandhaltungen der größte Kostentreiber, noch vor der Kapitalbildung (8 %) und dem Energieverbrauch (21 %). (Vgl. Abele, 2010, o. S.)

3.2.6 Zusammenfassung produktive Bereiche

Abschließend ist im Bereich der Produktion zu sagen, dass viele Anwendungen denkbar sind. Jedoch gibt es vorweggehende andere Schritte der Digitalisierung innerhalb des Unternehmens die zu gehen sind, bevor eine Umsetzung der AR-Anwendungen in Betracht kommt. Auch muss geprüft werden in wie weit eine solche Umsetzung rentabel ist, da es sich bei dem Unternehmen mac nicht um einen Industriebetrieb mit Serienfertigung handelt, sondern um einen Handwerksbetrieb bei dem meist jedes produzierte Werkstück eine Einzelanfertigung ist. Hinzu kommt, dass die meisten Entwicklungen einiges an Entwicklungszeit benötigen, bis sie sich eine Serienreife auf dem Markt durchsetzen.

Dennoch besitzen die hiervorgestellten Anwendungsmöglichkeiten ein deutliches Potenzial. AR bietet als unterstützendes Medium in erster Linie eine deutliche Steigerung der Leistungsfähigkeit der Mitarbeiter, da diese die Hände freihaben für die Arbeitsaufgabe. Des Weiteren ist mit einer Reduktion der Suchzeit nach Informationen zurechnen. Ebenfalls können dadurch Fehlhandlungen reduziert werden.

Zur Umsetzung bedarf es nicht nur intern an weiterer Vorarbeit, auch extern gibt es noch einige Herausforderungen/ Hindernisse, wie die technische Umsetzbarkeit. Doch zuerst einmal sind die hohen Investitionskosten für die Implementierung eines solchen Systems zu beachten. Des Weiteren fehlt es an alltagstauglicher Hardware, da die Geräte noch eine unzureichende ergonomische Gestaltung besitzen. Auch werden hohe Anforderungen an das Tracking gestellt, welches aktuell nur bedingt machbar sind. (Vgl. Walch, 2018, S. 10.)

3.3 Präsentation

3.3.1 Konzept-Präsentation

Der Einsatz virtueller Modelle in der Präsentation- und Planungsphase bietet viele Möglichkeiten – vor allem in der Kundenwerbung und Auftragsbeschaffung. Der Kunde kann mittels VR-Brillen den Stand durchschreiten oder per AR-Modell den Messestand von allen Seiten betrachten, an Details heranzoomen und so ein besseres Gefühl für das Konzept bekommen. Emotionen können dadurch geweckt, Begeisterung erzeugt und Entscheidungsprozesse beschleunigt werden. Durch das räumliche Erleben lassen sich Missverständnisse und Fehler vermeiden und Geld für die Behebung sparen. Steht der Betrachter mithilfe von AR/VR unmittelbar im Raum oder direkt vor dem Objekt, fallen ungünstige Abmessungen, unbefriedigende Proportionen oder eine funktional ungeschickte Gestaltung eher auf, als auf dem Plan. Objekte die dadurch zum Greifen nah sind können – bei entsprechender Programmierung – sogar auf ihre Funktion überprüft werden, wie zum Beispiel das Öffnen von Schubladen oder der Durchgang zwischen Theke und Rückwand.

Menschen ohne gutes räumliches Vorstellungsvermögen hilft die Visualisierung bzw. das Erleben mittels MR-Technologien einen besseres Raum Verständnis zu erlangen. (Vgl, Behaneck, 2017, o. S.) Dazu können Stände gemeinsam virtuell, ohne jegliche Ortsbindung besichtigt werden. (Vgl. Ebert et al., 2016, S. 34.) Dies reduziert den Reiseaufwand. Durch die interaktivere Darstellung können Vertriebsmitarbeiter effizienter kommunizieren und den Kunden somit besser beraten. (Vgl. Ebert et al., 2016, S. 36.)

Gerade für Aufträge mit großem Investitionsvolumen und einer anspruchsvollen Klientel sind MR-Präsentation nicht nur für Kunden besonders beeindruckend, sondern auch für das eigene Unternehmen Image fördernd. (Vgl. Behaneck, 2009, o. S.) Der Zeitaufwand für eine MR-Präsentation hängt von der Objektgröße und -komplexität, von eventuell gewünschten Interaktionen und der Qualität der vorhandenen 3D-Daten ab. (Vgl. Behaneck, 2017, o. S.)

Die Brillen oder sonstige Darstellungsformen sorgen zwar für eine nahezu perfekte 3D-Illusion, dennoch lassen sich Farben, Materialien und spezielle Lichtsituationen nicht zu 100 % realitätsgetreu wiedergeben. Ein VR-Showroom kann hierbei nur ergänzend genutzt werden, eine Bemusterung von Materialen sollte trotzdem stattfinden. (Vgl. Behaneck, 2017, o. S.) Im Falle einer VR-Brille wirkt diese dazu noch isolierend und trennt den Nutzer von der realen Außenwelt. Dabei kann es wie bereits angesprochen zu Übelkeit und Schwindel kommen (Motion-Sickness). Um dem entgegen zu wirken, sollten die Präsentationen parallel oder gänzlich auf einem Tablett bzw. einem Bildschirm gespiegelt und somit verfolgt werden. (Vgl. Behaneck, 2017, o. S.) AR-Anwendung isolieren nicht so stark wie VR-Anwendung, somit ist hier die erweiterte Realität im Vorteil gegenüber der virtuellen Realität.

Die angesprochene Umfrage innerhalb des Kundenstamms der mac mit dem Schwerpunkt der VR-Präsentation ergab, dass 70 % der Präsentationen in den Räumlichkeiten des Kunden stattfinden. Ein System zur Präsentation müsste daher, gerade in Bezug auf VR-Anwendung, mobil sein. Der Aufbau eines stationären CAVE-Systems im Haus mac am Hauptstandort Langenlonsheim wäre somit nicht rentabel. Da die meisten AR-System vom Grunde aus mobil sind, wird auch hier ein klarer Vorteil gegenüber VR gesehen. Zwar sagen nur noch 55 % der Befragten Unternehmen, dass eine VR-Präsentation im eigenen Unternehmen stattfinden soll, doch ist bei den restlichen 45 % der Ort abhängig vom Projekt (Größe, Volumen und Zeitraum) ist. Dies bestätigt somit die Relevanz der Mobilität.

Die befragten Kunden möchten zwar am liebsten ein freies Bewegen und somit die kostenintensivste Variante der VR, doch da noch keiner der Befragten bereits eine VR-Präsentation erhalten hat, kann im ersten Schritt eine Präsentation unter der Zuhilfenahme von 360°-Bildern genutzt werden. Da die Entwicklung von einer Echtzeit-VR-Anwendung aktuell sehr kostenintensiv ist, sollten im ersten Schritt AR Anwendungen weiterverfolgt werden. Der Vorteil von VR, eine virtuelle Begehung, kann auch mittels einer AR Anwendung und eines 1:1 Modell im realen Raum stattfinden.

Aktuell sind bereits schon Präsentation in VR, unter der zu Hilfenahme von 360° Bilder und testweise mittels AR möglich. In Abbildung 6 ist die VR-Präsentationsform bzw. ein Screenshot des Bildes auf einem sogenannten Vollimmersive VR mittels Low-End HMD (Siehe zu sehen. Das Panorama Foto das hierfür genutzt wird, bilden gleichzeitig die Grundlage für die die Nutzungen in der Nichtimmersive-VR-Variante, also Desktop-VR. Somit ist es auch möglich, innerhalb einer großen Gruppe oder ohne das Aufsetzten eines HMD, sich durch den Messestand zubewegen. Diese beide Formen der VR-Präsentation waren das Ergebnis einer internen Machbarkeitsanalyse.

Abbildung 6: Standpräsentation mittels 360°-Bildern
Quelle: Eigene Darstellung, 2017.

Wie bereits angesprochen, wird die Nutzung von 3D-Modell innerhalb von AR erprobt. Eine Machbarkeit wurde hierbei festgestellt. Dennoch sind einige Unklarheiten, aufgrund des Datentyps diese Anwendung noch nicht serienreif. In Abbildung 7 ist das digitale Modell eines Messestandes innerhalb einer realen Umgebung zu sehen. Diese Variante arbeitet aktuell noch online. Dafür ist ein hohes Datenvolumen und permanente Internetverbindung nötig, was aber die Präsentationen im ausschreibenden Unternehmen nicht immer gewährleistet. Doch es gibt auch Varianten die offline und somit autark agieren. Eine solche Lösung scheint anstrebenswert.

Abbildung 7: AR Standmodell
Quelle: Eigene Darstellung, 2018.

Gezeigt wird dies aktuell auf beweglichen bzw. Handheld-Displays. Durch das Spiegeln dieses Bildschirmes auf größere Monitore wird das Betrachten auch für andere Teilnehmer einer solchen Präsentation möglich.

Eine Präsentation mittels HMD ist zurzeit zwar noch nicht möglich, aber der nächste mögliche Schritt in der Weiterentwicklung dieser Präsentationsform. Jedoch sind hierfür aktuell noch die Kosten zu hoch und da die Kunden meist selbst keine AR-Brillen besitzen, eine nachträgliche Nutzung nicht möglich. Hierbei sind Anwendungen, die auf einer APP basieren und eine nachträgliche Nutzung für den Kunden mittels dessen Tablet bzw. Smartphone ermöglichen im Vorteil.

3.3.2 Unternehmenspräsentation Kunden

Auf Grund von großen Distanzen oder rein aus dem Dienstleistunggedanken - „Der Dienstleister besucht den Kunden"- heraus, ist es hier nicht möglich die Größe und die Funktionsweise des Betriebes mac darzustellen. So ist es denkbar das Unternehmen mac mittels einer VR-Anwendung mit zum Kunden mit zu nehmen und ihm die obengenannten Punkte zu präsentieren. Um Realismus und die Emotionen zu stärken und das Gefühl der Immersion zu steigern, sollten dafür reale 360°-Aufnahmen verwendet werden. Hierbei können sowohl 360°-Bilder als auch ein 360°-Film genutzt werden. Durch das Einfügen von digitalen Informationen können die realen Aufnahmen, die in den Bereich der virtuellen Realität fallen, erweitert werden und so einen AR-Charakter bekommen. Ein Nachteil von realen Aufnahmen ist jedoch, dass die Standpunkte bzw. der Laufweg festgelegt sind. Möchte man ein freies Bewegen, ist ein detailgetreues 3D-Modell notwendig. Dies erhöht dementsprechend deutlich die Kosten einer solchen Präsentation. (Vgl. Thomas Holger in Bassu, 2016, o. S.)

Die Unternehmenspräsentation in VR ist eine gute Möglichkeit dem Kunden einen der USPs (unique selling proposition, dt.: Alleinstellungsmerkmal) der mac, die größte des Unternehmens und somit die internen Möglichkeiten, wie die eigene Produktion zu zeigen, da dies mac auch von seinen meist kleineren Konkurrenten unterscheidet. Auch andere große Konkurrenten sind im Bereich der Produktion nicht so stark aufgestellt wie es im Hause mac der Fall ist. Gerade bei internationalen Kunden, aber auch nationalen Kunden mit einem längeren Anreiseweg, oder die von den Vertriebsniederlassungen wie Stuttgart oder München betreut werden, ist ein solcher VR Einsatz denkbar. Auch im Bereich der Imagepflege kann dies eingesetzt werden. Durch die Anwendung einer solchen Technologie, zeigt das Unternehmen das es „mit der Zeit geht" (Becker, 2018, o. S.) und nicht dem Wettbewerb hinterherhinkt. (Vgl. Becker, 2018, o. S.)

3.3.3 Recruiting

Beim Anwerben neuer Mitarbeiter soll, im Gegensatz zur Unternehmenspräsentation gegenüber Kunden, nicht ein Gesamtüberblick über das Unternehmen gezeigt werden, sondern der genaue Arbeitsplatz und dessen Umfeld dem möglichen Arbeitnehmer präsentiert werden. Die Relevanz von Recruiting steigt stetig und wird daher immer wichtiger für ein Unternehmen und sich als Arbeitgeber im besten Licht dazustellen. Mithilfe von MR-Elementen kann dies erleichtert werden. Hinzu kommt, dass die neuen technischen Optionen sich nicht nur dazu nutzen lassen ein Vorstellungsgespräch im virtuellen Raum zuführen, sondern auch die Bearbeitung von Testaufgaben, selbst bei aufwendig handwerklichen Tätigkeiten möglich ist. (Vgl. Ebert et al., 2016, S. 44.) Unternehmen wie Bayer und die Deutsche Bahn setzten VR bzw. 360° Aufnahmen seit einiger Zeit ein und begeistern so im Rahmen des Personalmarketings vor allem junge Bewerber. Diese können so in den Alltag verschiedener Ausbildungsberufe an den unterschiedlichen Arbeitsorten eintauchen. Zeitgleich lernen diese so das Unternehmen als modernes Unternehmen mit vielfältigen Berufsbildern kennen. Zuerst testete die Bahn diese Technologie bei einem Recruiting Event und war anschließend so fasziniert von den Möglichkeiten, dass sie nun bei jeder Karriereveranstaltung einsetzt wird, wie zum Beispiel auf Messen, in Schulen, bei Elternabenden oder den Berufsinformationstagen in den DB Ausbildungswerkstätten. Das Feedback war durchgehend positiv. (Vgl. DB, 2018, o. S.)

Gerade bei jungen Bewerbern, die sich zum ersten Mal die Frage nach dem zukünftigen Arbeitsplatz stellen, ist eine solche Anwendung auch für die mac relevant. Bei älteren Bewerbern auf eine Stelle innerhalb des Unternehmens muss nicht der Arbeitsplatz erklärt werden, da diese meist in der gleichen Richtung bewegt haben. Ein Nachteil bei dieser Art der Präsentation ist, dass sie nur einzelnen Personen zugänglich gemacht wird. Anwendung in dem Bereich von Gruppenpräsentationen, wie es in Bezug auf die Anwerbung von neuen Auszubildenden vor Schulklassen häufig vorkommt, sind nicht möglich. Hier könnten aber interessierten Schülern, auch einzeln, nach der Gruppenpräsentation die Möglichkeit gegeben werden. (Vgl. Matos, 2018, o. S.)

Eine Kombination aus beiden Formen, also der Unternehmenspräsentation und der Recruiting-Präsentation ist bei dem Beratungskonzern EY (Ernst & Young) in Abbildung 8 zu sehen. EY ermöglicht mittels 360° Video und durch das einfügen von digitalen Inhalte, dem Bewerber bzw. dem zukünftigen Bewerber, das direkte Erkunden der verschiedenen Arbeitsbereiche. Durch das Einfügen von digitalen Inhalten wird die eigentliche VR- zu einer AR-Anwendung.

Abbildung 8: Karriere@EY: 360° Video
Quelle: EY GSA, 2016, o. S.

3.3.4 Zusammenfassung Präsentation

Zusammenfassend lässt sich sagen, dass Präsentationen unter der Zuhilfenahme von MR-Technologien bereits erprobt und auch intern machbar sind. Darüber hinaus vermitteln sie einen besseren Eindruck des Gesamten, sei es nun des Messestandes oder des zukünftigen Arbeitsplatzes. Werden diese Inhalte dazu auch noch animiert und dadurch innerhalb der Präsentation eine Geschichte über das Gesehene hinaus erzählt, so können noch mehr Emotionen geweckt werden. Im Bereich der Konzeptpräsentation sind AR-Anwendungen zu fokussieren, da dies ein skalierbarer Größe von der realen Größe in 1:1 bis zum 1:100 Modell, den besten Eindruck vom Messestand vermitteln.

Hinzu kommt der Vorteil, dass ein gemeinsames Betrachten von mehreren ohne Abschottung des Einzelnen möglich ist. Dennoch muss grundlegend das Design überzeugen, eine reine Präsentation in AR wird nicht ausschlaggeben für die Auftragsvergabe sein. Am besten sind MR-Anwendungen im Bereich der Unternehmens- und der Recruiting-Präsentation am besten für den Einsatz geeignet.

Da diese genau den vorherigen Nachteil des Abschottens und direkte Eintauchen ohne sonstige Einflüsse der Umwelt in diesen zwei Anwendungsfällen in einen Vorteil umwandelt und so den Kunden bzw. den Bewerber in den Betrieb eintauchen lassen.

3.4 Sonstige Anwendungsfelder

3.4.1 Zusammenarbeit und virtuelle Meetings

MR-Anwendungen ermöglichen die ortsungebundene Bearbeitung und Besprechung diverser Themen. „Vier-Augen-Gespräche, Gruppensitzungen oder sogar Tagungen und größere Events können im virtuellen Raum stattfinden, wobei die Beteiligten interagieren, als befänden sie sich am selben Ort." (Ebert et al., 2016, S. 45.) Durch die wirklichkeitsgetreue Darstellung und die Möglichkeit visuelle Inhalte gemeinsam zu bearbeiten, besitzt dieser Anwendungsfall einen gro-ßen Vorteil. Ein weiterer Vorteil ist die Abbildung von Gesprächsnuancen und somit eine größere Klarheit und Deutlichkeit, die sonst in der nonverbalen Kommunikation verloren gehen. Auch können durch die Einsparung der Reisekosten Kostensenkungen erzielt werden. So war im Jahr 2014 ein Mitarbeiter pro Jahr durchschnittlich an 7,4 Tagen auf Geschäftsreise, bei durchschnittlichen Kosten der Reise pro Person und Tag von etwa 150 Euro. Hierdurch ergeben sich jährliche Reisekosten pro Mitarbeiter von rund 1.100 Euro, welche mittels virtuellen Meetings auf das Minimum reduziert werden können. (Vgl. Ebert et al., 2016, S. 45.) Im Bereich des Messebaus sind diese Kosten deutlich höher, da neben Meetings im Vorfeld der Stand Realisierungen, auch die Anwesenheit des Projektmanagers und technikers im Rahmen des Standaufbaus hinzukommt.

3.4.2 Übersetzen und Dolmetschen

Die direkte Übersetzung von geschriebenen Texten aus dem realen Umfeld in Echtzeit, basiert zwar auf einem sehr kleinen, aber dennoch sehr relevanten Einsatzgebiet. Durch die simultane Echtzeitübersetzung der Texte und Sprache, wird die Kommunikation entscheidend verändert. Die AR-Technologie kann hierbei die grundlegende Schnittstelle bilden. (Vgl. Ebert et al., 2016, S. 46.) So können auch bei internationalen und multilingualen Projekten Missverständnisse, die auf der Übersetzung bzw. dem Verständnis des Geschriebenen oder des Gesprochenen beruhen, vermieden werden.

3.4.3 Zusammenfassung Sonstige Anwendungsfelder

Gerade unter dem Gesichtspunkt der Nachhaltigkeit sind virtuelle Zusammenkünfte sehr positiv zu sehen. Nicht nur die Kosten der Reise werden eingespart, sondern auch die Belastungen der Umwelt, welche in einer immer nachhaltiger denkenden Veranstaltungsbranche an Wichtigkeit zunehmen. (Vgl. Mannhold, 2018, o. S.) Das Potential zur Kosten- und CO_2-Einsparung liegt somit auf der Hand. Zwar wird es einige Zeit dauern, da auch immer die Gegenseite mit entsprechender Technik versorgt sein muss, doch zeigt die Entwicklung von Videokonferenzen, welche in der Zukunft nach einer Umfrage von Innofact bei rund 66 % der Befragten zunehmend eingesetzt werden, eine deutliche Entwicklung in diesem Bereich. (Vgl. Innofact, 2018, S. 1.) So sind bereits virtuelle Dienstbesprechung oder Videokonferenzen bei einer Umfrage unter Betriebsräten bei 20 % zumindest verbreitet, wenn nicht sogar sehr verbreitet (14 %). (Vgl. Ahlers, 2018, S. 1.)

3.5 Schulung

3.5.1 Aus- & Weiterbildung

MR-Technologien eröffnen der Aus- und Fortbildung oder fallbezogenen Trainings zahlreiche neue Möglichkeiten, um den Lernstoff einprägsamer vermitteln.

Hierbei können „klassische" Lernformate, wie etwa Seminare im Bereich der Gruppenarbeit vom Einsatz einer solchen Technologie profitieren, da diese ortsunabhängig, aber dennoch gemeinsam eingesetzt werden und sogar von einem virtuellen Trainer betreut werden können. AR-Technologien lass sich auch für ein aktives Training nutzen und ermöglichen das „Learning by Doing", ohne „Ernstfall" und sogar ohne persönliche Anleitung von Lehrpersonal, wie zum Beispiel das Führen eines Kundengesprächs. Gefahrensituationen und Ausnahmezustände werden mithilfe von VR- und AR-Elementen wirklichkeitsnah simuliert und sind so im Rahmen einer Schulung von sehr großen Nutzen. (Vgl. Ebert et al., 2016, S. 42.)

Lerneffekte sind stark abhängig von der Form, in der Inhalte präsentiert werden. So bleiben nach zwei Wochen nur rund 10 Prozent des durch Lektüren erworbenen Wissen und 30 Prozent von akustisch vermittelten Inhalten in Erinnerung. Bei schriftlich als auch akustisch präsentiertem Wissen liegt der Prozentsatz immerhin bei 50 Prozent. Bei interaktiver Anwendungen wird ein höherer Lerneffekt erwartet, was sich zum Beispiel auf eine kürzere Einarbeitungszeit positiv auswirkt. (Vgl. Ebert et al., 2016, S. 43.)

Durch den Einsatz von virtuellen Formaten lassen sich Kosten deutlich senken, da sich Kosten für Verbrauchsmaterialien eingespart, aber dennoch Inhalte effektiver vermitteln werden. (Vgl. Ebert et al., 2016, S. 42.)

3.5.2 Unterweisung

Bei einer Unterweisung handelt es sich um eine spezielle Form der Schulung. Eine Unterweisung ist die rechtliche Bezeichnung für eine gesetzlich geforderte Mitarbeiter-Schulung speziell in den Bereichen Arbeitsschutz, Gesundheitsschutz und Arbeitssicherheit. Diese sind in einem wiederkehrenden Rhythmus durchzuführen.

Ernstfälle direkt am Arbeitsplatz können zum Beispiel mittels AR oder an digitalen Orten mittels VR, ohne dabei die eigene Person in Gefahr zu geübt werden.

Ein weiterer Vorteil bildet die Vielzahl an jährlichen Unterweisung. Die gesetzliche Unterweisung aller 400 mac Mitarbeiter könnte durch virtuelle Unterweisung am Arbeitsplatz deutlich effizienter gestalten werden. Die Mitarbeiter können diese selbst durchführen. Über bestimmte Parameter, wie Geschwindigkeit oder Reaktion, werden sie messbar und so für den Verantwortlichen auswertbar gemacht. Mittels eines realen Feuerlöschers, der mit Sensoren ausgestattet und über Funk mit einem Rechner verbunden ist, kann das Löschen eines digitalen Feuers und somit die Brandbekämpfung innerhalb der Brandschutzunterweisung geübt werden. Das System reagiert auf die Bewegungen des Übenden und stellt diese und das austretende Löschmittel auf dem Bildschirm dar, bis das virtuelle Feuer gelöscht ist. Aufwendige Aufbauten von Feuertrainern sind hierbei nicht nötig. (Vgl. Wloka, 2018, S. 1.)

3.5.3 Zusammenfassung Schulung

Eine virtuelle Schulung, sei es nun zur Aus- und Weiterbildung oder für Unterweisungen, ermöglicht die realitätsnahe Abbildung komplexer System. Durch die intuitive, interaktive und höhere psychologische Einbindung des Menschen erhöht sich deutlich die Wirksamkeit der Schulung. Zudem sinkt die Trainingszeit. Fertigkeiten können mithilfe von MR innerhalb der Produktion dadurch geübt werden, ohne dabei die laufende Produktion zu stören. Auch können nicht realisierte oder sehr aufwändige Prozesse bereits vorher geübt und analysiert werden. Die Mitarbeiter können personengefährliche Abläufe üben, ohne dabei selbst in Gefahr zugeraten (zum Beispiel: Brand innerhalb des Unternehmens). Gerade bei der Altersklasse der „Digital Native", also der Generation, die in der digitalen Welt aufgewachsen ist, kann durch den Spielcharakter der VR-Umgebung eine deutliche höhere Motivation von Schulungsmaßnahmen erzielt werden.

Allerdings stehen diesen Vorteilen auch hohe Anschaffungskosten für die benötigten Systeme gegenüber. Aber auch ein hoher Berechnungsaufwand für komplexe und detailgetreue VR-Modell sind auf der Seite der Nachteile zu nennen. Außerdem kann es einige Zeit dauern, bis der Umgang mit einem solchen Trainingssystemen von Mitarbeitern geübt. Außerdem besteht die Gefahr, gerade bei einer älteren Generation, dass Nutzer mit zu vielen Informationen überfordert werden. (Vgl. Walch, 2018, S. 15.) Dennoch sei das Orts- Zeitunabhängige System zu fokussieren, da es das Trainieren von Fehlerszenarien ermöglicht und eine Prüfbarkeit kritischer Handlungsschritte durch den Ausbilder möglich macht.

4   Geschäftsmodell

4.1   Überblick Geschäftsmodell

Unter Beachtung der möglichen Leistungen, die aktuell in Bezug auf MR-Anwendungen realisierbar sind, können folgende drei Geschäftsmodelle genauer betrachtet werden: Vermietung/Verkauf von Equipment, die Erstellung von Content, und auch das zur Verfügung stellen des Standkonzeptes in digitaler Form. Im Folgenden wird nun genauer auf die Modelle eingegangen. Wie in Abbildung 9 zu sehen bilden die zwei Gebiete der Vermietung und der Content-Erstellung die Bestandteile eines Komplettpaketes.

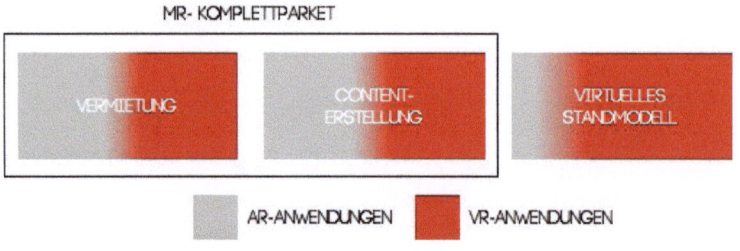

Abbildung 9: Überblick möglicher Geschäftsmodelle
Quelle: Eigene Darstellung, 2018.

4.2   Vermietung von MR-Equipment

Schon heute können Kunden Bildschirme und Tonanalgen, über den Full-Service-Anbieter mac beziehen. Zukünftig könnte dies auch für MR-Systeme der Fall sein. Beispiele einer solchen Anwendung wäre eine sogenannte Magicbox (zu sehen in Anlage 13). Da mac keinen eigenen Bestand an Technik besitzt, spielen die Medientechnikpartner der mac dabei eine große Rolle. Diese werden eingesetzt, da es nicht zur Kernkompetenz eines klassischen Messebauers gehört und zum anderen die Halbwertszeit von Medientechnik um einiges geringer ist, als die für den rentablen Einsatz benötigten Zeitraum, als vergleichsweise Systemmaterial ist. Auch spielt es eine Rolle, dass der Bedarf sehr großen Schwankungen unterliegt. Im Folgenden werden die vier Dimensionen eines Geschäftsmodells auf die Vermietung von MR von MR-Equipment bezogen.

Markt:

Die Zielgruppe ist der B2B-Markt. Dabei liegen vor allem kleine und mittlere Unternehmen (kurz: KMU) im Fokus der Betrachtung. Da diese einen Bedarf besitzen der nicht intern durch das Unternehmen selbst abbildbar ist bzw. nicht die nötigen Ressourcen hierfür besitzen. Aber auch größere Unternehmen könnten vor allem bei größeren Veranstaltungen eine Notwendigkeit besitzen, ihre eventuell interne vorhandene Ausrüstung durch zusätzliche Anmietung aufzustocken. Dabei liegt der Zielmarkt im nationalen und internationalen Bereich

Leistung:

Bei der Leistung handelt es sich in diesem Fall um die Lieferung von MR-Equipment, wie zum Beispiel VR- oder MR-Brillen aber auch ganze CAVE-Systeme sind hier zu nennen.

Ertragsmodell:

Die Einnahmen werden durch die Mietgebühr generiert. Gewinn sind bei der Vermietung von eigenem Equipment der Umsatz, der nach der Amortisation generiert wird, oder bei der Fremdanmietung, der Prozentsatz der auf die Miete des Dienstleisters dazugerechnet wird. Dies ist für den Kunden dann lohnenswert, wenn das vermittelnde Unternehmen einen besseren Preis bekommt, als der Kunde selbst. Die Abrechnung beruht wie bei vergleichbarer Medientechnik üblich, auf einer Pauschale für eine gewisse Mietdauer. Wird diese überschritten sind zusätzlich pro Pauschalen pro Tag/Woche/Monat fällig.

Wertschöpfung:

Die Wertschöpfung besteht aus der Beschaffung und Bereitstellung von Equipment, aber auch aus dem (technische) Service während der Nutzung.

Bewertung:

Zuerst einmal ist, aufgrund der hohen Dynamik innerhalb der technischen Entwicklungen nicht zu empfehlen, dass eigens MR-Equipment angeschafft wird. Außerdem sind MR-Brillen zwar sehr gut mit anderer Medientechnik wie Bildschirmen vergleichbar, dennoch wird es hier wohl am Ertragsmodell scheitern. Da aktuell werden Brillen wie die Ocolus Rift inkl. Controllern für ca. 45 Euro pro Monat im Internet zur Miete angeboten. Iim Vergleich kostet ein Bildschirm in gängige Größe, wie zum Beispiel der 46-Zoll Bildschirm, für eine durchschnitte Messelaufzeit von drei bis vier Tagen ca. 690 Euro. Das ist vor allem dadurch begründet, dass keinerlei Montage und Demontage einer Brille, zum Beispiel an einer Wand, notwendig ist.

Anders sieht es hierbei wirklich mit klassischer, visueller Medientechnik vergleichbaren Equitment, wie zum Beispiel bewegliche Displays, aber auch Raum- und umgebungsfixierte Displays, aus Aber auch ganze Systeme wie ein CAVE-System zu Mietung sind denkbar. Aktuell bieten auch schon erste Anbieter Systeme zur Miete an. Diese sind aktuell jedoch nur stationär und ortsgebunden nutzbar. (Vgl. John Deere, 2014, o. S.) Aufgrund der höheren Leistungsanforderung an solche Systeme aber auch an Bildschirme wie zum Beispiel TOLED-Bildschirme, steigt der Kaufpreis und somit verbunden der Mietpreis, was so die Rentabilität für das anbietende Unternehmen steigert.

So sieht auch die Kundenseite keinen Bedarf für die reine Technikunterstützung von einem Messebauer. Dennoch möchten 10 % der Kunden eine reine technische Unterstützung. Rund 80 % der Kunden, die in Zukunft MR-Anwendungen innerhalb ihres Standes verwenden möchten, erwarten ein Komplettpaket, in dem die Vermietung von Technik dazugehört. Auch sieht es die Geschäftsführung nicht als eine Aufgabe eines

Messebauers, dennoch sollte, da von Kundenseite Interesse besteht, ein Partnernetzwerk gebildet werden, welche in diesem Bezug unterstützend dem Kunden gegenüber agiert. (Vgl. Becker, 2018, o. S.)

4.3 MR-Content Erstellung

Ein weiteres denkbares Geschäftsmodell ist die MR-Content-Erstellung (dt.: Medieninhalt-Erstellung), ähnlich wie es aktuell bereits im Bereich der Grafikproduktion durchgeführt wird. Nachfolgenden werden nun die vier Dimensionen eines Geschäftsmodells auf die MR-Content-Erstellung bezogen.

Markt:

Auch hier liegt die Zielgruppe im nationalen B2B-Bereich und ähnlich der Anmietung von Technik, liegen auch kleine und mittlere Unternehmen im Fokus der Betrachtung. Diese besitzen zwar 3D-Konstruktionsmodelle, doch fehlen ihnen die nötigen Ressourcen bzw. das nötige Fachwissen/Kompetenz für ein solches Umwandeln. Besonders wenn keine 3D-Modelle vorhanden sind wäre eine Unterstützung denkbar.

Leistung:

Die Leistung wird die reine Content-Erstellung, kann aber auch ein Komplettangebot inkl. Technik, sein.

Ertragsmodell:

Schon heute werden für den Kunden Grafiken für den Kunden erstellt und auf Stundenbasis abgerechnet. Dieses Abrechnungsmodell ist auch für die MR-Content Erstellung denkbar. Aber auch Content-Erstellung im Rahmen von Fixpreisen ist eine Option. Von einer Abrechnung nach Volumen oder Fläche sollte, auf Grund der Vielzahl der Detailierungsmöglichkeiten, abgesehen werden.

Wertschöpfung:

Die Wertschöpfung liegt in der kundenspezifischen Erstellung und Gestaltung von MR-Content.

Bewertung:

Die reine Content-Erstellung ist ohne die benötige Expertise sehr schwer umsetzbar. Da es sie jedoch Bestandteil des, von dem Kunden gewünschten

Komplettangebots ist, sollte in diesem Bereich unbedingt zeitnah eine Position mit der nötigen Expertise geschaffen werden. In der Zwischenzeit wird empfohlen ein umfangreiches Partnernetzwerk aufzubauen, um so je nach anwendungsfall auf die nötigen Ressourcen/Kreativität zurück greifen zu können. Ein solches Partnernetzwerk hätte zudem der Vorteil das das Unternehmen mac nicht auf einmal als Konkurrent der Agenturen wahrgenommen wird, da es die gleichen Kreativleistungen anbietet wie eine Agentur.

4.4   Virtuelles Standmodell

Das Standdesign bzw. das 3D-Modell eines solchen kann die Grundlage für einen virtuellen Zwilling des realen Standes sein. So kann der Kunde bereits im Voraus aber auch nachträglich diesen Zwilling dazu nutzten, Kunden, welche nicht die Möglichkeit des Besuches der Messe hatten, über neue Produkte und Innovationen zu informieren. Hierbei geht es nicht primär um die Kontaktmöglichkeit, sondern mehr um die Informationsmöglichkeiten. Der Besucher kann sich ähnlich eines Videospiels in der Ich-Perspektive frei über den Stand bewegen. Auch können Medieninhalte oder Informationstexte an der exakt selben Stelle positioniert und so erneut für die realen Besucher bzw. für reine virtuelle Messebesucher erstmalig erlebbar gemacht werden.

Markt:

Auch hier bildet der B2B-Bereich die Grundlage für die Zielgruppe, aber anders als in den zwei vorherigen möglichen Geschäftsmodellen, sind hier nicht nur kleine und mittlere Unternehmen Kerngruppe, sondern vor allem auch große Unternehmen. Mit einer großen Standfläche und einer Vielzahl an Informationen für den Besucher.

Leistung:

Die Leistung ist bestehen, zum einen aus der einfache Übermittlung des 3D-Standmodells und zum anderen aus dem Anbieten einer Plattform, auf der der Besucher den Stand virtuell begehen kann.

Ertragsmodell:

Das Ertragsmodell orientiert sich wie auch die Content-Erstellung entweder an der Stundenbasis oder auf Grundlage eines Fixpreises. Zwar ist eine Abrechnung nach Quadratmetern denkbar, doch ist dies wiederrum von Detailreichtum des Standes und der Exponate abhängig. Das Einfügen von Medieninhalten sollte jedenfalls separat abgerechnet werden. Da diese Medieninhalte in der Planung, in der ein solches Modell entsteht, noch nicht bekannt und somit nachträglich eingefügt werden muss.

Wertschöpfung:

Für den Kunden wird der Zeitraum für die Nutzung deutlich vergrößert, speziell im Bereich der Informationsverbreitung.

Bewertung:

Diese Form der Nutzung des Standdesigns sollte weiterverfolgt und ausgebaut werden. Ein Beispiel für die testweise Umsetzung liefert Siemens, welche ein nachträgliches virtuelles Erleben des Standes der Hannover Messe 2018 gemacht hat (siehe Abbildung 10). Eine solche Nutzung stellt nicht den Messebesuch in Frage, ermöglicht aber dem Kunden eine Erweiterung der Nutzung, bei einem kaum vorhandenen Aufwand für das Unternehmen mac. Die Daten des Standes sind bereits in 3D vorhanden und somit muss nur eine Plattform gebildet werden und gegebenenfalls Medieninhalte eingefügt werden.

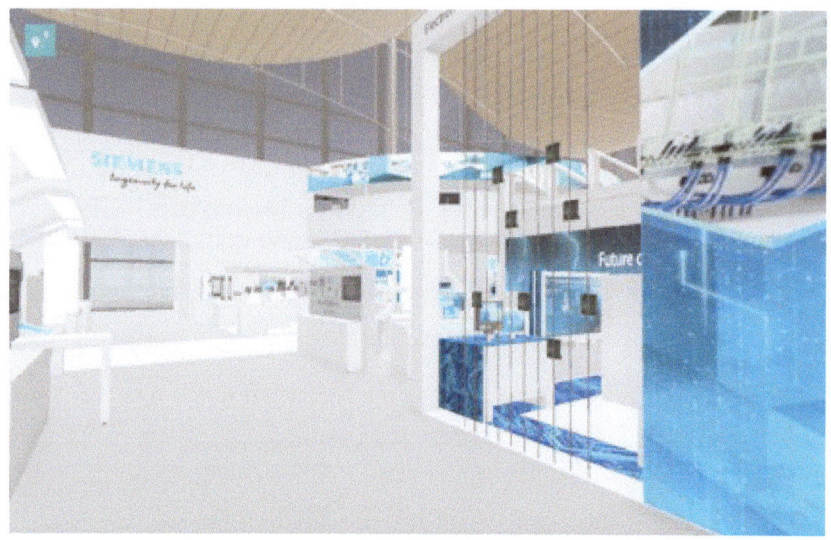

Abbildung 10: Virtueller SIEMENS Stand auf der Hannover Messe 2018
Quelle: SIEMENS, 2018, o. S.

5 Handlungsempfehlungen

Auf Grundlage der vorangegangenen Anwendungsfälle werden nun Handlungsempfehlungen ausgesprochen:

- In den Bereichen der Projektpräsentation sollten MR-Anwendungen unmittelbar und bei allen Projekten umgesetzt werden. Dies erleichtert nicht nur dem Kunden die Vorstellung und Transformation der 2D-Daten in den dreidimensionalen Raum, sondern stellt mac auch als digitalisiertes und vorrangehendes Unternehmen dar.
- Bei aktuell noch nicht umsetzbaren Anwendungsfällen sollte, falls es die Technik möglich macht, ein Testbetrieb anstrebt werden. Die Ergebnisse solcher Testläufe sollten ausgewertet werden und auf Grundlage für die Entscheidung über eine zukünftige Nutzung bilden.
- Mitarbeiter sollten über die Einsatzmöglichkeiten im Rahmen ihrer Arbeitsaufgabe informiert und, wenn ein Einsatz, wie im Bereich des Designs/Projektmanagement möglich ist, auch im Umgang mit MR-Technologien geschult werden. Die Vorstellung der Einsatzmöglichkeiten erhöht die Akzeptanz bei der Einführung und erhöht die Arbeitnehmermotivation, da die Bemühungen für eine Prozessverbesserung deutlich werden.
- Die hiervor liegende Arbeit bildet den Grundstein für das weitere Vorgehen. Für die einzelnen Anwendungsfälle sollten genauere Analysen wie eine Kosten-Nutzen- oder einer Benchmark-Analyse, durchgeführt werden. Da die Machbarkeit, in abhängigkeit der technischen Entwicklung, ist von großer relevanz für die Umsetzung. Deshalb sollte, wie es im Rahmen der VR-Präsentation der Fall war, für jede mögliche Andung eine Machbarkeitsanalyse vorweg gehen.
- Der Markt und die technischen Entwicklungen sollten in der Zukunft weiterverfolgt und beobachtet werden. Nur wenn das Wissen über die Entwicklung im Bereich MR aktuell ist, können die Einsatzmöglichkeiten geprüft und anschließend umgesetzt werden.
- Ein sogenanntes „Innovator-Modell" nach ZIMMERMEYER sollte eingeführt werden. Dieses Modell beruht auf einer Stelle des Innovators.

Dieser bildet die Schnittstelle im Bereich der MR zwischen allen beteiligten Abteilungen. Diese Position ist zum Beispiel das Bindeglied zwischen Design, Projektmanagement. Und Medientechnik. Und kümmert sich so um die Umsetzung der MR-Präsentation von Standkonzepten. (Vgl. Zimmermeyer, 2017, S. 1ff.)

- Bei den Geschäftsmodellen hat sich aufgezeigt das nur der digitale Zwilling als einzig selbst umsetzbares Modell herausgestellt hat. Grund hierfür ist das die Standmodelle schon in den nötigen 3D-Formaten vorhanden ist und somit nur eine online basierte Plattform zur öffentlichen Darstellung nötig ist. Die Vermietung von Equipment und die Erstellung von immersiven Content sollte über ein breites Partnernetzwerk abgedeckt werden.

- Gerade im Bereich der Logistik sind einige Veränderung durch die stetige Digitalisierung zu erwarten. Eine elektronische Ladeliste ist hier nur der Anfang.

- Künstliche Intelligenz (KI) und Robotik sind zwei weitere Unterkategorien der Digitalisierung von Unternehmen, die in den kommenden Jahren unser tägliches Arbeiten beeinflussen. Auch diese sollte ständig und stetig beobachtet werden.

Die vorliegende Auszug ist Bestandteil einer Arbeit welche einen Beitrag zur konkreten Herangehensweise und einen Überblick über möglichen Anwendungen gibt. Die definierten Handlungsempfehlungen sind keine Garantie für eine erfolgreiche Implementierung von MR-Anwendungen. Sie sollten jedoch beachtet werden, um die Erfolgschancen zu steigern und helfen dabei die Prozesse zu optimieren.

6   Fazit

Ziel dieser Arbeit war es, Einsatzmöglichkeiten von MR-Anwendungen herauszustellen und zu bewerten. Nach einer Definition der Begriffe und Darstellung der Systeme mittels Experteninterviews, erfolgte die Untersuchung der Einsatzmöglichkeiten. So sind MR-Anwendungen innerhalb des Unternehmens klar zu erkennen. Neben den Anwendungen im Rahmen von Präsentationen besitzen auch Schulungsanwendungen das größte aktuelle Innovationspotenzial, da bei beiden eine Realisierung bereits jetzt oder in den kommenden Jahren möglich ist. Aber auch die Anwendungen innerhalb der Produktion und des Lagers sind, bedingt durch ihre deutliche Effizienzsteigerung, in der Zukunft denkbar. Gerade weil auch schon erste Anwendungsfälle bekannt sind. So hat Mixed Reality im Gesamten das Potenzial, die Art und Weise, wie wir Medien innerhalb unserer täglichen Arbeit nutzen, zu revolutionieren. Es bieten sich interessante Einsatzmöglichkeiten, die in den kommenden Jahren durch weitere technologische Entwicklungen weiter an Bedeutung gewinnen werden. Die zukünftigen Entwicklungen der MR-Technologie sind, insbesondere was den gesellschaftlichen Einfluss angeht, noch offen. Doch lassen die Ankündigungen von Technik-Herstellern und das Wissen über die investierten Summen, wie zum Beispiel die Milliardenbeträge von Facebook bei der Übernahme von Oculus, andeuten, wie stark die Forschung in diesem Bereich zu Höchstleistungen getrieben wird. Es ist gut möglich, dass sich hierdurch eine Aufwärtsspirale bilden wird und die Kosten der Implementierung deutlich sinken werden. Um den Anschluss nicht gänzlich zu verlieren, ist eine schnelle Investition und Integration sehr zu empfehlen. Zu hohe Anteile des Budgets in individuellen Softwareentwicklungen zu investieren wäre hierbei aber übertrieben. Funktionierende Systeme, wie die der MR-Präsentationen, bilden bereits eine gute Basis und sollten ausgebaut werden.

Entscheidend für eine erfolgreiche Implementierung ist das kritische Hinterfragen der tatsächlichen Möglichkeiten und Ziele. Die MR-Lösungen müssen von Anfang an überzeugend und dazu mit einem klar erkennbaren Mehrwert umgesetzt werden, denn die Verwendung von Head Mounted Displays für Mitarbeiter bedeutet schließlich eine völlig neue Erfahrung und erfordert oftmals eine Abkehr von lange etablierten Prozessen und Arbeitsweisen. Daher ist es sinnvoll, gemeinsam mit den Angestellten, die alten Verfahrensweisen am besten kennen, neue und verbesserte Arbeitsabläufe zu entwickeln und zu evaluieren. Hinzu kommt, dass das Einbeziehen innovativer Mitarbeiter fast immer wertvolle Erkenntnisse verspricht. Nach dem kooperativen Prototyping und Brainstorming sollte die Einführung der neuen Lösungen von entsprechenden Change-Management-Maßnahmen flankiert werden.

Durch die Einzigartigkeit jedes Unternehmens und der Unternehmensprozesse müssen individuelle Entwicklungen angestrebt werden. Für deren Umsetzung müssen sich die beteiligten Unternehmen die notwendige Zeit nehmen.

Ein Problem stellt der Datenschutz dar. Gerade in Deutschland und unter den neuen EU-Datenschutzbedingungen, werden Projekte, die zwar nicht die dauerhafte Kontrolle der Mitarbeiter zum Ziel, aber als Nebenwirkung haben, sehr kritisch gesehen und müssen sensibel behandelt werden. Nebenwirkung daher, da es nicht die primäre Aufgabe eines HMD zum Beispiel ist, doch System dauerhaft die Umgebung, zum Beispiel nach möglichen Markern scannt. Somit werden auch Pausen und andere Tätigkeiten zumindest einmal erfasst. Was mit diesen Daten anschlie-ßend passiert muss, vor der Implementierung geprüft und rechtlich abgesichert werden. Auch das dauerhafte Scannen der Umgebungen und die damit verbundenen Videoaufnahmen sind in Sachen Datenschutz fraglich.

Die gewählten Beispiele im produktiven Bereich haben gezeigt, dass MR-Techniken im Wesentlichen für Analysen, Vergleiche und Informationsmanagement anzuwenden sind. Der Nutzen für diese meist AR-Anwendungen berechnet sich über das Einsparpotenzial im Bereich der Kosten und des Zeitaufwandes. Die AR-Technik stellt ihrerseits hohe Anforderungen an die Systemlandschaft, in der sie integriert werden muss. Da AR-Systeme nur Informationen verarbeiten können, die sich datentechnisch erfassen, auswerten und darstellen lassen.

Es hat sich gezeigt, dass AR-Lösungen meist dort sinnvoll sind, wo komplexe Vorgänge und Zusammenhänge dargestellt werden müssen, eine große Bauteilanzahl, Positionsvielfalt und/oder Variantenvielfalt und ein mögliches Einsparungspotenzial über den Aufwendungen für die Anschaffung und den Betrieb der AR-Lösung vorliegt.

Eine praktische Erprobung der Anwendungen sollte zeigen, dass es trotz eines geplanten Herangehens zur Integration von AR-Lösungen in den produktiven Bereichen notwendig ist, zunächst Vorbehalte auszuräumen. Und gezielt AR-Lösungen für den Arbeitsprozess des Anwenders bereitzustellen. Durch möglichst intuitive Bedienung werden Hemmschwellen abgebaut. Über die Effektivität der eingesetzten AR-Anwendungen entscheidet die Analyse des Prozesses. Für diese Analyse sind Aufgabenstellungen mit den jeweiligen Komponenten und Faktoren zu formulieren. Diese Aufgaben sind hinsichtlich des Realisierungsaufwandes und des Beitrages zur Kostenreduzierung zu bewerten, wobei gleichzeitig die Möglichkeiten der technischen Umsetzung abgeschätzt werden müssen.

Literaturverzeichnis

Abele, Eberhard (2010): Verteilung der Betriebskosten bei Werkzeugmaschinen in Deutschland im Jahr 2010, https://de.statista.com.ezproxy.biblio.dhbw-ravensburg.de/statistik/daten/studie/236805/umfrage/lebenszykluskosten-bei-werkzeugmaschinen/ (abgerufen am 20.05.2018).

Ahlers, Elke (2018): Arbeitsformen 4.0 - Betriebsratumfrage 2016, bit.do/impuls1194 (abgerufen am 11.06.2018).

Arnoldy, Susanne et al. (2016): Augmented Reality: welche Branchen können in Zukunft profitieren?, in: PricewaterhouseCoopers AG Wirtschaftsprüfungsgesellschaft (PwC) (Hrsg.): Digital Trend Outlook 2016, o. O.

Aukstakalnis, Steve; Blatner, Davis (1994): Cyberspace - Die Entdeckung künstlicher Welten, Köln (vgs).

Auma (2009): Wirtschaftliche Bedeutung von Messen, http://www.auma.de/de/Messemarkt/MessemarktDeutschland/Bedeutung/Seiten/Default.aspx (eingestellt 2009, abgerufen am 08.05.2018).

Azuma, Ronald (1997): A Survey of Augmented Reality, in: Presence: Teleoperators and Virtual Environments 6, Cambridge (MIT Press).

Bassu, Gabriella (2016): Virtual Reality: "Analysten erwarten einen Milliardenmarkt" - Interview mit Thomas Hoger, https://www.wuv.de/marketing/virtual_reality_analysten_erwarten_einen_milliardenmarkt (eingestellt am 13.09.2016, abgerufen am 04.06.2018).

Bauer, Christian (1996): Nutzenorientierter Einsatz von Virtual Reality im Unternehmen: Anwendungen, Wirtschaftlichkeit, Anbieter, München (Computerwoche).

Bechtle (2016): Bechtle startet Einsatz von Smart Glasses, https://www.bechtle.com/ueber-bechtle/presse/pressemeldungen/2016/bechtle-startet-einsatz-von-smart-glasses (eingestellt am 12.01.2016, abgerufen am 04.06.2018).

Becker, Ralf-Thomas (2018): Vertriebsleiter, mac, persönliches Gespräch am 01.06.2018.

Behaneck, Marian (2009): Schreiner im Cyberspace? 3D-Visualisierung: Von Flachbild-schirmen und Beamern zur virtuellen Realität, https://www.bm-online.de/wissen/edv/schreiner-im-cyberspace/ (eingestellt am 28.12.2009, abge-rufen am 06.06.2018).

Behaneck, Marian (2017): VR-Präsentation: Kunde im CAD, http://www.architektur-online.com/kolumnen/edv/vr-praesentation-kunde-im-cad (eingestellt am 28.09.2017, abgerufen am 22.05.2018).

Berg, Robert (2017): Oculus Rift im Praxis-Test: Aufbruch in ein neues Spiele-Zeitalter?, http://www.computerbild.de/artikel/cbs-Aktuell-Hardware-Oculus-Rift-8667077.html (eingestellt am 15.04.2016, abgerufen am 08.05.2018).

Bormann, Sven (1994): Virtuelle Realität: Genese und Evaluation , Bonn u.a. (Addison-Wesley).

Brill, Manfred (2009): Virtuelle Realität, in: Günther, Oliver et al. (Hrsg.): Informatik im Fokus, Heidelberg u. a. (Springer).

Buss, Sebastian / Bohnhoff, Tobias (2016): Virtual Reality: Mehr als nur Gaming? Ein strukturierter über Anwendungen und Marktpotenzial, Hamburg (Statista).

Carmigniani, Julie; Furht, Borko (2011): Augmented Reality: An Overview, in: Furht, Borivoje (Hrsg.): Handbook of Augmented Reality, New York u. a. (Springer) S. 3-46.

Dallüge, Jörg (2018): Abteilungsleiter Lager, mac, persönliches Gespräch am 28.05.2018.

Danneberg, Benjamin (2017): HTC Vive 2: Kommt die neue VR-Brille schon 2018 mit 4K-Display?, https://vr-world.com/htc-vive-2-neue-virtual-reality-brille-2018-4k-display-samsung/ (eingestellt am 19.11.2017, abgerufen am 08.05.2018).

DB (2018): Digital bewerben und informieren - Virtuelle Einblicke in die DB-Berufswelt, https://www.deutschebahn.com/de/Digitalisierung/arbeitviernull/recruiting-1206936 (abgerufen am 31.05.2018).

Delfmann, Werner / Dorn, Stefanie (2016): Digitalisierung im Messewesen, in: Nieder-bayrische Wirtschaft, Februar 2016, S. 8 - 9.

Deloitte; Fraunhofer FIT; Bitkom (2018): Prognose zum B2B-Umsatz mit Virtual-, Augmented- und Mixed-Reality in Deutschland von 2016 bis 2020 (in Millionen Euro), https://de.statista.com/statistik/daten/studie/578467/umfrage/prognose-zum-b2b-umsatz-mit-virtual-augmented-und-mixed-reality-in-deutschland/ (abgerufen am 02.05.2018).

DHL (2015): DHL testet erfolgreich Augmented Reality-Anwendung im Lagerbetrieb, Pressemitteilung vom 26.01.2016, http://www.dpdhl.com/de/presse/pressemitteilungen/2015/dhl_testet_augmented_reality-anwendung.html (eingestellt am 26.01.2016, abgerufen am 22.05.2018).

Diehl, Sandra (2002): Erlebnisorientiertes Internetmarketing: Analyse, Konzeption und Umsetzung von Internetshops aus verhaltenswissenschaftlicher Perspektive, Wiesbaden (DUV).

Ebert, Dorothee et al. (2016): Neue Dimensionen der Realität - Eine Analyse der Poten-ziale von Virtual und Agumented Reality für Unternehmen, München (KPMG).

EPLAN (2017): Pressemeldungen: Neues Video: Augmented Reality für smarte Verdrah-tung, https://www.eplan.de/de/unternehmen/presse/pressemeldungen/view/article/new-video-augmented-reality-for-smart-wiring-41066/ (eingestellt am 25.04.2017, ab-gerufen am 11.06.2018).

Esser, Ralf; Oppermann, Left; Lutter, Timm (2016): Deloitte - Head Mounted Displays in deutschen Unternehmen - Ein Virtual, Augmented und Mixed Reality Check, FrauenhoferFIT/bitkom, o. O.

EY Germany Switzerland Austria GSA (2016): Karriere@EY: 360° Video, https://www.youtube.com/watch?v=PvC0Tx8_4_4 (eingestellt am 25.10.2016, ab-gerufen am 13.06.2018).

Gartner (2017): Top Trends in the Gartner Hype Cycle for Emerging Technologies, 2017, https://www.gartner.com/smarterwithgartner/top-trends-in-the-gartner-hype-cycle-for-emerging-technologies-2017/ (eingestellt am 15.08.2017, abgerufen am 02.05.2018).

Hofferbert, Jens (2018): Fertigungskommission und Brandschutzbeauftragter, mac, per-sönliches Gespröch am 29.05.2018.

Imhof, Stephan / Thalmann, Andrea (2016): Head-Mounted Displays - Arbeishilfen der Zukunft - Bedingungen für den sicheren und ergonomischen Einsatz monokularer System, Dortmund (baua).

Innofact (2018): Wie wird sich das Informations- und Kommunikationsverhalten im Bereich Videokonferenzen aus Ihrer Sicht künftig entwickeln?, https://de.statista.com.ezproxy.biblio.dhbw-ravensburg.de/statistik/daten/studie/76986/umfrage/entwicklung-im-informationsverhalten-der-nutzer-von-videokonferenzen/ (abgerufen am 11.06.2018).

Ionescu, Horia (2010): The six degrees of freedom, https://en.wikipedia.org/wiki/Six_degrees_of_freedom#/media/File:6DOF_en.jpg (eingestellt am 06.06.2010, abgerufen am 06.05.2018).

John Deere (2014): Pressemitteilung: John Deere nutzt Vorteile der „Virtual Reality"-Welt, https://www.deere.de/de_DE/our_company/news_and_media/press_releases/2014/corporate/jd_virtual_reality_welt.page (eingestellt am 12.12.2014, abgerufen am 07.06.2018).

Kalbfleisch, Jan (2018): Vorsitzender, FAMAB Kommunikationsverband e.V., telefoni-sches Gespräch am 25.04.2018.

Lanier, Jaron (2010): Jaron Lanier Facts, http://biography.yourdictionary.com/jaron-lanier (eingestellt 2010, abgerufen am 04.05.18).

Lang, Ben (2013): An Introduction to Positional Tracking and Degrees of Freedom (DOF), https://www.roadtovr.com/introduction-positional-tracking-degrees-freedom-dof/ (eingestellt am 12.02.2013, abgerufen am 06.05.2018).

Litzel, Nico (2017): Was ist Predictive Maintenance? Definition, https://www.bigdata-insider.de/was-ist-predictive-maintenance-a-640755/ (eingestellt am 06.09.2018, abgerufen am 20.05.2018).

Lucas, Tobias (2017): Virtual and Augmented Reality in Automotive – 2. Virtual Reality Day BVDW, Berlin 07.12.2017, https://www.bvdw.org/themen/publikationen/detail/artikel/studie-virtual-and-augmented-reality-in-automotive/ (eingestellt am 07.12.2017, abgerufen am 21.06.2018).

Ludwig, Arne (2016): Interview: VR macht nicht zwangsläufig einsam!, in: events - DAS MANAGEMENT MAGANZIN FÜR LIVE KOMMUNIKATION, 04/2016, S. 28-31.

Mannholf, Tobias (2018): Umweltschutz und Arbeitssicherheit, persönliches Gespräch am 29.05.2018.

Mantel, Mark (2017): Mixed-Reality: Microsoft erklärt Unterschied zu Augmented- und Virtual-Reality, http://www.pcgameshardware.de/Virtual-Reality-Hardware-258542/News/Mixed-Augmented-Reality-Unterschied-1237837/ (eingestellt am 05.09.2017, abgerufen am 03.05.2018).

Matos, Sandy (2018): Referentin für Recruiting und Personalmarketing, mac, persönli-ches Gespräch am 01.06.2018.

Mehler-Bicher, Anett; Steiger, Lothar (2014): Augmented Reality - Theorie und Praxis, 2. Auflage, München (Oldenbourg Wissenschaftsverlag).

Milgram, Paul et al. (1994): Augmented Reality: A class of displays on the reality-virtuality continuum, Kyoto (ATR Communication Systems Research Laborato-ries).

Mißfeldt, Martin (2017): Funktionsweise VR-Brille, https://www.brillen-sehhilfen.de/vr-brillen/funktionsweise-vr-brille.php (abgerufen am 06.05.2018).

o.V. (2017): Augmented Reality in der Schweißtechnik, https://www.virtual-reality-magazin.de/augmented-reality-der-schweisstechnik (eingestellt am 11.10.2017, ab-gerufen am 10.06.2018).

138

Röhrich, Max (2017): Virtual Reality - Neue Dimensionen der Wahrnehmung, in: Dinkel, Michael;Schenk, Michael; Ronft, Steffen (Hrsg.): Mannheimer Beiträge zur Betriebs-wirtschaftslehre - Veranstaltungstechnik im Kontext von Corporate Events, Mannheim (DHBW Mannheim), S. 55-61.

Schart, Dirk; Tschanz, Nathaly (2018): Augmented und Mixed Reality - für Marketing, Medien und Public Relations, 2. Auflage, Konstanz/München (UVK Verlagsgesell-schaft).

Schwab, Irmela (2018): VR bahnt sich den Weg in den Massenmarkt - Ein Interview mit Rolf Illenberger, https://www.lead-digital.de/vr-bahnt-sich-den-weg-in-den-massenmarkt/ (eingestellt am 14.03.2018, abgerufen am 04.06.2018).

SIEMENS (2018): The virtual booth. An experiment., https://www.siemens.com/global/en/home/company/fairs-events/hannover-messe/virtual-booth.html (abgerufen am 20.06.2018).

SuperData Research (2017): Prognose zum Umsatz mit Virtual Reality weltweit in den Jahren 2016 bis 2020 (in Milliarden US-Dollar), in: Statista (Hrsg.) Dossier: Virtu-al Reality, o. O., S. 6.

von Lukas, Uwe (2006): Virtualisierung von Messen, in: Auma (2006): Messewirtschaft 2020 - Zukunftsszenarien, Berlin (AUMA), S. 109 - 120.

Waehlert, Achim (1997): Einsatzpotentiale von Virtual Reality im Marketing, Wiesbaden (DUV).

Walch, Dennis (2018): Der Einsatz moderner Virtual und Augmented Reality Technolo-gie zur Schulung von Mitarbeitern, http://www.fml.mw.tum.de/fml/images/Publikationen/Vortrag_Walch_Einsatz_ARVR_zur_Schulung.pdf (abgerufen am 11.06.2018.

Wiedenmaier, Stefan / Stadtler, Arnold (2002): Augmented Reality für den industriellen Einsatz - Lassen sich mit AR Kosten senken, die Produktivtät steigern und die Qualität erhöhen?, in: FIR+IAW — UNTERNEHMEN DER ZUKUNFT, 3/2002, S. 5.

Willm, B. (1992): Science-Fiction-Visionen an der Schwelle ihrer Realisierung - Teil 1: Auf den Spuren der VR-Pioniere, in: Fernseh- und Kino-Technik, 46. Jg., Nr. I, 1992, Schiele & Schön (Berlin), S. 31- 37.

Wloka, Dieter (2018): Virtueller Feuerlöscher, http://www1.uni-kassel.de/uni/en/universitaet/pressekommunikation/neues-vom-campus/meldung/article/virtueller-feuerloescher.html (eingestellt am 11.04.2018, abgerufen am 11.06.2018).

Zimmermeyer, Lukas (2017): Virtual Reality als Kommunikationsinstrument - Techni-sche Möglichkeiten und Vorgehensmodell, Arbeitspapier Nr. 31, in: Zerres, Chris-topher (Hrsg.): Arbeitspapiere für Marketing und Management, Hochschule Of-fenburg - Fakultät Medien und Informationswesen.

DELPHI-STUDIE ZU POTENTIELLEN VERÄNDERUNGEN DER MESSEWIRTSCHAFT DURCH DIE TECHNISCHEN INNOVATIONEN AUGMENTED UND VIRTUAL REALITY

Jana Bailer

Table of Contents

Abbildungsverzeichnis

1 Einleitung

1.1 Herausforderungen der deutschen Messewirtschaft

Unser Alltag wird geprägt durch technischen Fortschritt und Innovation, deren Kreativität und Vielfalt keine Grenzen gesetzt zu sein scheinen. Zwei für die Messewirtschaft interessante Innovationen sind Augmented und Virtual Reality, die für die Vermittlung von Informationen und Emotionen prädestiniert sind (Kirchgeorg, Dornscheidt & Stoeck, 2017, S. 53; Schart & Tschanz, 2018, S. 12-16). Motiviert durch externe Veränderungen, wie bspw. dem zunehmenden Wettbewerbsdruck auch im Zuge der Digitalisierung, sowohl innerhalb der Branche als auch intermedial, werden in der Messewirtschaft zusätzlich zum eigentlichen Produkt bzw. der Dienstleistung vermehrt auch digitale Leistungen konzipiert und verkauft. Diese Leistungen stellen den Kundennutzen in den Vordergrund und haben vorrangig das Ziel einer Monetarisierung für den Kunden und das anbietende Unternehmen (Kirchgeorg et al., 2017, S. 166; Vahs & Brem, 2015, S. 8).

Vor allem Messeveranstalter sehen die technischen Innovationen jedoch meist als Gefährdung ihres Geschäftsmodells, das originär auf der Schaffung eines realen Marktplatzes basiert. Die technischen Innovationen Augmented Reality (AR) und Virtual Reality (VR) können jedoch durch intelligente Lösungen bzw. passenden Einsatz der Aufwertung und Weiterentwicklung dieses Geschäftsmodells dienen. Folglich geht es nicht darum die Messe als Marktplatz abzulösen, sondern sie durch Augmented und Virtual Reality zu ergänzen (Schart & Tschanz, 2018, S. 57).

Um die Art und Weise, in der sich diese beiden Technologien in der Zukunft (Zeithorizont von 10 Jahren; bis 2028) auf das Messewesen auswirken werden, sowie die Möglichkeiten, die für die Messewirtschaft damit einhergehen, besser einschätzen zu können, sollen die beiden Innovationen einer wissenschaftlichen Betrachtung im Kontext der Messwirtschaft unterzogen werden.

I.2 Forschungsdesign Delphi-Studie

Vor allem die Delphi-Studie eignet sich zur Untersuchung dieses Themas, da sie Meinungen von Experten zur Zukunft generiert und zusammenfasst. Sie ist nach dem griechischen Orakel Delphi, welches vermeintlich die Zukunft vorhersagte, benannt (Döring & Bortz, 2016, S. 420). Die Meinungen der Expeprten sind qualitative Einschätzungen, die in ihrer Gesamtheit potentielle Trends des zu untersuchenden Fachgebiets aufzeigen können. Basierend auf den Ergebnissen bzw. Trends können langfristig bestehende Geschäftsfelder erweitert und neue entwickelt werden (Cuhls, 2009, S. 207 f.). Darüber hinaus kann durch die Delphi-Studie der Markt exploriert, „Gestaltungsspielräume ausgelotet und [.] Grenzen identifiziert werden" (Kühl, 2017, S. 40 f.).

Im Fall der Delphi-Studie handelt es sich um eine teilstandardisierte, schriftliche und mehrstufige Befragung, die für das Forschungsgebiet relevante Experten befragt (Kromrey, 2009, S. 364; Steinmüller, 1997, S. 75). Im Rahmen der Delphi-Studie werden quantitative und qualitative Daten erhoben. Letztere werden „einer quantifizierbaren Bewertung unterzogen" (Häder, 2014b, S. 34). Charakteristisch für die Delphi-Studie ist die Feedback-Schleife, das heißt, den Experten werden aggregierte und anonymisierte Ergebnisse der ersten Erhebungswelle in Form von statistischen Mitteln übermittelt, wodurch die Experten die Möglichkeit zur Modifizierung der eigenen Meinung erhalten (Aichholzer, 2009, S. 279).

Die Delphi-Studie ist zum einen als Instrument zur Kommunikationssteuerung in Gruppen anzusehen, da sich durch die schriftliche Aufnahme der Expertenmeinungen Beeinflussungen durch Meinungsführer oder psychologische Störfaktoren vermeiden lassen (Aichholzer, 2009, S. 279; Häder, 2014b, S. 21). Zum anderen wird mittels der Delphi-Studie versucht komplexe und unsichere Sachverhalte der Zukunft durch die Expertenmeinungen zu erfassen, um die daraus gewonnen Daten zur Problemlösung oder Weiterentwicklung zu nutzen (Häder & Häder, 2000, S. 13; Linstone & Turoff, 2002, S. 3). Durch ihren explorativen Charakter wird die Delphi-Studie oft in der Markt-, Trend- und Technologieforschung eingesetzt und gehört zu den meist genutzten Methoden der Zukunftsforschung (Atteslander, 2010, S. 143, S. 165; Häder, 2014b, S. 21, S.

70). Sie wird u.a. auch in der Messewirtschaft verwendet und entsprechend in der Messeforschung eingesetzt (Kirchgeorg et al., 2017, S. 233).

Ein weiteres Schlüsselmerkmal der Delphi-Studie ist die Befragung von Experten, also den Untersuchungsobjekten. Diese verfügen über ein tiefgründiges Fachwissen im Bereich der Forschungsfrage. Anders als bei anderen qualitativen Verfahren, können die Experten der Delphi-Studie beispielsweise nicht anhand von soziodemografischen Merkmalen ausgewählt werden, sondern die Untersuchungsobjekte werden aufgrund ihres Expertenwissens, das ihnen von Dritten zugesprochen wird, ausgewählt (Bogner, Littig & Menz, 2018, S. 35). Das Expertenwissen kann an die Position bzw. Funktion des Experten geknüpft sein, weshalb dieses Wissen in „Betriebswissen" und „Kontextwissen" unterteilt werden kann (Wassermann, 2015, S. 16). Unter Berücksichtigung dessen geht mit dem Expertenwissen auch eine Entscheidungs- und Durchsetzungskompetenz einher (Bogner et al., 2018, S. 35). Die Erfassung der Meinungen kann entweder über eine Voll- oder Teilerhebung erfolgen, wobei letzteres aus Kosten- und Zeitgründen sowie den Definitionsschwierigkeiten aller Experten des Fachgebietes häufig vorteilhafter ist (Häder, 2000, S. 7 f.). Die Rekrutierung erfolgt entsprechend anhand von Quoten, um das Themengebiet möglichst umfangreich sowie unvoreingenommen erfassen zu können. Dabei können die Zugehörigkeit zu einer Organisation (Forschung, Privatwirtschaft oder öffentlicher Sektor), die Zugehörigkeit zu einem Fachgebiet sowie die Ausprägung des Fachwissens als Kriterien zur Identifikation herangezogen werden (Häder, 2014b, S. 100).

Grob kann jeder Forschungsprozess, also auch der der Delphi-Studie, in vier Phasen unterteilt werden: die Definitionsphase, die Durchführungsphase, die Analysephase sowie die Disseminationsphase, auch Publikationsphase genannt (Alemann, 1977, S. 145). Innerhalb dieser Phasen erfolgt eine Unterteilung in unterschiedliche Prozessschritte. Durch die mehrstufige Befragung der Experten, entsteht eine organisatorisch verlängerte Durchführungsphase, welche charakteristisch für die Delphi-Studie ist (Häder, 2014b, S. 86). Der gesamte Prozess kann der Abbildung 1 entnommen werden.

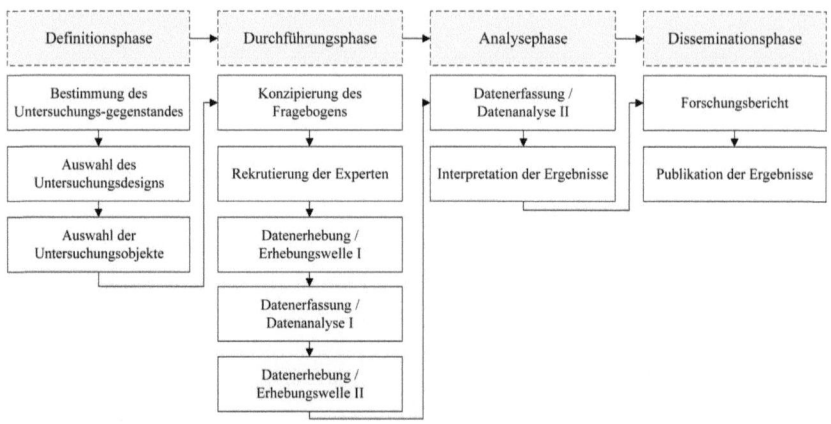

Abbildung 1: Prozess der Delphi-Studie
Quelle: Eigene Darstellung mit Inhalten aus Alemann, 1977, S. 144; Kromrey, 2009, S. 70 ff.; Schnell, Hill & Esser, 2013, S. 4.

Eine qualitativ hochwertig durchgeführte Delphi-Studie bietet für die Messebranche neben einem Ausblick auf die Zukunft, um Szenarien ableiten und Handlungsfelder identifizieren zu können, auch eine Basis für die Identifikation und Priorisierung möglicher Investitionen in die einzelnen Technologien (Cuhls, 2009, S. 214). Ziel war es deshalb, eine Delphi-Studie differenziert und lösungsorientiert hinsichtlich der potentiellen Veränderungen der Messebranche durch Augmented und Virtual Reality zu erstellen, wobei der Fokus auf die Sicht des Messeveranstalters gelegt wurde. Die einzelnen Phasen der durchgeführten Delphi-Studie, die Definitions , Durchführungs- sowie Analysephase, werden in den Kapiteln zwei bis vier detailliert dargestellt.

1.3 Augmented und Virtual Reality

Die Themen Big Data, Internet of Things oder Augmented und Virtual Reality spielen neben weiteren technischen Innovationen für die Wettbewerbsfähigkeit von deutschen Unternehmen eine große Rolle. Dies geht aus einer Studie des Bitkom hervor, in welcher 52 % (n=505) der befragten Unternehmen angaben, dass Augmented und Virtual Reality für sie eine große Bedeutung besitzen und sogar 21 % der Unternehmen bereits den Einsatz plant oder diskutiert (Bitkom, 2017, S. 10). Die positive Entwicklung der beiden Technologien basiert unter anderem auf der Weiterentwicklung des Interfaces (Schnittstelle zwischen Nutzer und dem Endgerät), mit dem Menschen digitale Geräte verwenden. Diese Weiterentwicklung begann mit dem einfachen Keyboard (haptische Tasten), führte in der Folge vom Touchscreen über die Sprachassistenten bis hin zur Kamera, weshalb AR und VR prädestiniert zur Nutzung der Interfaces sind (Eskenazi, 2018). Neben der Nutzung neuer Interfaces ist insbesondere die stetig wachsende Rechenleistung der Hardware ein Treiber für die positive Entwicklung von AR und VR (Kooning, 2018).

Vor allem für Unternehmen aus der Messewirtschaft sind AR und VR interessant, da sie die Besucher in einem besonders hohen Maße aktivieren und dadurch involvieren können. Die Integration von AR und VR kann folglich das Involvement für ein Produkt, eine Dienstleistung oder Marke erhöhen und somit die Emotionalität steigern, was wiederum die Kauf- und Preisbereitschaft beeinflussen kann (Dams & Luppold, 2016, S. 5; Mehler-Bicher & Steiger, 2014, S. 77). Durch die Aktivierung werden auch die kognitiven Fähigkeiten, wie die Informationsaufnahme, -verarbeitung und -speicherung beeinflusst, was vor allem bei erklärungsbedürftigen Produkten für den Verkaufsprozess von Nutzen sein kann (Mehler-Bicher & Steiger, 2014, S. 66, S. 81). Darüber hinaus wird die Aufmerksamkeit des Kunden erregt und dadurch ein individuelles Erlebnis bereitet. Durch den Einsatz von AR und VR versuchen Unternehmen ein möglichst stabiles und emotionales Verhältnis zu Kunden aufzubauen und zu pflegen (Schart & Tschanz, 2018, S. 93). Außerdem können dadurch positive Effekte bei der Markenbildung oder dem Image entstehen (Mehler-Bicher & Steiger, 2014, S. 76; Schart & Tschanz, 2018, S. 131).

Unter Berücksichtigung des dargelegten Nutzens beschäftigt sich die deutsche Messewirtschaft zunehmend mit diesen beiden Technologien. Hierbei gilt es für die Akteure positive und negative Folgen der Einführung von AR und VR Applikationen abzuwägen. Die aktuell genutzte „Virtualisierung" der Messe erfolgt bspw. in Form von interaktiven Hallenplänen, Vorstellungen von Ausstellern, welche die Face-to-Face Interaktion nicht ersetzen, aber sehr wohl ergänzen (Kaiser-Neubauer, 2018). Eine negative Entwicklung könnte die potentielle

Gefährdung des bestehenden Geschäftsmodells sein. Durch die Ablösung der klassischen Messe bspw. durch virtuelle Messen könnten Einnahmenrückgänge zu erwarten sein, da sich Aussteller und Besucher ortsunabhängig auf virtuellen Messen bewegen können (Kirchgeorg et al., 2017, S. 147 f.).

Um die beiden Technologien AR und VR besser erfassen und voneinander abgrenzen zu können, werden im Folgenden beide genau definiert, ihre grobe technische Umsetzung, ihre aktuellen Einsatzgebiete sowie mögliche verwendete Endgeräte erläutert.

Augmented Reality (AR) beschreibt die erweiterte Realität, d.h. die tatsächliche Realität wird durch die Einbindung visueller Objekte für den Nutzer erweitert und dadurch angereichert. Sowohl die Einbindung als auch die Interaktion der virtuellen Objekte mit dem Nutzer, welche in 3D wahrgenommen werden, erfolgen in Echtzeit (Borgmeier, Grohmann & Gross, 2017, S. 124; Schmalstieg & Höllerer, 2016, S. 3). Für die Anwendung von AR Applikationen muss der Nutzer bzw. das Endgerät zunächst lokalisiert werden. Dies kann einerseits durch nichtvisuelles Tracking (Location-Based Services - LBS) mithilfe von GPS, WLAN oder Beacons, andererseits durch visuelles Tracking (Visual Positioning Service - VPS) durch sogenannte visuelle Marker erfolgen (Mehler-Bicher & Steiger, 2014, S. 26 f.; Schart & Tschanz, 2018, S. 93 ff.). Das Tracking ermöglicht die genaue Position sowie die Blickrichtung des Nutzers festzustellen. Durch die vorherige Festlegung und Verknüpfung von Realität und virtuellen Objekten, die sogenannte Registrierung, werden basierend auf den getrackten Daten die virtuellen Objekte innerhalb des Abbildes der Realität dargestellt und ausgegeben (Borgmeier et al., 2017, S. 124; Dörner, Broll, Grimm & Jung, 2013, S. 242 f.).

Die AR Technologie wird stetig weiterentwickelt und hat bislang noch nicht ihr volles Potential ausgeschöpft (Jung & tom Dieck, 2018, S. 4). Dennoch wird AR auch jetzt schon häufig im Kontext der Industrie 4.0 eingesetzt, z.B. indem den Mitarbeitern mittels AR zusätzliche Informationen zum Produktionsablauf eingeblendet werden. Aber auch in anderen Bereichen wie bspw. bei Spielen (z.B. Pokémon Go) oder dem Einblenden von Informationen in der Medizin in Form von OP-Planungen findet AR Anwendung. Des Weiteren kommt AR auch in der Navigation im Tourismus (bspw. Einblenden von Informationen zu Sehenswürdigkeiten und Navigation zu bestimmten Orten) oder in Print-Medien (z.B.

Marker auf Plakaten) bereits zum Einsatz (Borgmeier et al., 2017, S. 124 f.; Mehler-Bicher & Steiger, 2014, S. 82; Schart & Tschanz, 2018, S. 38 ff.). AR Anwendungsszenarien, welche die Umgebung mit Zusatzinformationen in Form von Texten, 2D- und 3D , Audio- oder Video-Objekten anreichern, nennt man Living Environment. Bei der Verknüpfung von Print-Produkten, wie beispielsweise Broschüren, Flyer oder Postkarten mit AR Anwendungen durch Marker, spricht man von Living Print Szenarien (Mehler-Bicher & Steiger, 2014, S. 89, S. 125).

Für die Nutzung von AR Anwendungen werden leistungsfähige Endgeräte benötigt. Diese reichen von Computern (Bildschirmdarstellungen), Handhelds (Smartphones, Wearables), über Head-up Displays (bspw. Display im Auto, welches die Geschwindigkeit anzeigt) bis hin zu Head-mounted Displays (Datenbrillen/helme) (Mehler-Bicher & Steiger, 2014, S. 42 ff. ; Schart & Tschanz, 2018, S. 54 ff.). Eine innovative Lösung könnten in Zukunft auch Kontaktlinsen sein, die AR Elemente ausgeben, wobei aktuell vor allem Handhelds aufgrund ihrer weiten Verbreitung in Form von Smartphones für AR Anwendungen genutzt werden (Schart & Tschanz, 2018, S. 60). Dies wird dadurch begründet, dass sie zum einen überall eingesetzt werden können und zum anderen viele Menschen, in Deutschland sind dies circa 57 Millionen Menschen, ein Smartphone besitzen (Bitkom, 2018, S. 3). Der Ansatz „Bring-your-own-device" unterstreicht diesen Zustand, welcher für Unternehmen zusätzlich den Vorteil hat, keine Endgeräte bereitstellen zu müssen (Schart & Tschanz, 2018, S. 81 f., S. 173). Bei AR gibt es drei unterschiedliche Möglichkeiten, die AR Anwendung darzustellen. (i) Die Video-See-Through Methode ist momentan wohl die gängigste. Durch die Erfassung der Realität durch eine Videokamera und die dazugehörige Lokalisierung wird die AR Anwendung am Endgerät ausgegeben. Die AR Anwendung überlagert das Bild, wobei der Nutzer die AR Elemente nur auf dem Display des Endgerätes sieht. Mit dieser Methode wird die reale Welt nicht direkt, sondern nur mittelbar wahrgenommen, da die Interaktion mit einem Smartphone, Tablet oder Wearable erfolgt, wohingegen der Nutzer bei (ii) der Optical-See-Through Methode die reale Welt sowie die AR Anwendung durch ein semitransparentes Display, wie z.B. einer Datenbrille oder einem Head-up Display, wahrnehmen kann. Hier ist eine Videoaufnahme der Realität nicht zwingend erforderlich. Für (iii) die Projektionsbasierte AR kann eine AR Anwendung ohne ein direktes

Endgerät erfolgen. Mithilfe von Projektoren wird die reale Welt überlagert, wobei die Möglichkeiten der Darstellung sehr eingeschränkt sind und lediglich kleine Veränderungen der vorhandenen räumlichen Strukturen vorgenommen werden können, wie bspw. die Projektion von Informationen auf eine Wand oder Veränderungen der Wandfarbe (Dörner et al., 2013, S. 247 ff.; Schart & Tschanz, 2018, S. 55). Die für die vorliegende Arbeit relevante Methode ist die Video-See-Through Methode mittels Handhelds wie Smartphones.

Virtual Reality (VR) ist hingegen für den Nutzer eine vollkommen virtuelle und computergenerierte Realität, die dem Nutzer eine Immersion erlaubt. Die Immersion, also das komplette Eintauchen des Nutzers in diese virtuelle Realität, wird nicht nur durch visuelle Aspekte erzeugt, sondern zusätzlich durch haptische und akustische Reize verstärkt (Dörner et al., 2013, S. 14). Die virtuelle Welt ist nicht statisch, sondern reagiert auf den Nutzer. Es findet also eine Interaktion statt (Korgel, 2018, S. 11). Die Immersion ist gekennzeichnet durch die ausschließlich computergenerierte Wirklichkeit und Wahrnehmung des Nutzers, die Ansprache möglichst vieler Sinne, einem möglichst breiten Sichtfeld, welches dem Nutzer ein Eintauchen (ohne äußere Störfaktoren) erlaubt und eine hohe Qualität hinsichtlich der Realitätsdarstellung (Dörner et al., 2013, S. 14; Slater & Wilbur, 1997, S. 606 f.). Zur Generierung der VR Inhalte adressiert die Sensorik die Wahrnehmungskanäle der Nutzer durch die Anreicherung von Daten. Dies geschieht unter anderem durch Drucksensoren, Beschleunigungssensoren, dem optischen und mechanischen Tracking sowie Kameras (Dörner et al., 2013, S. 24).

Die Anwendungsgebiete für VR sind vielfältig, denn sie reichen von Spielen, über Trainingsszenarien (z.B. virtuelle medizinische Operationen), dem Einsatz im Tourismus (z.B. Erkundung von Ländern) und im Handel bis hin zum Verkauf (Jung & tom Dieck, 2018, S. ix ff.).

Bei VR Anwendungen geht es vor allem darum dem Nutzer einen möglichst hohen Grad der Immersion ermöglichen zu können, weshalb auch die Endgeräte in ihrer technischen Ausstattung anders als bei AR ausfallen. So können Head-mounted Displays (Datenbrillen / -helme) oder Cave Automatic Virtual Environment (CAVE) die VR Anwendung ausgeben. In CAVEs werden die Wände durch Beamer angestrahlt, um somit die virtuelle Welt zu erzeugen (Korgel, 2018, S. 11).

Eine einfache und kostengünstige Methode eine schlichte VR Anwendung abspielen zu können, stellen sogenannte Cardboards dar, die aus Karton hergestellt werden. Dabei wird lediglich das Smartphone im Sichtfeld des Nutzers platziert (Google VR, 2018a). Inwiefern dies ein VR Endgerät ist wird stark debattiert, da es nicht die konstituierenden Merkmale von VR aufweist, jedoch dem Nutzer erlaubt, in eine virtuelle Realität einzutauchen (Google VR, 2018a; Mehler-Bicher & Steiger, 2017, S. 137 f.). Die Generierung von VR Inhalten, sogenanntem VR Content, kann durch 360 Grad Panorama Bilder oder Videos und durch Computer Generated Imagery (CGI), also der Animation computergenerierter Bilder, erfolgen (Bandara, 2015). In diesem Kontext wird auch diskutiert, ob die 360 Grad Panorama Bilder zu virtuellen Realitäten gezählt werden können, da diese im klassischen Sinne keine Interaktion zulassen. Sie können jedoch nachträglich bearbeitet werden, um somit ein virtuelles Abbild der Realität inklusive der Interaktionsmöglichkeit zu erhalten (Röhrich, 2017, S. 56 f.).

Auch bei VR gibt es unterschiedliche Möglichkeiten, wie VR Elemente ausgegeben werden. Dazu gehören die Seated, Standing und Room Scale Methode. Bei der Seated Methode geht die Software davon aus, dass der Nutzer bei der Anwendung sitzt. Bei der Standing Methode bleibt der Nutzer an einem Ort stehen, kann jedoch einige Schritte machen. Die Room Scale Methode ist darauf ausgelegt, dass sich der Nutzer frei bewegen kann. Durch vordefinierte Räume werden der Anwendung die natürlichen Grenzen, wie beispielsweise Wände, aufgezeigt (Korgel, 2018, S. 35 f.).

2 Definitionsphase der Delphi-Studie

2.1 Untersuchungsgegenstand

Die technischen Innovationen AR und VR können Möglichkeiten bieten, die Messebranche attraktiver und werthaltiger zu gestalten. Vor diesem Hintergrund soll sich die Forschungsfrage mit den potentiellen Veränderungen befassen, die AR und VR auf die Zukunft der Messewirtschaft bewirken könnten. Daraus ergibt sich folgende Forschungsfrage:

Welche Veränderungen können die technischen Innovationen Augmented und Virtual Reality bis 2028 auf die Messewirtschaft ausüben?

Die Grundüberlegungen, d.h. die Auswahl des Untersuchungsdesigns, basieren auf dieser Forschungsfrage. Als Form der Informationsgewinnung scheidet die Sekundärforschung aus. Die Informationen oder Inhalte, die für die Studie benötigt werden, liegen nicht vor. Deshalb müssen Daten zur Untersuchung der Forschungsfrage mittels einer Delphi-Studie in Form einer Primärforschung neu erhoben werden. Der zu erforschende Zeithorizont beträgt 10 Jahre, weshalb es sich um prospektive Marktforschung handelt. Die Forschungsfrage ist auf ungewisse Zusammenhänge bzw. Trends der Zukunft ausgelegt. Deshalb wird von einem explorativen Forschungsdesign ausgegangen. Die dazu passende Methode ist die Befragung von Experten. Im Rahmen der Delphi-Studie sollen sowohl qualitative als auch quantitative Faktoren einbezogen werden. Die Delphi-Studie wird mittels einer Teilerhebung erfolgen, da die Vollerhebung wesentlich kosten- und zeitintensiver ist (Häder, 2000, S. 7). Die Untersuchungsobjekte (Experten), werden im folgenden Kapitel identifiziert, analysiert und mittels vorab definierter Kriterien ausgewählt.

Die Forschungsfrage kann in vier Facetten zerlegt werden: (i) die technischen Innovationen, (ii) die Akteure, (iii) den Grund der Nutzung sowie (iv) die Art der Veränderung. Die erste Facette bildet die technische Innovation. AR und VR sind unterschiedliche Technologien und haben unterschiedliche Anwendungsgebiete, weshalb sie innerhalb der Facette zerlegt werden. Die zweite Facette stellen die Akteure dar, für die die technischen Innovationen unterschiedliche

Anwendungsfelder oder Nutzen haben können. Deshalb wird diese Facette in die (i) Messebranche allgemein, (ii) Betreiber von Veranstaltungsstätten (Messegelände und/oder Veranstaltungsräume), (iii) Veranstalter von Messen, (iv) die dazugehörigen Aussteller sowie (v) Besucher unterteilt. Die dritte Facette befasst sich mit dem Grund der Nutzung der technischen Innovationen, der für die Akteure entweder von praktischer Natur ist (z.B. Effizienzsteigerung, Kostensenkung, Umsatzsteigerung, Qualitätsverbesserung) oder von den Zielgruppen, z.B. den Besuchern, erwartet werden. Beispielsweise kann die Qualität des Messestandes eines Ausstellers durch die Nutzung von AR verbessert werden, oder die Nutzung von VR erfolgt aufgrund der Zielgruppennachfrage. Die vierte Facette ist die Art der Veränderung. Diese kann entweder monetär oder nicht monetär ausgeprägt sein. Beispielsweise kann eine Qualitätsverbesserung der Messe durch AR und VR eine Preiserhöhung (monetärer Faktor) für Besucher rechtfertigen. Oder die Nutzung einer technischen Innovation kann die Kundenzufriedenheit (nicht monetärer Faktor) steigern.

Durch die Kombination der vier Facetten lässt sich die Forschungsfrage vollumfänglich abbilden. Außerdem werden die Fragen der Delphi-Studie darauf basierend formuliert. Dadurch ergibt sich folgendes Grundgerüst für die Fragen: Ein Experte beurteilt die Nutzung (Facette drei) der technischen Innovation (Facette eins) für eine Gruppe (Facette zwei) nach ihrer Art (Facette vier) und Bedeutung in den kommenden 10 Jahren.

2.2 Identifikation der Experten

Zunächst sollen für die Forschungsfrage passende Auswahlkriterien aufgestellt werden. Dazu zählt auch die Anzahl der zu befragenden Experten und die Kommunikationsart (Häder, 2000, S. 3 f.). Aufgrund der zur Verfügung stehenden Ressourcen wurde eine Teilerhebung durchgeführt. Dafür muss zunächst die Grundgesamtheit der Experten, also alle untersuchbaren Personen, definiert werden. „Grob ließe sich die Grundgesamtheit beispielsweise bestimmen als alle auskunftswilligen Experten, deren Ansichten [...] für die Bewertung der anstehenden Probleme von Interesse sind" (Häder, 2000, S. 7). Die Grundgesamtheit für die Forschungsfrage ist nicht vollumfänglich bekannt, sie kann jedoch theoretisch eine unbeschränkte Anzahl an Personen aufweisen (Häder, 2014b, S. 105). Bei der Teilerhebung erfolgt aus der Grundgesamtheit die Bruttostichprobenauswahl, das heißt die potentiell zu befragenden Experten werden anhand einer bewussten Quote aus der Grundgesamtheit ausgewählt. Die tatsächlich teilnehmenden Experten stellen die effektive Stichprobe dar. Ziel der Studie war es, in der effektiven Stichprobe mindestens 30 Expertenmeinungen abzubilden. Hinsichtlich der Anzahl der zu befragenden Experten kann keine allgemeingültige Aussage getroffen werden, jedoch sollte grundsätzlich die Anzahl der Experten mit zunehmender Komplexität des Themas steigen (Vorgrimler & Wübben, 2003, S. 765 f.). Bezugnehmend auf die vorliegende Fragestellung sowie die Komplexität des Themas, erschienen 30 Expertenmeinungen für die Forschungsfrage angemessen. Davon sollten mindestens 20 aus dem Bereich Messewirtschaft und mindestens 10 aus dem Bereich Augmented und Virtual Reality kommen. Da sich das Fachgebiet sowohl auf das der Messewirtschaft als auch der Technik von AR und VR bezieht, wurden die Experten in zwei Fachgebiete unterteilt. Durch die Unterteilung können „mögliche Einseitigkeiten und Voreingenommenheiten" eingeschränkt werden (Cuhls, Breiner & Grupp, 1995, S. 13). Dadurch wurden beide Branchen miteinbezogen und es konnten neue Perspektiven, auch aus Sicht der technischen Realisierbarkeit, einfließen. Die Unterteilung von zwei Dritteln zu einem Drittel erschien sinnvoll, da es sich um die Veränderungen der Messebranche durch AR und VR handelt und nicht um die technische Umsetzbarkeit der Technologien.

Darüber hinaus sollten Vertreter aus Forschung und Lehre und zu gleichen Teilen Experten aus der Privatwirtschaft und dem öffentlichen Sektor in die Bruttostichprobe miteinfließen. Innerhalb der Unterteilung Messewirtschaft und AR/VR, sollte ein Fünftel der Experten aus Forschung und Lehre, zwei Fünftel aus der Privatwirtschaft und zwei Fünftel aus dem öffentlichen Sektor kommen. Die effektive Stichprobe sollte, wenn umsetzbar, denselben Quoten entsprechen.

Zunächst wurde eine aufwendige Recherche durchgeführt. Diese Recherche umfasste u.a. die allgemeine Internetrecherche, die Recherche auf Karriereportalen wie XING und den dazugehörigen Gruppen, in den Datenbanken der Verbände und in Magazinen. Aus dem Pool der Akteure (Betreiber von Veranstaltungsstätten, Veranstalter, Aussteller) wurden Experten identifiziert. Die Besucher wurden jedoch als Experten ausgeklammert, da sie in der Regel diese technischen Innovationen im Bezug zur Messebranche weder umreißen noch bewerten können. Darüber hinaus wurden bereits identifizierte Experten um Empfehlungen gebeten. Basierend auf der differenzierten Recherche wurde eine Adressdatei erstellt, die den Namen, die Firma, die Adresse (E Mail / Postanschrift), die Zugehörigkeit zum Fachgebiet sowie der Organisation der identifizierten Experten enthält. Sie beinhaltet 142 Experten aus dem Bereich Messewirtschaft (66 %) und 73 Experten aus dem Bereich AR und VR (34 %). Davon sind 39 Personen der Forschung und Lehre (18 %), 85 der Privatwirtschaft (40 %) und 91 Personen dem öffentlichen Sektor (42 %) zugeordnet. Die Verteilung ist an die oben genannten Quoten angenähert. Die Adressdatei entspricht der Bruttostichprobe.

Die Kommunikation erfolgte via E-Mail. Sie war sowohl für die Experten als auch für die Durchführung ressourcen- und zeitschonender als bspw. eine postalische Variante. Die Experten konnten den Fragebogen mittels einer beschreibbaren PDF-Datei, die via E-Mail verschickt wurde, bearbeiten. Die Einladung zur Teilnahme an der Delphi-Studie wurde via personalisierter E-Mail ausgesprochen. Den Experten wurden alle nötigen Informationen, mittels eines visuell ansprechenden Informationsblatts, vorab zur Verfügung gestellt.

3   Durchführungsphase der Delphi-Studie

3.1   Konzipierung des teilstandardisierten Fragebogens

Basierend auf der Forschungsfrage wurde ein 15-seitiger Fragebogen erstellt. Die Fragen wurden in die vier Facetten (i) technische Innovation, (ii) Akteure, (iii) Nutzung und (iv) Art der Veränderung untergliedert. Der Fragebogen war in Frageblöcke zur Messewirtschaft allgemein, zu den Betreibern von Veranstaltungsstätten, zu den Veranstaltern von Messen, zu den Ausstellern und zu Besuchern unterteilt. Im Frageblock sechs wurden noch Strukturdaten der Experten abgefragt, um die Quotenzugehörigkeit nachvollziehen bzw. überprüfen zu können. Der Fragebogen folgte der Logik von einer universalen Ansicht (Messewirtschaft allgemein), bis hin zu einer eingeschränkten Sichtweise (Besucher). Auch innerhalb der Frageblöcke waren die Fragen einheitlich angeordnet. Zunächst wurden monetäre und messbare Entwicklungen wie die Auswirkungen auf Umsatz, die Anzahl an Ausstellern oder die Kapazitäten erfragt, woraufhin die Fragen nach Nutzen und Vorteilen der AR und VR Anwendungen bis 2028 folgten. Augmented und Virtual Reality wurden bei vier der sechs Frageblöcke voneinander abgegrenzt, um das jeweilige Potential der jeweiligen technischen Innovation für die Akteure differenziert erfassen zu können. Der Fragebogen enthielt sowohl offene als auch geschlossene Fragen. Das rein qualitative Prognoseverfahren der Delphi-Studie wurde durch quantitative Fragen ergänzt. Dabei wurden Nominal-, Ordinal-, und Ratioskalen verwendet.

3.2   Rekrutierung der Experten

Die Experten wurden via E-Mail eingeladen, sich an der Delphi-Studie zu beteiligen. Diese wurde mit einer personalisierten Anrede sowie einem individuellen Hinweis, warum sie als Experten ausgewählt wurden, versehen. Auch der Inhalt und die Zielsetzung der Delphi-Studie wurden aufgeführt. Darüber hinaus enthielt die Einladung ein Informationsblatt, aus dem die Experten den genauen zeitlichen und inhaltlichen Ablauf sowie die Bearbeitungsdauer entnehmen konnten. Des Weiteren wurde den Experten als zusätzliche Motivation die

Zusendung der finalen Ergebnisse der Delphi-Studie zugesagt. Nach vier Wochen wurden die Experten, die sich noch nicht zurückgemeldet hatten, erneut angeschrieben, wobei die ursprüngliche Anfrage erneut mit angehängt wurde. Nach einer insgesamt fünfwöchigen Rekrutierungsphase konnten 53 Zusagen (24,65 %) erzielt werden. In der folgenden Abbildung sind die Anzahl und Quoten der Zusagen sowie, blau markiert, die anvisierten Zahlen bzw. Quoten vermerkt.

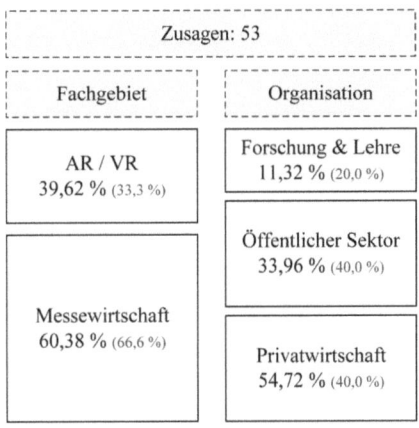

Abbildung 2: Zusagen der Experten
Quelle: Eigene Darstellung.

Jedem Experten wurde eine ID-Nummer zugewiesen (ID1 bis ID53), um sicherstellen zu können, dass Reminder und ähnliches nur an die noch fehlenden Experten verschickt werden (Schnell et al., 2013, S. 355).

3.3 Datenerhebung der Erhebungswelle I

Nachdem die Experten zugesagt hatten, wurde ihnen eine E-Mail mit dem zu beantwortenden Fragebogen zugeschickt. Diese E-Mail enthielt die Anzahl an Experten, die zu diesem Zeitpunkt zugesagt hatten, das Bearbeitungsende (Deadline) sowie Hinweise zur Bearbeitung des Fragebogens. Dieser wurde in Form einer beschreibbaren und interaktiven PDF-Datei, erstellt mit Adobe® LiveCycle® Designer ES, an die Experten übermittelt. Mithilfe dieser Datei war es den

Experten möglich, die Bearbeitung zeitlich und räumlich unabhängig durchzuführen sowie den Fragebogen direkt über einen Button im Dokument zurückzuschicken. Damit wurde den Experten die Bearbeitung erleichtert und mögliche Bearbeitungshürden abgebaut. Der Fragebogen umfasste 15 Seiten, davon ein Deckblatt mit Begriffserklärungen und wichtigen Hinweisen zur Bearbeitung, einer Seite mit der Möglichkeit Feedback zu hinterlassen sowie organisatorischen Hinweisen. Eine Woche vor Bearbeitungsende wurde den Experten erneut eine Reminder E-Mail gesendet, um den Fragebogen nochmals in Erinnerung zu rufen und ggf. die Rücklaufquote zu erhöhen. Nach Ablauf des festgelegten Bearbeitungsendes wurde eine zweite E-Mail versendet, die den Fragebogen sowie den Hinweis auf eine einwöchige Verlängerung des Bearbeitungszeitraumes beinhaltete. Auch hier wurde das Ziel der Erhöhung der Rücklaufquote verfolgt (Batinic & Moser, 2005, S. 67). Für den Prozess der Erhebungswelle I wurde ein Zeitaufwand von 8 Wochen benötigt (Cuhls, 2009, S. 213; Häder, 2014a, S. 86). Nach den oben genannten Remindern wurden 40 bearbeite Fragebögen zurückgeschickt, was einer effektiven Stichprobe von 75,47 % von 53 Zusagen entspricht. Die erhaltenen Fragebögen wurden im folgenden Prozessschritt erfasst und analysiert.

3.4 Datenerfassung und Analyse des Inputs

Mithilfe des Adobe® LiveCycle® Designer ES konnten die zurückgesendeten Fragebögen im Rahmen der Datenerfassung automatisch eingelesen, exportiert und in das Statistikprogramm IBM® SPSS Statistics® (kurz SPSS) importiert werden.

SPSS folgt der Logik der Datenmatrix. Jedem Experten (Spalte ID-Nummer) werden die Antworten zu den jeweiligen Fragen (@1 entspricht Frage 1, @1_A ist die dazugehörige Antwort bzw. Begründung) zugeordnet.

	IDNummer	@1	@1_A
1	1	Stimme nicht zu	Der persönliche Kontakt ist ein wesentlicher Bestandteil des Entscheidungs...
2	2	Stimme nicht zu	Eines der größten Probleme von VR, die Isolation der Nutzer, muss noch gel...
3	3	Stimme nicht zu	nicht komplett, aber teilweise bzw. ergänzen
4	4	Stimme nicht zu	AR/VR wird kein vollständiger Ersatz. Persönlicher Kontakt wichtig, auch in ...
5	5	Stimme nicht zu	AR und VR können Gefühle erzeugen aber nicht ersetzen
6	6	Stimme nicht zu	Die reale Begegnung mit allen Sinnen wird auch künftig durch nichts zu erse...

Abbildung 3: Eingelesene Fragebögen in SPSS
Quelle: Eigene Darstellung.

Dabei sind alle Fragen innerhalb SPSS vercodet und können damit auch zusammengefasst werden. Vor der Analyse der Daten wurden innerhalb aller Fragebögen die Antworten auf Plausibilität geprüft und Rechtschreibfehler bereinigt.

Nach der Datenerfassung erfolgte die Analyse der Gesamtheit der Fragebögen mit dem Ziel einen ersten Ergebnisbericht zu verfassen. Dabei wurden die Fragen in drei Kategorien eingeteilt: (i) die numerische Schätzung, (ii) die Bewertung von Sachverhalten und (iii) offene Fragen (Häder, 2014a, S. 157-163).

Bei (i) der numerischen Schätzung wurden im Ergebnisbericht aus SPSS der Mittelwert, der Median, die Standardabweichung, die Spannweite sowie der minimalste und maximalste Wert angegeben.

Bei (ii) der Bewertung von Sachverhalten wurden die Antwortkategorien mit der jeweiligen absoluten sowie relativen Häufigkeit tabellarisch aufgeführt. Abbildung 4 zeigt die Antwortkategorien für das Statement, dass alle Akteure der Messewirtschaft sich bis 2028 auf AR und VR einstellen werden müssen.

2. Alle Akteure der Messewirtschaft werden sich bis 2028 auf AR und VR einstellen müssen. Eine Nicht-Beachtung führt zu einem Wettbewerbsnachteil.

		Häufigkeit	Prozent	Gültige Prozente*	Kumulierte Prozente
Gültig	Stimme nicht zu	3	7,5	7,5	7,5
	Stimme zu	37	92,5	92,5	100,0
	Gesamt	40	100,0	100,0	

Abbildung 4: Häufigkeitsverteilung bei der Bewertung von Sachverhalten
Quelle: Eigene Darstellung aus SPSS.

Beim Feedback der (iii) offenen Fragen wurden alle Kommentare miteinbezogen und, wenn möglich, zusammengefasst. Dabei wurden die Begründungen zu den jeweiligen Fragen in einer Tabelle geclustert (Häder, 2014a, S. 157-163). Die folgende Abbildung zeigt einen Auszug aus den Begründungen der Frage, ob der Umsatz der deutschen Messebranche bis 2028 aufgrund von VR eher zunehmen, gleich bleiben oder sinken wird. Dabei wurden die relativen Häufigkeiten der zuvor beantworteten Frage mitaufgeführt.

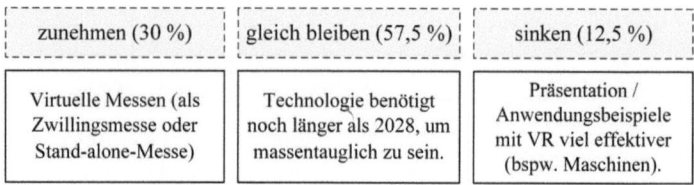

Abbildung 5: Auswertung von offenen Fragen am Beispiel der Frage 1.2.1
Quelle: Eigene Darstellung.

Insgesamt wurde ein 99-seitiger Ergebnisbericht verfasst, der den Experten für die Erhebungswelle II als Informationsquelle diente.

3.5 Datenerhebung der Erhebungswelle II

Für die zweite Erhebungswelle wurde der Fragebogen der ersten Erhebungswelle um die relativen Häufigkeiten der Antworten sowie die Anzahl der Beantwortungen erweitert, um den Experten einen besseren Überblick zu verschaffen.

2. Alle Akteure der Messewirtschaft werden sich bis 2028 auf AR und VR einstellen müssen. Eine Nicht-Beachtung führt zu einem Wettbewerbsnachteil. n=40	⊙ Stimme zu (92,5 %) ⊙ Stimme nicht zu (7,5 %)
Ihre Begründung	

Abbildung 6: Beispielhafte Darstellung des angereicherten Fragebogens
Quelle: Eigene Darstellung.

Außerdem enthielt der Fragebogen der zweiten Erhebungswelle ein modifiziertes Deckblatt mit einem Lesebeispiel sowie der weiteren Vorgehensweise. Diese Vorgehensweise wurde zusätzlich in der an die Experten versandte E-Mail aufgeführt. Um den Experten die Bearbeitung der zweiten Erhebungswelle so angenehm wie möglich zu gestalten und ggf. entstehende Hürden abzubauen, wurde den Experten sowohl der angepasste Fragebogen, der Ergebnisbericht mit einem aktiven Inhaltsverzeichnis und dem von Ihnen in der ersten Erhebungswelle ausgefüllten Fragebogen gesendet. Es wurde eine Bearbeitungszeit von drei Wochen angesetzt und eine Woche vor Bearbeitungsende wurde erneut ein Reminder versendet, um die Rücklaufquote der zweiten Erhebungswelle zu steigern (Batinic & Moser, 2005, S. 66 f.; Cuhls, 2009, S. 213; Häder, 2014a, S. 86). Bei der zweiten Erhebungswelle beteiligten sich 37 Experten, was einer Rücklaufquote von 92,5 % (von 40 Zusagen) entspricht.

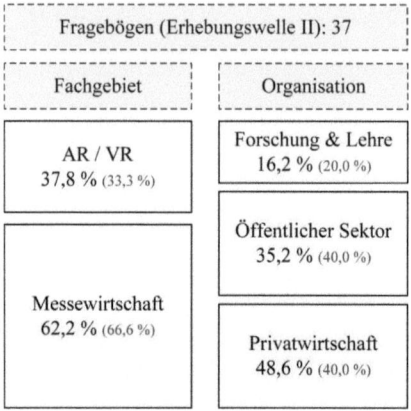

Abbildung 7: Erhaltene Fragebögen der Erhebungswelle II
Quelle: Eigene Darstellung.

Auch hier wurden die ID-Nummern konsistent vergeben, um eine entsprechende Vergleichbarkeit herstellen zu können. Von den 37 Experten modifizierten drei Experten ihre Antworten bei rund 20 der gestellten Fragen, was in dem nachfolgenden Prozessschritt, der Datenerfassung, näher erläutert wird.

4 Analysephase der Delphi-Studie

4.1 Datenerfassung und Aufbereitung der Ergebnisse

Auch in der Datenerfassung der zweiten Erhebungswelle wurde das Statistik-programm SPSS verwendet. Dabei wurden die aus der zweiten Erhebungswelle zurückgeschickten Fragebögen der Experten eingelesen. Die Fragen der zweiten Erhebungswelle wurden mit einem Zusatz versehen („_2E" entspricht der zweiten Erhebungswelle). Somit konnten die Fragen im direkten Vergleich zueinander betrachtet werden. In der folgenden Abbildung wird ein Ausschnitt aus der Auswertung der Fragebögen gezeigt. Der Experte mit der ID13 modifizierte bei zwei Fragen (@4_B und @6_B) die Antworten, was wiederrum Auswirkungen auf die Ergebnisse der zweiten Erhebungswelle sowie das Gesamtergebnis hat.

	IDNummer	@4_B	@4_B_2E	@6_B	@6_B_2E
10	10	B2B und B2C	B2B und B2C	nein	nein
11	11	B2B und B2C	B2B und B2C	ja	ja
12	12	B2B und B2C	B2B und B2C	ja	ja
13	13	B2B	B2B und B2C	ja	nein
14	14	B2B und B2C	B2B und B2C	ja	ja
15	15	B2B und B2C	B2B und B2C	ja	ja
16	16	B2B und B2C	B2B und B2C	nein	nein

Abbildung 8: Datenmatrix der zweiten Erhebungswelle in SPSS
Quelle: Eigene Darstellung aus SPSS.

Bei der Auswertung der zweiten Erhebungswelle wurden dieselben statistischen Mittel eingesetzt wie in der ersten Erhebungswelle. Der Ergebnisbericht der ersten Erhebungswelle wird um die Inhalte der zweiten Erhebungswelle zu einem abschließenden Bericht erweitert. Das heißt, die Experten können sowohl die Auswertung der ersten als auch zweiten Erhebungswelle innerhalb eines Dokumentes einsehen. Um die Veränderung der ersten und zweiten Erhebungswelle sichtbarer zu gestalten, wurde bei den Fragen, die modifiziert wurden, auf grafische Elemente wie Balkendiagramme zurückgegriffen.

4.2 Randauszählung

Im Rahmen dieser Arbeit liegt der Fokus auf den Veranstaltern von Messen, weshalb nur ein Teil der Daten der Delphi-Studie, die sich mit der Fragestellung beschäftigte, welche Auswirkungen AR und VR auf die Veranstalter von Messen und die Messewirtschaft allgemein bis 2028 haben werden, im Folgenden beleuchtet werden. Zudem ist zu erwähnen, dass der Zeithorizont der vorliegenden Daten 10 Jahre beträgt (2028) und diese deshalb ein gewisses Maß an Unsicherheit beinhalten.

Generell sind die in der Delphi-Studie befragten Experten der Meinung, dass sich die Akteure der Messewirtschaft auf AR und VR einstellen müssen, da es für sie sonst zu einem Wettbewerbsnachteil führen wird. Dieser Meinung sind 91,9 % (n=37) der Experten, die den hohen sozialen als auch kompetitiven Druck sowie entgangene Erlösmodelle, die durch die Nutzung entstehen würden, als Begründungen angeben. Diese Erlösmodelle sind Teil der Geschäftsmodelle, die laut den Experten aufgrund von AR und VR weiterentwickelt oder neugestaltet werden müssen (70,3 %, n=37). Die Weiterentwicklung der Geschäftsmodelle begründen die Experten mit der Generierung von neuen Erlösen oder Prozessoptimierungen, wie beispielsweise der Planungsverbesserung einer Messe, die durch AR und VR umgesetzt werden können. Bei der Veränderung des Geschäftsmodells müssen jedoch die Gegebenheiten (Art der Aussteller, Besucher, Messe) berücksichtigt werden, um dadurch ein kundenorientiertes Wertangebot unterbreiten zu können, welches gemeinsam mit spezialisierten Anbietern schnell umgesetzt werden kann. Aus den Daten geht hervor, dass 22,2 % der Experten (n=36) eine durch AR und VR resultierende Gefährdung des Geschäftszweckes sehen, wohingegen 77,8 % der Experten auf AR und VR basierte Wertangebote als Möglichkeiten sehen, das bestehende Wertangebot zu optimieren. Sie sind vielmehr der Meinung, dass eine fehlende Reaktion auf die Technologien oder ausbleibenden Investitionen seitens der Unternehmen sogar zu einer Gefährdung des Geschäfts führen kann. Die Mehrheit der Experten sieht folglich AR und VR als Chance für die Messewirtschaft und nicht als Risiko ihres Geschäftszweckes.

Es zeigt sich, dass 70,2 % (n=37) der Experten in AR eine große und sehr große Bedeutung für die Messewirtschaft sehen, wohingegen nur 43,2 % (n=37) VR diese Bedeutung zugesprochen wird. Somit weist VR nach Meinung der Experten im Vergleich zu AR eine leicht niedrigere Nutzungsbedeutung für die Messewirtschaft auf. Die Experten sind darüber hinaus der Meinung, dass durch AR und VR Image- und Qualitätsverbesserungen erreicht werden können, wobei 60 % (n=15) der Experten angeben, dass sowohl die Nutzung von AR als auch von VR das Image von Messen positiv beeinflussen werden, indem die Technologien Modernität, Erlebnis und Interaktion suggerieren. Die Qualitätsverbesserung durch AR (63 %, n=17) bewerten die Experten positiver, als durch VR (54,2 %, n=13). Diese resultiert aus einem verbesserten Erlebnis, einer optimierten Orientierung auf der Messe sowie der Nutzensteigerung für die Kunden, welche durch die Verwendung von AR und VR erreicht werden kann.

Als Auslöser für den Einsatz von AR und VR Anwendungen auf Messen geben 67,6 % (n=37) der Experten sowohl praktische als auch sozial erwartete Gründe an. Die praktischen Gründe von AR setzen sich beispielsweise aus dem monetären Nutzen, der Attraktivitätssteigerung der Messen allgemein, der generellen Aufwandsreduzierung oder der Orientierungshilfe durch Navigationsanwendungen zusammen. Durch die Orientierungshilfen kann auch die Effizienz des Messebesuchs für den Kunden gesteigert werden, was zu den sozial erwarteten Gründen gehört. Darüber hinaus wird AR aufgrund ihrer Marktdurchdringung von allen Akteuren erwartet werden, was in einer Art Gruppendruck resultieren dürfte. Als mögliche Gründe VR einzusetzen, werden zusätzlich zu den bereits genannten Gründen für AR, noch die hohe Differenzierungsfähigkeit gegenüber den Wettbewerbern genannt. Entsprechend setzen sich auch die durch AR und VR verfolgten monetären und nicht monetären Ziele zusammen, die innerhalb der Innovationen größtenteils identisch sind. Die Experten (n>28) nennen unter anderem Umsatzsteigerungen, Kosteneinsparungen, Verkürzung des Messeturnus, Steigerung des Erlebnischarakters und der User Experience, Verbesserung der Services gegenüber Ausstellern und Besuchern sowie die Attraktivitätssteigerung von Messen allgemein.

Um neben der Randauszählung eine noch genauere Betrachtung der Ergebnisse zu ermöglichen, wurden auf Basis der Daten der zweiten Erhebungswelle die Subgruppen analysiert.

4.3 Subgruppenanalyse

Kreuztabellen gehören zu den bivariaten Analysemethoden, bei denen zwei Variablen zueinander in Beziehung gesetzt werden (Schnell et al., 2013, S. 432 f.). In der Auswertung der Delphi-Studie wurden die Variablen „Zuordnung zum Fachgebiet" und „Jahre der Berufserfahrung" als unabhängige Variablen definiert und entsprechend jede Frage mit diesen verknüpft. Abbildung 9 stellt ein Beispiel einer solchen, mit SPSS erzeugten, Kreuztabelle dar.

			6.1 Strukturdaten: Welchem Fachgebiet würden Sie sich zuordnen?		Gesamt
			AR / VR	Messe	
3.1.1 Veranstalter AR: Wird AR 2028 ein wesentlicher Erfolgsfaktor für Veranstalter sein?	ja	Anzahl	7	13	20
		% innerhalb von 6.1	63,6%	59,1%	60,6%
	nein	Anzahl	4	9	13
		% innerhalb von 6.1	36,4%	40,9%	39,4%
Gesamt		Anzahl	11	22	33
		% innerhalb von 6.1	100,0%	100,0%	100,0%

Abbildung 9: Kreuztabelle der Fragen 3.1.1 und 6.1
Quelle: Eigene Darstellung, Ausgabedatei aus SPSS.

Die Abbildung zeigt, wie die Experten aus den beiden Fachgebieten die Frage beantwortet haben und gibt diese Antworten sowohl in absoluten als auch relativen Häufigkeiten an. Für die Subgruppenanalyse wurde für jede Spalte die Differenz der relativen Häufigkeiten gebildet, um feststellen zu können, ob innerhalb des Fachgebietes eine Tendenz zu einer Antwortkategorie vorherrscht. Dabei wurden für die Analyse der vorliegenden Arbeit folgende Abstufungen der Tendenzen festgelegt.

Differenz	± 5 %	± 15 %	± 25 %	> ± 25 %	> ± 50 %
Ausprägung Tendenz	keine Tendenz / keine Aussage	schwache Tendenz	mittlere Tendenz	starke Tendenz	sehr starke Tendenz

Abbildung 10: Ausprägungen der Tendenz
Quelle: Eigene Darstellung.

Daraufhin wurden die Tendenzen der beiden Fachgebiete untereinander verglichen, wobei eine gleichläufige oder eine gegenläufige Tendenz auftreten kann.
Abschließend wurden die Tendenzen zwischen den Daten des Frageblockes zu
AR und dem Frageblock zu VR verglichen (VR-Pendantfrage), um dadurch eine
genauere Differenzierung zwischen den beiden Innovationen vornehmen und damit einhergehend den direkten Vergleich anstellen zu können.

			6.1 Strukturdaten: Welchem Fachgebiet würden Sie sich zuordnen?		
			AR / VR	Messe	Gesamt
3.1.1 Veranstalter AR: Wird AR 2028 ein wesentlicher Erfolgsfaktor für Veranstalter sein?	ja	Anzahl	7	13	20
		% innerhalb von 6.1	63,6%	59,1%	60,6%
	nein	Anzahl	± 27,2% 4	± 18,2% 9	13
		% innerhalb von 6.1	36,4%	40,9%	39,4%
Gesamt		Anzahl	11	22	33
		% innerhalb von 6.1	100,0%	100,0%	100,0%

Tendenz entspricht der Gesamtverteilung

starke Tendenz	mittlere Tendenz

Tendenzen gleichläufig

VR-Pendantfrage	gleiche Tendenz	andere Tendenz

Abbildung 11: Beispiel des Vorgehens der Subgruppenanalyse
Quelle: Eigene Darstellung.

Neben der Kreuztabelle wurden, je nach Anzahl der Variablenausprägungen,
die Zusammenhangsmaße Phi, Cramers V oder Chi Quadrat angegeben.

		Wert	Näherungsweise Signifikanz
Nominal- bzgl. Nominalmaß	Phi Φ	,044	,801
	Cramers V	,044	,801
Anzahl der gültigen Fälle		33	

Abbildung 12: Symmetrische Maße zur Kreuztabelle der Fragen 3.1.1 und 6.1
Quelle: Eigene Darstellung, Ausgabedatei aus SPSS.

Bei einem Phi von 0,044 kann nahezu von einer stochastischen Unabhängigkeit gesprochen werden, wobei die näherungsweise Signifikanz mit einem Wert von 0,801 angibt, dass das Ergebnis statistisch nicht relevant ist (p=0,801>0,05). Der Zusammenhang zweier Variablen wurde nur dann erwähnt, wenn zum einen die Voraussetzungen für den Test erfüllt sind und zum anderen der Wert eine große Korrelation aufweist. Dabei gelten die in Abbildung 13 dargestellten Korrelationsstufen.

Differenz	0,1 – 0,3	0,3 – 0,5	> 0,5
Ausprägung Korrelation	geringe / schwache Korrelation	mittlere / moderate Korrelation	große / starke Korrelation

Abbildung 13: Ausprägungen der Korrelation
Quelle: Eigene Darstellung mit Inhalten aus Cohen, 1988, S. 83.

Nachdem die Kreuztabellen erstellt und analysiert wurden, konnten bei der unabhängigen Variable „Jahre der Berufserfahrung" keine Tendenzen festgestellt bzw. keine Rückschlüsse gezogen werden. Dies lag zum einen an der breiten Clusterung der Merkmalsausprägung (Berufserfahrung in Jahren) und zum anderen an der daraus resultierenden geringen Anzahl der Fälle pro Merkmalsausprägung. Entsprechend konnte auch kein Chi Quadrat-Test angewendet werden, da die Voraussetzungen dafür bei keiner Frage erfüllt wurden. Aus diesem Grund wurde auf eine nähere Ausführung verzichtet.

Folglich werden die relevanten Kreuztabellen aus der unabhängigen Variable „Fachgebiet" (Unterscheidung zwischen Messe-Experten (n=24) und Technologie-Experten (n=13)) und den abhängigen Variablen der Fragen zum Veranstalter gebildet. In den folgenden Abschnitten werden die Ergebnisse der nachstehenden Fragen, welche den Zeithorizont bis 2028 betrachten, vorgestellt.

- Wird AR / VR ein wesentlicher Erfolgsfaktor für Veranstalter sein?
- Wird die Nutzung von AR / VR monetäre Vorteile für Veranstalter haben?
- Wird die Nutzung von AR / VR nicht monetäre Vorteile für Veranstalter haben?
- Werden Aussteller bereit sein, angebotene Dienstleistungen des Veranstalters rund um AR / VR in Anspruch zu nehmen?
- Wird AR / VR eher bei Fachmessen (B2B) oder bei Endverbrauchermessen (B2C) von Veranstaltern verwendet werden?
- Welchen Bedeutungsgrad wird AR / VR für Veranstalter haben?
- Wie wichtig wird die Nutzung von AR / VR für die Veranstalter sein?
- Wird die Nutzung von AR / VR durch die Veranstalter aufgrund praktischer Gründe zunehmen, gleich bleiben oder sinken?
- Wird die Nutzung von AR / VR durch die Veranstalter aufgrund sozial erwarteter Gründe zunehmen, gleich bleiben oder sinken?
- Welche Nutzungsmöglichkeiten von AR / VR können Sie sich für Veranstalter vorstellen?

Abbildung 14: Auszug aus den Fragen der Delphi-Studie
Quelle: Eigene Darstellung.

4.3.1 AR Nutzung des Veranstalters

Die Mehrheit der gesamten Experten gibt mit 60,6 % (mittlere Tendenz, n=33) an, dass AR 2028 für Veranstalter ein wesentlicher Erfolgsfaktor sein wird, wobei die Technologie-Experten eher dieser Meinung sind als die Messe-Experten, deren Tendenz gleichläufig, jedoch weniger stark ist (Technologie-Experten starke Tendenz, Messe-Experten mittlere Tendenz). Der Erfolgsfaktor kommt durch die verbesserte Darstellung von Informationen durch AR, die Steigerung des Erlebnisses der Besucher und die positiven Imageeffekte zustande. Demgegenüber stehen Aussagen, wonach AR 2028 bereits ein Standard sein wird und somit lediglich ein Tool zur Unterstützung.

Bei der weiteren Betrachtung des Erfolgsfaktors spielt die Differenzierung zwischen monetären und nicht monetären Vorteilen eine große Rolle. Die Messe-Experten tendieren stark zu der Meinung (63,3 %, n=22), dass die Nutzung monetäre Vorteile haben wird, wohingegen Technologie-Experten dies verneinen (45,5 %, =schwache Tendenz, n=11). Die Einschätzungen der Experten aus den beiden Fachgebieten weisen folglich eine gegenläufige Tendenz auf, was bedeutet, dass die Messe-Experten ein höheres, monetäres Potential in AR sehen. Monetäre Vorteile könnten die Umsatzsteigerung durch kostenpflichtige Services für Aussteller sein oder Budgeteinsparungen beispielsweise durch die Freisetzung zeitlicher Ressourcen.

Eine gleichläufige Tendenz weisen die beiden Expertengruppen jedoch bei der Frage nach nicht monetären Vorteilen für die Veranstalter auf, die sie beide positiv beantworten, wobei die Messe-Experten eine sehr starke Tendenz (90,9 %, n=22) und die Technologie-Experten eine starke Tendenz (63,6 %, n=11) aufweisen. Als nicht monetäre Vorteile wurden vor allem die Steigerung des Images, der Attraktivität und des Erlebnisses genannt.

Für die Veranstalter ist es essentiell, dass Aussteller bereit sind die angebotenen AR Dienstleistungen in Anspruch zu nehmen und diese auch zu bezahlen, um die oben genannten Vorteile zu generieren. Dies wird durch Verteilung der Antworten bestätigt, die durch eine starke Tendenz beider Fachgebiete gekennzeichnet ist und die entsprechend zu derselben Einschätzung gelangen, wonach Aussteller diese Leistungen buchen würden (Messe-Experten: 86,4 %, n=22; Technologie-Experten: 76,9 %, n=13). Durch das Angebot von AR Services, welche aufgrund des benötigten Know-hows durch spezialisierte AR Dienstleister angeboten werden müssen, können Veranstalter neue Umsätze generieren.

Dabei sind sich die Technologie-Experten einig (100 %, n=12), dass die Art der Messe (Fachmesse (B2B) oder Endverbrauchermesse (B2C)) irrelevant für die Bedeutung der Verwendung von AR Anwendungen sein wird. Zu einem vergleichbaren Ergebnis kommen auch die Messe-Experten, wenngleich sie keine absolute Einigkeit, aber doch eine starke Tendenz aufweisen (68,2 %, n=22). Grund für die übereinstimmende Meinung ist der Nutzen von AR, der beispielsweise in der verbesserten Informationsvermittlung oder der Steigerung des Erlebnischarakters resultiert. Entsprechend groß bzw. sehr groß schätzen die Technologie-Experten die Bedeutung von AR ein (50 %, n=12), was im Einklang mit den Angaben der Messe-Experten steht (54,6 %, n=22). Eine genaue Tendenz kann nicht abgelesen werden, wobei die Gesamtheit der Experten eine eher größere als geringere Bedeutung für die Veranstalter in AR sieht.

Auch die Relevanz der Nutzung von AR sieht die Mehrheit der Experten (58,8 %, n=34) als sehr wichtig bzw. wichtig an. Dabei wird zwischen der Nutzung aufgrund praktischer Gründe und sozial erwarteter Gründe differenziert. Die Experten sind der Auffassung, dass die Nutzung aufgrund praktischer Gründe, wie beispielsweise als Akquiseunterstützung, Indoor Navigation oder der verbesserten Informationsvermittlung, zunehmen wird. Innerhalb der Fachgebiete wird jedoch ersichtlich, dass die Messe-Experten die Entwicklung wesentlich positiver (sehr starke Tendenz, 86,4 %, n=22), als die Technologie-Experten (mittlere Tendenz, 58,3 %, n=12) sehen. Die Einschätzung des positiven Wachstums aufgrund sozial erwarteter Gründe, die auf die Erwartungen der Aussteller und Besucher sowie Imagegründe zurückzuführen sind, weist eine ähnliche Verteilung auf. Auch hier beurteilen die Messe-Experten die Nutzungsentwicklung mit einer sehr starken Tendenz als sehr positiv (95,5 %, n=22), wohingegen bei den Aussagen der Technologie-Experten aufgrund der Gleichverteilung der Antworten keine Tendenz erkennbar ist. Folglich gehen die Technologie-Experten von einer moderaten Steigung aus, wohingegen die Messe-Experten der Meinung sind, dass die Nutzung aufgrund sozial erwarteter Gründe merklich zunehmen wird. Dieser Bewertungsunterschied könnte aufgrund potentieller technischer Hürden, wie beispielsweise mangelnde Leistungsfähigkeit des Endgerätes oder persönlicher Hürden, wie die Ablehnung der Nutzung aufgrund der eigenen Datensensibilität oder der technischen Affinität der Person, zustande kommen. Darüber hinaus geben die Experten an, dass AR 2028 bereits eine Standardtechnologie mit degressivem Wachstumspotential sein wird. Der Phi-Wert dieser Frage beträgt 0,537, was einer starken Korrelation entspricht, d.h. die Zugehörigkeit zum Fachgebiet und die Einschätzung der Nutzungsentwicklung aufgrund sozial erwarteter Gründe korrelieren stark miteinander, wobei das Ergebnis statistisch sehr signifikant ist (p=0,002).

Als mögliche Nutzungsmöglichkeiten wurden von den Experten Indoor Navigation, das Einblenden von Zusatzinformationen bzw. Produktpräsentationen als Service für Aussteller, Matchmaking (zwischen Ausstellern und Besuchern), Gamification oder eine virtuelle Messehostess genannt.

4.3.2 VR Nutzung des Veranstalters

Die Meinungen der Experten, inwieweit VR ein Erfolgsfaktor für Veranstalter sein wird, stehen im Gegensatz, d.h. mit gegenläufiger Tendenz, zueinander. Die Technologie-Experten sehen VR als Erfolgsfaktor an (58,3 %, n=12), wohingegen die Messe-Experten der gegenteiligen Meinung sind (starke Tendenz, 36,4 %, n=22). Durch die Verteilung der Experten auf die beiden Fachbereiche Messe und Technologie (AR / VR) und die daraus resultierende Gewichtung, ist das Gesamtergebnis jedoch negativ, d.h. die Mehrheit der Experten ist der Auffassung, dass VR 2028 für Veranstalter kein Erfolgsfaktor sein wird (schwache Tendenz,

55,9 %, n=34). Anderer Meinung sind die restlichen 44,1 % der Experten, die in der Verwendung von VR einen wesentlichen Erfolgsfaktor sehen.

Grundlegend für einen etwaigen Erfolg sind monetäre und nicht monetäre Vorteile, die die Nutzung von VR mit sich bringt. Dabei sehen Technologie-Experten ein tendenziell höheres Potential in der Generierung monetärer Vorteile (54,5 %, n=11) als Messe-Experten, die sogar von dieser Meinung abweichen (40,9 %, = mittlere Tendenz, n=22). Als Begründung geben die Experten an, dass der Einfluss von VR zu gering ist, um monetäre Vorteile generieren zu können und zudem die Investitionskosten, die mit VR Anwendungen einhergehen zu hoch sind. Einig sind sich die Experten jedoch, dass die Nutzung von VR nicht monetäre Vorteile für Veranstalter erzeugt (mittlere Tendenz, 61,8 %, n=34), zu welchen beispielsweise die Steigerung der Attraktivität von Messen generell, die Stärkung der Markenbildung der Messe oder die Verbesserung des Images zählen können. Bei genauerer Betrachtung unterscheiden sich jedoch die Stärke der Tendenzen: Technologie-Experten sehen eher nicht monetäre Vorteile (starke Tendenz, 66,7 %, n=12) als Messe-Experten (mittlere Tendenz, 59,1 %, n=22).

Die genannten Vorteile können jedoch nur realisiert werden, wenn auch die Aussteller bereit sind, für VR Dienstleistungen Budget einzusetzen. Diese Auffassung vertreten alle Experten, wobei die Messe-Experten eine höhere Tendenz aufweisen (81,0 %, n=21) als Technologie-Experten (69,2 %, n=13). Dabei spielt es laut der Experten keine Rolle, ob VR auf B2B- oder B2C-Messen eingesetzt wird (sehr starke Tendenz, 76,5 %, n=34), lediglich die Einsatzgebiete können variieren. So wird VR auf B2B-Messen eher als Informationsvermittlung und auf B2C-Messen eher als Emotionsvermittlung sowie in Form von Gamification eingesetzt werden.

Trotz des breiten Spektrums, das mit VR Anwendungen abgedeckt werden kann, sind sich die Experten uneinig über den Bedeutungsgrad, den VR für Veranstalter haben wird. Die Messe-Experten sehen eine mittlere bis große Bedeutung (68,2 %, n=22), jedoch waren Technologie-Experten häufiger der Meinung, dass VR eine geringe bis gar keine Bedeutung haben wird (41,6 %, n=12). Diese eher negative Bewertung der Technologie-Experten spiegelt sich auch in der Bewertung der Wichtigkeit der Nutzung von VR durch die Veranstalter wieder. Sie geben eine nicht wichtige bis weniger wichtige Nutzungsrelevanz an (50,0 %, n=12). Diese Position begründen sie mit dem zu geringen Einfluss von VR, die lediglich als Tool dienen wird. Im Gegensatz dazu stufen 45,5 % (n=22) der Messe-Experten die Nutzung als wichtig ein, da Veranstalter im Wettbewerb bestehen und entsprechend die Geschäftsmodelle anpassen müssen. Als Beispiel nennen sie die Organisation virtueller Messen.

Die Bestandteile der Nutzungsbedeutung sind sowohl praktische als auch sozial erwartete Gründe. Da das aktuelle Niveau kaum unterschritten werden kann, sind sich die Experten-Gruppen einig, dass die Nutzung aufgrund praktischer Gründe zunehmen wird. Als Beispiel führen sie die Durchführung virtueller Messen an, die zeitlich unabhängiger sind und einen effizienteren Ressourceneinsatz erlauben (Messe: starke Tendenz, 63,6 %, n=22; Technologie: mittlere Tendenz, 58,3 %, n=12). Diese virtuelle Messe könnte in Form einer Zwillingsmesse bzw. Ganzjahresmesse das Portfolio der Veranstalter erweitern. Demgegenüber sehen einige Experten (38,2 %, n=34) keinen Mehrwert in VR, weshalb Veranstalter nur die nötigsten Investitionen tätigen und die aus VR resultierenden Auswirkungen laut der Experten zu vernachlässigen sind. Analog zu den praktischen Gründen sprechen sich die Messe-Experten auch bei den sozial erwarteten Gründen für eine Zunahme aus, die sie mit der Erfüllung der Erwartungshaltung der Kunden begründen (starke Tendenz, 68,2 %, n=22). Zu einem abweichenden Ergebnis gelangen jedoch die Technologie-Experten, die eine gleichbleibende Nutzung prognostizieren (mittlere Tendenz, 58,3 %, n=12). Die Experten beider Positionen argumentieren, dass VR bis 2028 bereits ein Standard sein wird, weshalb vermutet werden kann, dass die Experten, trotz gleicher Meinung, die Frage unterschiedlich interpretiert haben.

Potentielle Nutzungsmöglichkeiten von VR sehen die Experten in der Ergänzung bestehender Messen durch virtuelle Welten, die sie als ganzjährige „Zwillingsmesse" deklarieren. Dieser VR Service ist für Aussteller kostenpflichtig und laut der Experten besteht auch ein monetäres Potential durch virtuelle Messebesucher, welches bei entsprechender Qualität generiert werden kann. Darüber hinaus bieten CAVEs den Ausstellern die Möglichkeit, das Kundenerlebnis und die Informationsvermittlung vor Ort zu verknüpfen, um Aufmerksamkeit zu generieren und dadurch den Verkauf von Produkten zu stimulieren.

4.3.3 Vergleich der AR und VR Nutzung

Nachdem die Ergebnisse der beiden Fachgebiete verglichen wurden, folgt eine Betrachtung der Ergebnisse zwischen den beiden Technologien AR und VR mithilfe der jeweiligen Pendantfrage.

Zunächst wurde festgestellt, dass Technologie-Experten sowohl AR als auch VR 2028 als Erfolgsfaktor für Veranstalter ansehen. Dies steht im Widerspruch zu den Angaben der Messe-Experten, die zwar AR, jedoch nicht VR als Erfolgsfaktor benennen und demnach AR ein größeres Potential einräumen, was sie damit begründen, dass der Entwicklungsfokus auf AR liegen würde. Diese beiden Ansichten könnten ggf. auch am fehlenden Know-how der jeweils anderen Branche bzw. der Unsicherheit für den Zeithorizont von 10 Jahren liegen.

Eine gegenläufige Tendenz zwischen den Expertengruppen findet sich auch bei weiteren Fragen wieder. So schätzen die Experten das monetäre Potential unterschiedlich ein: Messe-Experten sehen häufiger das monetäre Potential in AR, während Technologie-Experten dieses eher VR zuschreiben (schwache Tendenz). Als monetären Vorteil führen die Experten die Generierung neuer Umsätze durch AR/VR Dienstleistungen auf. Da das monetäre Potential für eine mögliche Geschäftsmodellinnovation essentiell ist, wurden weitere Quellen zur genaueren Betrachtung herangezogen. Unsicher über die tatsächliche Höhe des wirtschaftlichen Potentials sind sich auch, neben den Experten der Delphi-Studie, weitere Experten wie beispielsweise KPMG, der Bitkom oder Digi-Capital, wobei sie alle die Attraktivität beider Technologien für Unternehmen unterstreichen. Die Studien sind universell zu verstehen und nicht auf eine bestimmte Branche, wie etwa die Messewirtschaft, spezialisiert. So schätzt KPMG das wirtschaftliche Potential von AR und VR Software, Hardware und Services bis 2025 auf circa 90 Milliarden US-Dollar weltweit. Eine Studie des Bitkom und Deloitte prognostiziert für den B2B Markt in Deutschland bis 2020 einen Umsatz von circa 3 Milliarden Euro (BMWi, 2017a, S. 43 f.; Deloitte, Fraunhofer-Institut & Bitkom, 2016, S. 11; KPMG, 2016, S. 13). Diese Quellen unterscheiden jedoch nicht zwischen AR und VR und den dazugehörigen Umsätzen mit Hardware, Software sowie Services. Die 2018 von Digi-Capital veröffentliche Studie eignet sich indes für eine differenziertere Betrachtung. Sie unterscheidet sowohl zwischen AR und VR als auch zwischen den eingesetzten Endgeräten (Smartphones,

Datenbrillen und CAVEs). Digi-Capital schätzt den globalen Umsatz bis 2022 allein von AR auf 90 Milliarden US-Dollar, während sie VR einen prognostizierten Umsatz von 15 Milliarden einräumt. Die Verteilung des Umsatzes ist in Abbildung 11 zu sehen, wobei auffällt, dass Mobile AR (die AR Anwendungen, die auf dem Smartphone ausgeführt werden) den höchsten Anteil innehat. Als Gründe für diese Prognose werden die verbesserten Hardwaregeräte sowie Webservices genannt, die Unternehmen eine eigenständige Erstellung von AR Inhalten ermöglichen (Digi-Capital, 2018; Photoindustrie Verband, 2018). Dies unterstreicht die Ansicht der Experten, die Smartphones für die Verwendung von AR Anwendungen führend sehen (88,6 %, n=91, Mehrfachnennung möglich). Der „Bring-your-own-device"-Ansatz geht davon aus, dass die Mehrheit der Menschen ein Smartphone besitzt, ständig bei sich trägt und damit vertraut ist und entsprechend keine Leihgeräte zur Verfügung gestellt werden müssen (Schart & Tschanz, 2018, S. 82). Betrachtet man darüber hinaus die Investitionen, die große Tech-Unternehmen wie Google (ARCore), Facebook (AR Studio), Apple (ARKit) oder Microsoft (Microsoft HoloLens) bereits in die Entwicklung von AR Software und Hardware tätigen, kann angenommen werden, dass ein großes wirtschaftliches Potential, wenngleich nicht für alle Unternehmen, vorhanden ist (Eskenazi, 2018).

Allgemein gehen die Messe-Experten eher von einem Wachstum sowohl von AR als auch von VR aufgrund praktischer und sozial erwarteter Gründe aus (sehr starke Tendenz), wohingegen sich die Technologie-Experten eher uneinig sind, inwiefern bis 2028 ein Wachstum erzielt werden kann (mittlere bzw. keine Tendenz).

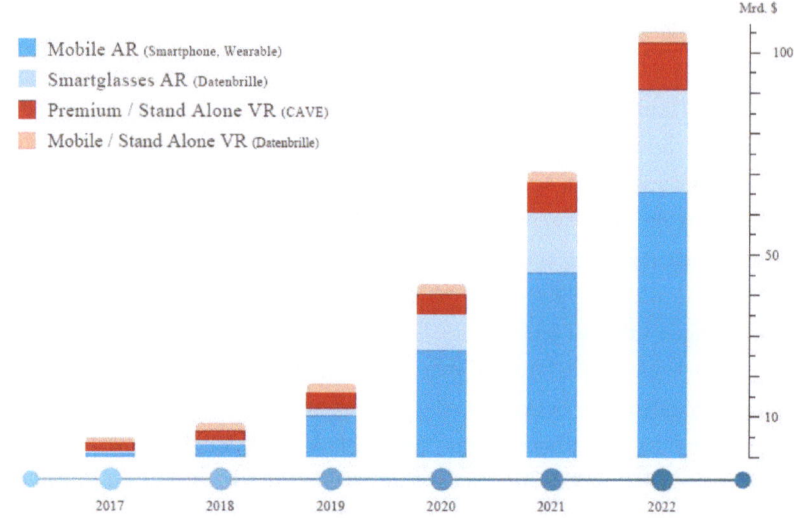

Abbildung 15: Umsatz AR / VR nach Plattformen
Quelle: Vgl. (Digi-Capital, 2018) in (Photoindustrie Verband, 2018).

Eine positive Tendenz weisen Meinungen der Experten bei der Frage auf, ob die Nutzung nicht monetäre Vorteile für Veranstalter haben wird, was sie für beide Technologien bestätigen. Am häufigsten werden dabei die positiven Auswirkungen auf das Image des Veranstalters und der Messe sowie die Attraktivität von Messen genannt. Außerdem sind AR und VR prädestiniert, um Informationen und Emotionen zu vermitteln, was das sekundäre Ziel einer Messe als Ort für Infotainment ist. Dieses Ziel verfolgen auch die Aussteller, die Besucher über ihre Produkte informieren möchten, um dadurch den Verkauf zu fördern. Die Experten sind der Ansicht, dass Aussteller sowohl für AR als auch VR Services Geld ausgeben werden (sehr starke Tendenzen, AR: 82,9 % bei n=35; VR: 76,5 % bei n=34), unter der Voraussetzung, dass eine für die Aussteller angemessenen Kosten-Nutzen-Relation vorliegt. Diese Einschätzung forciert die Gestaltung neuer Services im Rahmen der Geschäftsmodellinnovation, wobei spezialisierte Dienstleister diese anbieten werden. Diese Services werden nach Meinung der Experten sowohl auf B2B- als auch B2C-Messen verwendet werden (sehr starke Tendenz,

AR: 79,4 % bei n=34; VR: 76,5 % bei n=34). Gleichwohl sehen sie den Einsatz auf B2B-Messen eher in der Vermittlung von Informationen und bei B2C-Messen eher in der Vermittlung von Emotion und Spaß durch Gamification.

Die Mehrheit aller Experten sieht bei der Frage des Bedeutungsgrades in AR eine leicht höhere Bedeutung als in VR, wobei aufgrund der Antwortverteilung keine eindeutige Aussage getroffen werden kann. Bei der Wichtigkeit der Nutzung sind die Experten gegenläufiger Meinung: Technologie-Experten geben an, die Nutzung von AR ist für die Veranstalter wichtig bis sehr wichtig (58,4 %, n=12), während sie für VR die Nutzung als nicht wichtig und weniger wichtig einstufen (50 %, n=12). Anders sehen die Messe-Experten die Nutzung, die beide Technologien als wichtig bis sehr wichtig klassifizieren, wobei die Werte für AR leicht höher sind (AR: 59,1 % bei n=22; VR: 45,5 % bei n=22). Bei der genaueren Betrachtung der Begründungen fällt auf, dass die Experten unterschiedlicher Auffassung der Zeitangabe „bis 2028" sind und entsprechend die Fragen unterschiedlich interpretieren und folglich begründen. Ein Teil der Experten geht von einer Zeitspanne, der andere Teil fälschlicherweise von einem Zeitpunkt aus. Darüber hinaus stehen die Ergebnisse im Widerspruch zu der Einschätzung der Erfolgsfaktoren.

5 Zusammenfassung

Die technischen Innovationen Augmented und Virtual Reality, die für Informationsvermittlung sowie Emotionalisierung prädestiniert sind, können aufgrund ihrer charakteristischen Merkmale für die Messewirtschaft und im speziellen für Veranstalter von Messen ein großes Potential darstellen. Diese These sollte einer wissenschaftlichen Betrachtung unterzogen werden.

Hierbei wurde die Delphi-Studie als geeignetes Instrument ausgewählt und durchgeführt. Dabei galt es zunächst, mögliche Experten zu identifizieren und für die Teilnahme an der Studie zu gewinnen. Das Ziel von 30 Experten wurde mit 40 bzw. 37 Experten übertroffen (Erhebungswelle I bzw. II). Der dazugehörige Fragebogen wurde erstellt, getestet und den teilnehmenden Experten zur Bearbeitung übermittelt. Die daraus resultierenden Ergebnisse wurden mittels SPSS ausgewertet und in einem ersten Ergebnisbericht zusammengefasst, welcher den Experten in der zweiten Erhebungswelle als Informationsquelle diente. Die Experten konnten in der Erhebungswelle II die Gesamtheit der Ergebnisse mit ihren eigenen Einschätzungen vergleichen sowie Modifizierungen vornehmen. Die aus den Erhebungswellen I und II resultierende Daten wurden mithilfe von statistischen Mitteln aufbereitet und in einem abschließenden Ergebnisbericht zusammengefasst. Dieser beinhaltete sowohl die Randauszählung, welche die Fragen isoliert voneinander betrachtet, als auch die Subgruppenanalyse, welche die Fragen in Relation zu dem jeweiligen Fachgebiet setzte.

Zusammenfassend lässt sich sagen, dass die Nutzung von AR und VR durch den Veranstalter mit zunehmendem Wettbewerb, indem sich die Veranstalter von Messen bereits befinden, wichtiger werden wird. Eine Differenzierung gegenüber dem Wettbewerber, in Form von Services, Image oder der Innovationsstärke, kann folglich für den Unternehmenserfolg entscheidend sein. Eine Nutzung von AR und VR ist neben der Differenzierung auch dann relevant, wenn es sich um informationsintensive und emotionsbehaftete Produkte, wie sie auf Messen wiederzufinden sind (Infotainment), handelt (KPMG, 2016, S. 68 f.). Die beiden Technologien werden bis 2028 monetäre Vorteile für Veranstalter generieren und somit auch neue Erlöse erzielen. Dies ist jedoch nur der Fall, wenn die Angebote für die Aussteller bzw. Besucher in einer für sie angebrachten

Kosten-Nutzen-Relation stehen, weshalb weitere Aussteller- und Besucherbefragungen dazu dienen können, deren Preissensibilität sowie deren Offenheit gegenüber solchen Angeboten zu ermitteln.

Aufgrund des großen Potentials ist es für Veranstalter empfehlenswert, sowohl AR als auch VR in den kommenden Jahren in ihr Portfolio aufzunehmen. Die richtige Dimensionierung und Umsetzung spielen dabei allerdings eine ebenso wichtige Rolle wie die interne und externe Kommunikation der AR und VR Anwendungen. In erster Linie ist es jedoch wichtig, den Nutzen für den Kunden zu schaffen und zu vermitteln, um langfristig als Dienstleistungsunternehmen und Partner für diesen tätig sein zu dürfen und dadurch die Einnahmen sicherzustellen. Messen sind Abbilder von Märkten auf denen Angebot und Nachfrage zusammentreffen. Veranstalter haben demnach den Auftrag auf Veränderungen der Märkte und auch der Unternehmen einzugehen, um den bestmöglichen Service bieten zu können.

Literaturverzeichnis

Aichholzer, G. (2009). Das ExpertInnen-Delphi: Methodische Grundlagen und Innovationen im Bereich Technoly Foresigt. In A. Bogner, B. Littig, & W. Menz (Hrsg.), Experteninterviews: Theorien, Methoden, Anwendungsfelder (3. Auflage, S. 277-300). Wiesbaden: VS Verlag für Sozialwissenschaften.

Alemann, H. v. (1977). Der Forschungsprozess: eine Einführung in die Praxis der empirischen Sozialforschung. Stuttgart: Teubner Studienskripte.

Atteslander, P. (2010). Methoden der empirischen Sozialforschung (13. Auflage). Berlin: Erich Schmidt Verlag.

Bandara. (2015). VR-Typologie I: Die drei Typen von Virtual Reality Content. Zugriff am 06.06.2018 unter https://www.bandara.ch/blog/vr-typologie-i-die-drei-typen-von-virtual-reality-content/

Batinic, B., & Moser, K. (2005). Determinanten der Rücklaufquote in Online-Panels. Zeitschrift für Medienpsychologie, 17(2), S. 64-74.

Bitkom. (2017). Digitalisierung der Wirtschaft. Zugriff am 14.04.2018 unter https://www.bitkom.org/Presse/Anhaenge-an-PIs/2017/11-November/170119-Bitkom-Charts-Digitalisierung-der-Wirtschaft-28-11-2017-v3.pdf

Bitkom. (2018). Smartphone-Markt: Konjunktur und Trends. Zugriff am 22.07.2018 unter https://www.bitkom.org/Presse/Anhaenge-an-PIs/2018/Bitkom-Pressekonferenz-Smartphone-Markt-22-02-2018-Praesentation-final.pdf

BMWi. (2017a). Mittelstand-Digital: Wissenschaft trifft Praxis. Bad Honnef: Begleitforschung Mittelstand-Digital.

Bogner, A., Littig, B., & Menz, W. (2018). Experteninterviews: Theorien, Methoden, Anwendungsfelder (4. Auflage). Wiesbaden: Springer VS.

Borgmeier, A., Grohmann, A., & Gross, S. F. (2017). Smart Services und Internet der Dinge: Geschäftsmodelle, Umsetzung und Best Practices. München: Carl Hanser Verlag.

Cohen, J. (1988). Statistical power analysis for the behavioral sciences (2. Auflage). Hillsdale (USA): Erlbaum.

Cuhls, K. (2009). Delphi-Befragungen in der Zukunftsforschung. In R. Popp & E. H. Schüll (Hrsg.), Zukunftsforschung und Zukunftsgestaltung: Beiträge aus Wissenschaft und Praxis (S. 207-221). Berlin: Springer.

Cuhls, K., Breiner, S., & Grupp, H. (1995). Delphi-Bericht 1995 zur Entwicklung von Wissenschaft und Technik - Mini-Delphi. Karlsruhe: Fraunhofer-Institut für Systemtechnik und Innovationsforschung.

Dams, C. M., & Luppold, S. (2016). Hybride Events: Zukunft und Herausforderung für Live-Kommunikation (1. Auflage). Wiesbaden: Springer Gabler.

Deloitte, Fraunhofer-Institut, & Bitkom. (2016). Head Mounted Displays in deutschen Unternehmen: Ein Virtual Augmented und Mixed Reality Check. Zugriff am 26.06.2018 unter https://www2.deloitte.com/de/de/pages/technology-media-and-telecommunications/articles/head-mounted-displays-in-deutschen-unternehmen.html

Digi-Capital. (2018). Ubiquitous $90 billion AR to dominate focused $15 billion VR by 2022. Zugriff am 26.06.2018 unter https://www.digi-capital.com/news/2018/01/ubiquitous-90-billion-ar-to-dominate-focused-15-billion-vr-by-2022/#.WzIWPtIzbIU

Döring, N., & Bortz, J. (2016). Forschungsmethoden und Evaluation in den Sozial- und Humanwissenschaften (5. Auflage). Berlin: Springer Verlag.

Dörner, R., Broll, W., Grimm, P., & Jung, B. H. (2013). Virtual und Augmented Reality (VR / AR): Grundlagen und Methoden der Virtuellen und Augmentierten Realität. Berlin [u.a.]: Springer Vieweg.

Eskenazi, M. (2018, 18.-19.04.2018). Is the AR hype already over? What can we expect next for AR. Paper presented at the Dublin Tech Summit, Dublin (Irland).

Google VR. (2018a). Google Cardboard. Zugriff am 29.06.2018 unter https://vr.google.com/intl/de_de/cardboard/get-cardboard/

Häder, M. (2000). Die Expertenauswahl bei Delphi-Befragungen. Mannheim: Zuma - Zentrum für Umfragen, Methoden und Analysen.

Häder, M. (2014a). Delphi-Befragungen. Wiesbaden: Springer Fachmedien.

Häder, M. (2014b). Delphi-Befragungen: Ein Arbeitsbuch (3. Auflage). Wiesbaden: Springer VS.

Häder, M., & Häder, S. (2000). Die Delphi-Technik in den Sozialwissenschaften: methodische Forschungen und innovative Anwendungen. Wiesbaden: Westdeutscher Verlag.

Jung, T., & tom Dieck, M. C. (2018). Augmented Reality and Virtual Reality: Empowering Human, Place and Business. Cham (Schweiz): Springer International Publishing.

Kaiser-Neubauer, C. (2018). Gesichtserkennung im Aquarium-Tunnel. Zugriff am 13.05.2018 unter http://www.sueddeutsche.de/wirtschaft/cyber-messen-gesichtserkennung-im-aquarium-tunnel-1.3957225

Kirchgeorg, M., Dornscheidt, W. M., & Stoeck, N. (Hrsg.). (2017). Handbuch Messemanagement: Planung, Durchführung und Kontrolle von Messen, Kongressen und Events (2. Auflage ed.). Wiesbaden: Springer Gabler.

Kooning. (2018). Virtual (VR), Augmented (AR) und Mixed Reality (MR). Zugriff am 05.06.2018 unter https://knooing.de/2018/01/24/virtual-vr-augmented-ar-und-mixed-reality-mr/

Korgel, D. (2018). Virtual Reality-Spiele entwickeln mit Unity: Grundlagen, Beispielprojekte, Tipps & Tricks. München: Carl Hanser Verlag.

KPMG. (2016). Neue Dimensionen der Realität: Eine Analyse der Potenziale von Virtual und Augmented Reality für Unternehmen. München: KPMG AG Wirtschaftsprüfungsgesellschaft.

Kromrey, H. (2009). Empirische Sozialforschung: Modelle und Methoden der standardisierten Datenerhebung und Datenauswertung (12. Auflage). Stuttgart: Lucius & Lucius Verlagsgesellschaft.

Kühl, S. (2017). Märkte explorieren: Eine kurze organisationstheoretisch informierte Handreichung. Wiesbaden: Springer VS.

Linstone, H. A., & Turoff, M. (2002). The Delphi method: Techniques and Applications: Murray Turoff and Harold A. Linstone.

Mehler-Bicher, A., & Steiger, L. (2014). Augmented Reality: Theorie und Praxis (2. Auflage). München: Oldenbourg Wissenschaftsverlag.

Mehler-Bicher, A., & Steiger, L. (2017). Augmentierte und Virtuelle Realität. In A. Hildebrandt & W. Landhäußer (Hrsg.), CSR und Digitalisierung: Der digitale Wandel als Chance und Herausforderung für Wirtschaft und Gesellschaft (S. 127-142). Berlin [u.a.]: Springer Gabler.

Photoindustrie Verband. (2018). Trend Report: AR tritt aus dem Schatten von VR. Zugriff am 18.06.2018 unter https://www.piv-imaging.com/files/587/PIV_Trendreport_2018-Ausgabe2.pdf

Röhrich, M. (2017). Virtual Reality - Neue Dimensionen der Wahrnehmung. In M. Dinkel, M. Schenk, & S. H. Ronft (Hrsg.), Veranstaltungstechnik im Kontext von Coporate Events (S. 55-61). Mannheim: Duale Hochschule Baden-Württemberg Mannheim.

Schart, D., & Tschanz, N. (2018). Augmented und mixed reality: für Marketing, Medien und Public Relations (2. Auflage). Konstanz: UVK Verlagsgesellschaft.

Schmalstieg, D., & Höllerer, T. (2016). Augmented reality: principles and practice (1. Auflage). Boston (USA): Addison-Wesley.

Schnell, R., Hill, P. B., & Esser, E. (2013). Methoden der empirischen Sozialforschung (10. Auflage). München: Oldenbourg Wissenschaftsverlag.

Slater, M., & Wilbur, S. (1997). A Framework for Immersive Virtual Environments (FIVE): Speculations on the Role of Presence in Virtual Environments. Presence: Teleoperators and Virtual Environments, 6(6), S. 603-616. doi:10.1162/pres.1997.6.6.603

Steinmüller, K. (1997). Grundlagen und Methoden der Zukunftsforschung: Szenarien, Delphi, Technikvorausschau. Gelsenkirchen: Sekretrariat für Zukunftsforschung.

Vahs, D., & Brem, A. (2015). Innovationsmanagement: von der Idee zur erfolgreichen Vermarktung (5. Auflage). Stuttgart: Schäffer-Poeschel Verlag.

Vorgrimler, D., & Wübben, D. (2003). Die Delphi-Methode und ihre Eignung als Prognoseinstrument. Statistisches Bundesamt Wirtschaft und Statistik, 2003(8), S. 763-774.

Wassermann, S. (2015). Expertendilemma. In M. Niederberger & S. Wassermann (Hrsg.), Methoden der Experten- und Stakeholdereinbindung in der sozialwissenschaftlichen Forschung (S. 15-32). Wiesbaden: Springer VS.

VIRTUAL REALITY BEI FACHMESSEN AUS VERANSTALTERSICHT

EMPIRISCHE UNTERSUCHUNG ÜBER DIE WERTSCHÖPFENDE EINBINDUNG UND NUTZUNG DER TECHNOLOGIE ZUR ABLEITUNG VON HANDLUNGSIMPLIKATIONEN

Maximilian Metzger

Inhaltsverzeichnis

Abbildungsverzeichnis

1 Einleitung

1.1 Ausgangssituation

„Deutsche Unternehmen werden im Jahr 2020 knapp 850 Millionen Euro in Virtual- und Mixed-Reality-Lösungen investieren. Den Löwenanteil machen hierbei innovative Anwendungen aus." (Deloitte, Fraunhofer FIT & Bitkom, 2016, S. 2)

Auch zwei Jahre nach dem Erscheinen der Studie von Deloitte, dem Fraunhofer-Institut für Angewandte Informationstechnik FIT und dem Digitalverband Bitkom sind die innovativen Technologien mit ihren vielfältigen Anwendungsmöglichkeiten keineswegs aus dem Fokus verschwunden, sondern sind als zentrale Technologietrends im Rahmen der Digitalisierung zu bezeichnen.

Sowohl globale Experten wie MARK ZUCKERBERG, Gründer und Vorstandsvorsitzender von Facebook, als auch nationale Fachleute wie SVEN ZEHL, Referent für Industrial Internet & IoT bei Bitkom, sehen in Augmented Reality (AR) und Virtual Reality (VR) einen richtungsweisenden Zukunftstrend, der das Potenzial besitzt, einen Paradigmenwechsel in der Computertechnik einzuläuten. (Zehl, 2018, S. 84ff; Kümmeler, 2018, o. S)

In der Gaming- und Unterhaltungsbranche, also insbesondere im Business-to-Customer (B2C)-Bereich, ist VR bereits allgegenwärtig und nicht mehr wegzudenken. (Statista, 2016, S. 2) Auch im Business-to-Business (B2B)-Bereich werden die Technologien bereits in einigen Bereichen (z.B. Automotiv, Medizin, Militär) eingesetzt und von einem Großteil der Unternehmer als relevant eingestuft (Gross, 2017, o. S). Dennoch sind viele Unternehmen, insbesondere kleine und mittlere Unternehmen (KMU), noch zurückhaltend, was den Einsatz von und die Investitionen in VR angehen. (Zehl, 2018, S. 86)

Bei einer parallelen Betrachtung der MICE-Branche fällt auf, dass sich diese ebenso intensiv mit der digitalen Transformation auseinandersetzt. (Luppold, 2018, S. 30ff)

Diverse Studien und Publikationen der Branchenverbände, des Ausstellungs- und Messe-Ausschuss der Deutschen Wirtschaft e.V. (AUMA) und der Union des

Foires Internationales (UFI), beschäftigen sich mit der Zukunft des Messewesens und der Entwicklung von Fachmessen, insbesondere im Hinblick auf den Wandel zu digitalen Kommunikations- und Vertriebsinstrumenten und den sich damit verändernden Anforderungen und Ansprüchen der Kunden. (Kirchgeorg, Ermer & Wiedmann, 2012, S. 9ff) Besonders die Anpassungen an die durch die Digitalisierung einhergehenden Einflüsse und Potenziale sind von hoher Relevanz, damit Messen auch in der Zukunft ihre Attraktivität als B2B-Kommunikationstool behalten. (von Lukas, 2007, S. 111ff)

Für 84% der ausstellenden Unternehmen stellen Messen im Jahr 2018 ein sehr wichtiges oder wichtiges B2B-Kommunikationstool im Marketing-Mix dar und sind im Vergleich zu anderen Instrumenten an zweiter Stelle hinter der firmeneigenen Homepage anzusiedeln. Bei mehr als drei Viertel der durch den AUMA befragten Unternehmen wird die Bedeutung in Zukunft gleichbleiben oder sogar noch zunehmen. (AUMA, 2018a, S. 16ff)

Dennoch muss die Frage gestellt werden, ob die digitale Transformation im Messewesen als Substitut und demnach Ersatz von bestehenden, klassischen Messeformaten und Live-Kommunikation oder als Komplementarität für innovative und fortschrittliche Zukunftsformate zu sehen ist. (Luppold, 2018, S.31)

Auch wenn sich die Messebranche bislang nicht disruptiv verändert hat, haben die Messegesellschaften die hohe Bedeutung der Digitalisierung erkannt und diesen Bereich – beispielsweise durch die Gründung eines digitalen Geschäftsbereichs – strategisch auf Geschäftsführerebene verankert. (Delfmann & Dorn, 2016, S. 8f) Auf Rückfragen äußern sich die deutschen Messegesellschaften sehr positiv zum Fortschritt hinsichtlich der digitalen Transformation. Allerdings können sie häufig keine offenkundigen Antworten zu geplanten Services oder konkreten Mehrwerten für die Kunden geben. Für den digitalen Wandel müssen gewisse Voraussetzungen (z.B. flächendeckende WLAN-Versorgung) geschaffen werden, die bislang noch nicht auf jedem Messeplatz in entsprechender Form erfüllt bzw. gewährleistet werden. (Kaufmann, 2018, S. 26ff)

Ziel der Messegesellschaften muss es sein, zielgruppenadäquate digitale Angebote und Geschäftsmodelle zu entwickeln, die dem Kunden einen Mehrwert bieten, indem sie sich in ein Messekonzept einfügen lassen und demnach langfristig auch für Messeveranstalter als wertschöpfendes Element fungieren können.

Hierbei handelt es sich um keine einfache Aufgabe, die zudem hohe Investitionen in die vorhandene Infrastruktur erfordert. (Kaiser-Neubauer, 2018, o. S.)

Technologien wie VR sind nur ein Teilaspekt der Digitalisierung. Sie könnten sich aber durch ihre zahlreichen Möglichkeiten bei passgenauer Nutzung und Mehrwertgenerierung zu einem Alleinstellungsmerkmal entwickeln, wodurch sich eine Messegesellschaft oder eine Fachmesse von ihrer Konkurrenz entscheidend abheben kann. (Luppold, 2018, S. 32; Karle, 2018, o. S.)

1.2 Zieldefinition

In dieser Arbeit soll erhoben werden, ob es sinnvoll ist, VR in das Konzept einer Fachmesse zu integrieren und in welcher Form die Technologie aus Sicht eines Messeveranstalters wertschöpfend eingesetzt und eingebunden werden kann.

Es soll insbesondere untersucht werden, welche Potenziale VR im B2B-Bereich bietet und ob diese nutzenbringend für den Veranstalter einsetzbar und für Fachmessen adoptierbar sind. Hierbei sollen folgende Prämissen berücksichtigt werden:

- Generierung von Wertschöpfung seitens des Messeveranstalters
- Generierung eines Mehrwerts für Aussteller und Besucher

Abschließende Zielsetzung dieser Bachelorthesis ist es, mittels der gewonnenen Erkenntnisse durch die empirische Untersuchung, zentrale Handlungsimplikationen für Messeveranstalter hinsichtlich der Einbindung und Nutzung von VR bei Fachmessen abzuleiten.

Eine kompakte Darstellung findet sich in der nachstehenden Abbildung:

Abbildung 1: Zieldefinition der wissenschaftlichen Arbeit
Quelle: Eigene Abbildung.

1.3 Aufbau und Methodik

Die methodische Vorgehensweise der vorliegenden Arbeit gliedert sich in mehrere Teilbereiche auf.

Nach der Hinführung zur Thematik im ersten Kapitel werden im Kapitel 2 die theoretischen Grundlagen, welche auf den beiden Eckpfeilern Fachmessen und Virtual Reality basieren, erörtert und es erfolgt ein Systematisierungsansatz.

Hierfür werden im ersten Abschnitt „Bedeutung und Entwicklung von Fachmessen" zunächst elementare, grundlegende Aspekte zu Fachmessen dargestellt. Daraufhin wird die Beziehungstriade zwischen Aussteller, Besucher und Veranstalter hinsichtlich der jeweiligen Geschäftsbeziehungen, Rollen und Ziele analysiert. Abschließend wird der aktuelle Stand und die Bedeutung der digitalen Transformation im Messewesen betrachtet. Diese Grundlagen werden mithilfe von Fachliteratur sowie fachrelevanten Artikeln, Studien und Publikationen erarbeitet. Hierbei handelt es sich um Sekundärforschung, auch Desk-Research genannt. (Wöhe, Döring & Brösel, 2016, S. 378f)

Der zweite Abschnitt „Charakteristika und Potenziale von Virtual Reality" beginnt mit einer Definition von Virtual Reality und grenzt diese von weiteren, verwandten Technologien ab. Nach der Darstellung der fundamentalen Grundlagen sowie des technischen Hintergrunds schließt das Kapitel mit einer Betrachtung der öffentlichen Wahrnehmung und bereits bestehenden Anwendungsfeldern. Darüber hinaus werden die Marktentwicklung und die Zukunftsfähigkeit betrachtet. Nach Möglichkeit wird für diesen Abschnitt ebenso Fachliteratur herangezogen. Da es sich allerdings um ein dynamisches, digitales Themenfeld handelt, wird vermehrt auf Online-Ressourcen zurückgegriffen, die sich aktiv mit der Thematik und aktuellen Entwicklungen auseinandersetzen. Analog zum ersten Abschnitt handelt es sich ebenso um Sekundärforschung (Desk-Research).

Im dritten Abschnitt wird das Forschungsobjekt in den Kontext der Diffusionstheorie nach Rogers über die Adoption von Innovationen eingebunden und in einem großen Rahmen eingeordnet. Hier werden zunächst die fachwissenschaftlichen Grundlagen der Theorie betrachtet und anschließend erfolgt die Einbettung der vorliegenden Thematik in die bestehenden Zusammenhänge.

Die empirische Untersuchung im anschließenden Kapitel 3 baut auf den gewonnenen Daten und Fakten der betrachteten Grundlagen sowie des Systematisierungsansatzes aus dem vorangegangen Kapitel 2 auf. Hierbei handelt es sich um Primärforschung, auch Field-Research genannt. (Wöhe et al., 2016, S. 379)

Es wird zunächst zwischen quantitativen und qualitativen Forschungsmethoden unterschieden und begründet, weshalb eine qualitative Untersuchung in Form von Experteninterviews vorgenommen wird. Insgesamt werden hierfür neun Experten mit unterschiedlichen Blickwinkeln aus verschiedenen Schlüsselpositionen ausgewählt und interviewt. Die einzelnen Experten sollen hierbei mittels gezielter Fragen die entstehenden Chancen und Risiken bei der Einbindung und Nutzung von Virtual Reality bei Fachmessen aus Veranstaltersicht kritisch betrachten und aus ihrer Sicht bewerten. Die Aussagen der Experten werden schriftlich in einem Ergebnisprotokoll festgehalten. Die Auswertung und Interpretation der gewonnenen Daten der empirischen Untersuchung erfolgt mittels einer qualitativen Inhaltsanalyse nach MAYRING. (Mayring, 2015, S. 17ff)

Die daraus sich ergebenden Erkenntnisse dienen dann als Grundlage für die Ableitung zentraler Handlungsimplikationen in Kapitel 4.

Die Arbeit schließt in Kapitel 5 mit einer kritischen Würdigung und gibt einen thematischen Ausblick hinsichtlich eines potenziellen zukünftigen, folgenden Forschungsobjektes.

In der nachstehenden Abbildung ist der Aufbau der Arbeit noch einmal grafisch dargestellt:

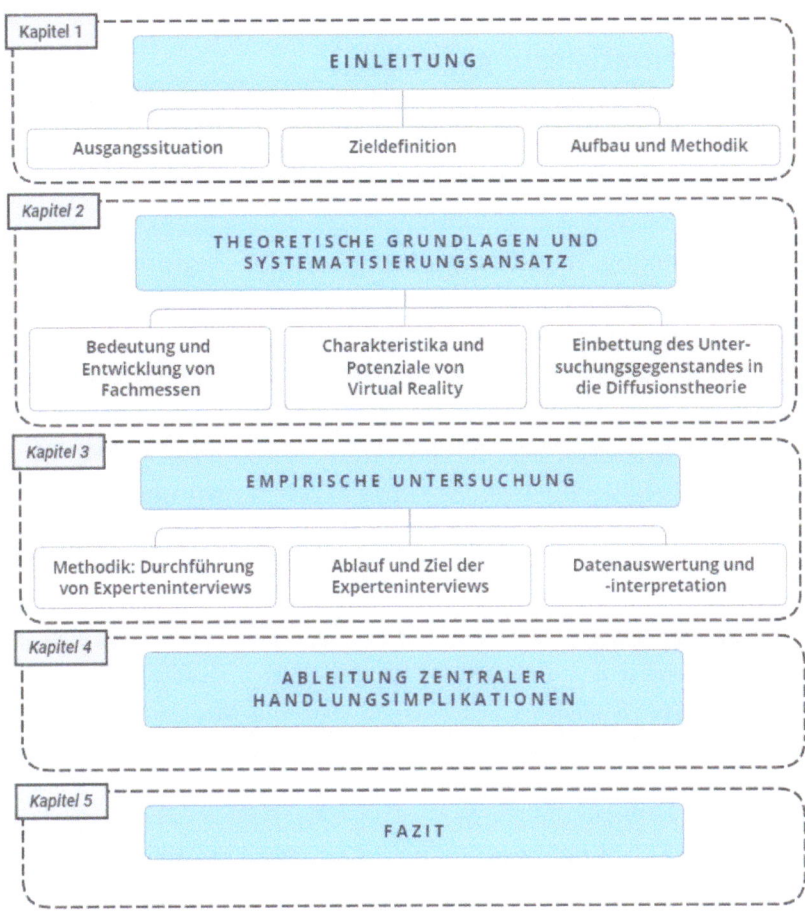

Abbildung 2: Struktur der wissenschaftlichen Arbeit
Quelle: Eigene Abbildung.

2 Theoretische Grundlagen und Systematisierungsansatz

2.1 Bedeutung und Entwicklung von Fachmessen

2.1.1 Einordnung, Begriffsabgrenzung und Typologisierung

Bedeutung und Einordnung von Fachmessen

Messen haben sich seit der ersten urkundlichen Erwähnung im 6. Jahrhundert kontinuierlich weiterentwickelt, den europäischen Handel und das Wirtschaftsleben entscheidend mitgestaltet. Sie sind in ihrer heutigen Form als Marketing- und Kommunikationsinstrument fest im Marketing-Mix von Unternehmen integriert. (Rodekamp, 2017, S. 3ff; Neven, 2005, S. 75ff)

Wird der Marketing-Mix aus Sicht von ausstellenden Unternehmen betrachtet, so lassen sich Messen im Kommunikations-Mix in dem Bereich der Below-the-Line Kommunikation einordnen. (Meffert, Burmann, Kirchgeorg, 2008, S. 677ff) Insbesondere durch die Möglichkeit des direkten Kundenkontakts nehmen Messen einen besonderen Stellenwert im Marketing-Mix ein. Dieser bewegt sich seit Jahren trotz der steigenden Anzahl von Kommunikationsinstrumenten auf einem konstant hohen Niveau. (AUMA, 2018a, S. 16ff)

Im weltweiten Vergleich lässt sich Deutschland als Messeplatz Nummer 1 ausmachen, da über zwei Drittel aller Welt-Leitmessen hierzulande lokalisiert sind. (Kirchgeorg, Springer & Brühe, 2009, S. 97) Jährlich finden rund 350 Messen und Ausstellungen mit über 230.000 Ausstellern und knapp 16 Mio. Besucher in Deutschland statt, was die gesamtwirtschaftliche Bedeutung von Messen unterstreicht. (AUMA, 2017b, S. 2ff) Insbesondere durch die Umwegrentabilität bei Veranstaltungen entstehen positive volkswirtschaftliche Effekte und Impulse, durch die Branchen wie das Hotel- und Gastronomiegewerbe oder die Transportindustrie profitieren. Dies schlägt sich letztendlich in Form von höheren Steuererträgen nieder, schafft und sichert aber gleichermaßen Arbeitsplätze. (Kamm, 2017, S. 180f)

In absoluten Zahlen ausgedrückt ergab eine des AUMA beauftragte Studie durch das ifo-Institut eine durchschnittliche Ausgabensumme (aufgeteilt in Ausgaben von Ausstellern, Besuchern und Veranstaltern) von rund 14,5 Mrd. € pro Jahr, die durch direkte und indirekt angestoßene Multiplikator-Wirkungen einen jährlichen Produktionseffekt von 28 Mrd. € verursacht. Dies führt zu einem Steueraufkommen von knapp 4,5 Mrd. € und einem Beschäftigungseffekt von knapp 231.000 Personen. (AUMA, 2018b, o. S) Die Produktionseffekte sind gegenüber der letzten Untersuchung vor neun Jahren (2009) um rund 20% gestiegen. (Penzkofer, 2017, S. 116; AUMA, 2009, S. 9ff)

Im Vergleich dazu lag der Umsatz der deutschen Messeveranstalter im Jahr 2016 bei insgesamt 3,9 Mrd. €. (AUMA, 2017b, S. 3)

Begriffsabgrenzung und Definition

Sowohl im Fachtermini als auch im allgemeinen Sprachgebrauch werden die beiden Begriffe Messe und Ausstellung häufig synonym zueinander verwendet, da sich die beiden Veranstaltungsformate häufig nicht voneinander abgrenzen lassen bzw. ineinander übergehen. (Kirchgeorg et al., 2009, S. 97ff) So steht bei Messen der gewerbliche Charakter (B2B) mit einer Fokussierung auf Fachbesucher im Vordergrund, während Ausstellungen eher der Repräsentation und Vermittlung von Informationen für die allgemeine Öffentlichkeit (B2C) dienen. (Kirchgeorg, 2017, S. 34ff)

Beide Begriffe sind durch eine Legaldefinition in der Gewerbeordnung voneinander abgegrenzt. Im Folgenden wird jedoch lediglich auf den Begriff der Messe eingegangen. Gemäß §64 der Gewerbeordnung lassen sich Messen wie folgt definieren: (Gewerbeordnung, 2018, §64)

„(1) Eine Messe ist eine zeitlich begrenzte, im allgemeinen regelmäßig wiederkehrende Veranstaltung, auf der eine Vielzahl von Ausstellern das wesentliche Angebot eines oder mehrerer Wirtschaftszweige ausstellt und überwiegend nach Muster an gewerbliche Wiederverkäufer, gewerbliche Verbraucher oder Großabnehmer vertreibt.

(2) Der Veranstalter kann in beschränktem Umfang an einzelnen Tagen während bestimmter Öffnungszeiten Letztverbraucher zum Kauf zulassen."

Wird im gleichen Zuge die seitens des AUMA im Jahre 1996 verabschiedete Definition von Messen betrachtet, fallen kaum Unterschiede auf. Die beiden Definitionen stimmen größtenteils überein. (Kirchgeorg, 2017, S. 33ff) Diese Definition des AUMA wird von selbigem allerdings inzwischen nicht mehr explizit aufgeführt, sondern es wird auf die Definition aus der Gewerbeordnung verwiesen. (AUMA, 2013, S. 2)

Typologisierung von Messen

Die Systematisierung von Messen ist sowohl in der Forschung als auch in der Praxis ein gängiges Mittel, um jene zu kategorisieren, diese voneinander abzugrenzen und zu unterscheiden. Daraus ergibt sich beispielweise die Möglichkeit, Problemlösungen, die für eine bestimmte Messe entwickelt wurden, bei identischen Messetypen ebenfalls anzuwenden, da diese ähnliche Charakteristika aufweisen. (Kirchgeorg, 2017, S. 44f)

Es existieren diverse Varianten, um eine Klassifizierung von Messen durchzuführen. Der AUMA beschränkt sich hierbei insbesondere auf die Internationalität einer Veranstaltung und unterscheidet zwischen internationalen, nationalen und regionalen Messen. (AUMA, 2013, S. 1) Weitere Kriterien neben der geografischen Herkunft der Messebeteiligten können bspw. die angebotenen Güterklassen (Konsum-, Investitionsgüter-, Dienstleistungsmessen), die Breite des Angebotes (Universal-/Mehrbranchenmessen, Solo- bzw. Monomessen, Spezialmessen, Branchenmessen, Fachmessen, Verbundmessen) oder die Branchenbedeutung der Messe (Leitmesse, Zweitmesse, Nebenmesse) sein. (Kirchgeorg, 2017, S. 45ff; Strothmann & Roloff, 1993, S. 715)

Um das Forschungsobjekt weiter zu konkretisieren und einzugrenzen, wird für die folgenden Ausführungen der betrachtete Messetypus anhand zweier Kriterien definiert. Es wird die Internationalität einer Veranstaltung und die angebotenen Güterklassen herangezogen. Hierbei handelt es sich um zwei der vier bedeutendsten Systematisierungskriterien. (Robertz, 1999, S. 23) Das Kriterium der Funktion einer Veranstaltung (Informations- oder Ordermesse) wird nicht betrachtet, da die Grenzen zwischen beiden Funktionen im Laufe der Zeit verschwommen sind und der Großteil der Messen i.d.R. beide Funktionen abbildet und tangiert. (Kirchgeorg, 2017, S. 46) Das Kriterium der Angebotsbreite ist ebenso in sich fließend und nimmt wie die weiteren Kriterien keinen Einfluss auf das Forschungsobjekt, weshalb diese nicht berücksichtigt werden.

Im Rahmen der empirischen Untersuchung wird ein auf der FENSTERBAU FRONTALE durchgeführtes Pilotprojekt eines Messeveranstalters im Bereich VR mit einbezogen. Daher soll diese Veranstaltung als Grundlage für die Typologisierung dienen:

Grundsätzlich handelt es sich um eine Fachmesse, auf der ausschließlich Fachbesucher zugelassen sind (B2B); Privatbesucher haben keinen Zutritt. Über 50% der Besucher sowie 10% der Aussteller kommen aus dem Ausland, weshalb es sich nach dem AUMA um eine internationale Veranstaltung handelt. Die angebotenen Güterklassen sind überwiegend Investitionsgüter, wobei es hier ebenso Mischformen gibt. So werden auf der FENSTERBAU FRONTALE ebenso branchenrelevante Dienstleistungen vorgestellt.

Die Konkretisierung des Forschungsobjektes hinsichtlich der Messetypologie wird in nachstehender Abbildung nochmals zusammengefasst.

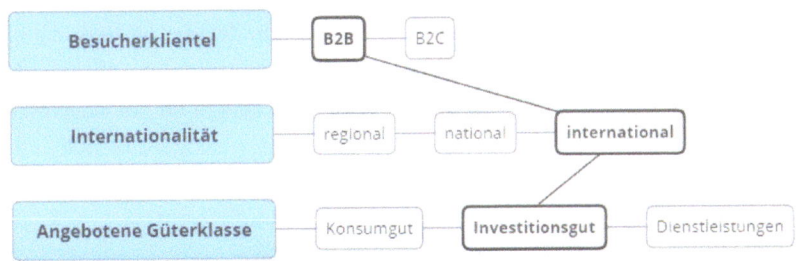

Abbildung 3: Konkretisierung des Forschungsobjekts
Quelle: Eigene Abbildung.

2.1.2 Beziehungstriade zwischen Aussteller, Besucher und Veranstalter

Akteure im Messemanagement

Die Akteure der Messewirtschaft lassen sich zunächst in primäre und sekundäre Akteure unterscheiden: (Zygojannis, 2005, S. 30f) Als primäre Akteure werden Aussteller, Besucher und Veranstalter verstanden, die integraler und essentieller Bestandteil von Veranstaltungen sind. Sekundäre Akteure dagegen sind in einer unterstützenden Form beteiligt, insbesondere vor und nach einer Messe. Hierzu zählen u.a. Verbände, Messedienstleister oder das lokale Gewerbe. Im Fachjargon spricht man bei den primären Akteuren von der sog. Beziehungstriade im Messemanagement. Alle drei Parteien stehen mit den jeweils anderen beiden Parteien in einer wechselseitigen Interessensbeziehung. (Bruhn & Hadwich, 2017, S. 817f)

Rolle des Veranstalters

Unter einem Veranstalter werden sowohl Messeveranstalter mit eigenem Gelände als auch Messeveranstalter ohne Gelände verstanden. (Groth, 1992, S. 160f) Die Organisationsstruktur lässt sich noch eine Ebene tiefer untergliedern, dies ist allerdings für das Forschungsobjekt nicht relevant. Messeveranstalter haben die Aufgabe, eine Plattform bereitzustellen, die das Abbild einer bestimmten Branche darstellt und dadurch attraktive Marktpartner zum Zwecke der Information, Kommunikation und Transaktion zusammenführt. (Zygojannis, 2005, S. 34) Der Erfolg einer Messe ist stark abhängig von den Ausstellern und Besuchern, die sowohl als Kunden fungieren, zeitgleich aber auch ein wichtiger Bestandteil des Produktes „Messe" sind. (Witt, 2005, S. 9f)

Demnach stehen Veranstalter vor der Herausforderung, eine Messe so zu konzipieren, dass diese gleichermaßen Aussteller und Besucher in gewünschter Quantität und Qualität anzieht. Die Planung und Konzeption von neuen Messeveranstaltungen und die Überarbeitung und Pflege bestehender Messekonzepte lassen sich daher den primären Aktivitäten eines Messeveranstalters zuordnen. (Arzt, 2007, S. 70f) Bedingt durch die hohe Dynamik gesellschaftlicher Entwicklungen und Veränderungen des Konsumverhaltens sowie vor dem Hintergrund eines verschärften Wettbewerbs, kommt dem Innovations- und Produktmanagement von

Messeveranstaltern eine entscheidende Bedeutung zu. (Schraudy, 2017, S. 378ff; Arzt, 2007, S. 200f)

Immer mehr Messeplätze folgen beispielsweise dem Trend, mit weiterführenden Servicedienstleistungen die komplette Wertschöpfungskette zu bedienen. Dies ermöglicht eine Erweiterung der Geschäftsfelder und damit die Generierung von höheren Umsätzen, ist ferner jedoch auch als Abgrenzungsmerkmal zum Wettbewerb zu erklären. (Buhl-Wagner, 2017, S. 68ff) Zu weiterführenden Servicedienstleistungen und als Innovationspotenzial lässt sich auch die Nutzung und Einbindung neuer Technologien und digitaler Medien zählen, auf welche im folgenden Abschnitt näher eingegangen wird. Zunächst werden jedoch die Ziele der beiden weiteren primären Akteure einer Messe, Aussteller und Besucher, vorgestellt.

Ziele von Ausstellern und Besuchern im Rahmen der Messebeteiligung

Die Ziele von Ausstellern und Besuchern sind für die empirische Untersuchung von Bedeutung, da bei einem hohen Zielerreichungsgrad und der Erfüllung der gesetzten Erwartungen davon ausgegangen werden kann, dass der Aussteller bzw. der Besucher mit dem Messebesuch zufrieden war und die Veranstaltung demnach wahrscheinlich erneut besuchen wird. (Bruhn & Hadwich, 2017, S. 816f) Die jeweiligen Ziele stehen häufig in einer komplementären Beziehung zueinander und sind für eine erfolgreiche Messebeteiligung gleichermaßen von Bedeutung. (Meffert, 2017, S. 1016f)

Zu den bedeutendsten Aussteller-Zielen zählen folgende: Neukundengewinnung, Stammkundenpflege, Steigerung der Bekanntheit, Präsentation neuer Produkte / Leistungen, Imageverbesserung des Unternehmens / der Marke, Verkaufs-/Vertragsabschlüsse während und nach der Messe. (AUMA, 2017a, S. 24)

Auf Besucherseite stehen in erster Linie informationsbezogene Ziele im Vordergrund. Sie nutzen die Messe demnach hauptsächlich als Instrument zur Generierung von Informationen (Sammlung von Informationen über Neuheiten und Trends, Informations-/Erfahrungsaustausch, Weiterbildung). (Zygojannis, 2005, S. 39) Nachfolgend sind transaktionsbezogene Ziele, wie die Vorbereitung und Durchführung von Geschäftsabschlüssen oder das Pflegen von Geschäftsbeziehungen, anzuführen. (Meffert, 2017, S. 1018)

Messebesucher lassen sich ebenfalls typologisieren und aufgrund unterschiedlicher, heterogener Zielsetzungen in vier Gruppen zusammenfassen: Intensive Messenutzer, Punktuelle Messebesucher, Praxisorientierte Messenutzer, Messebummler. (Spiegel-Verlag, 1992, o. S)

Für eine effiziente Messebeteiligung von Ausstellerseite ist demnach eine differenzierte, den Zielgruppen angepasste Besucheransprache notwendig. (Meffert, 2017, S. 1019; Zygojannis, 2005, S. 40)

2.1.3 Digitale Transformation im Messewesen

Begriffsabgrenzung und Bedeutung der digitalen Transformation
Um auf die digitale Transformation im Messewesen einzugehen, ist es zunächst notwendig, den Begriff der digitalen Transformation zu definieren und abzugrenzen. So wird dieser häufig fälschlicherweise mit dem Begriff Digitalisierung gleichgesetzt und ist bisher nicht allgemeingültig definiert. (Schallmo & Rusnjak, 2017, S. 3) Betrachtet man diverse Begriffsdefinitionen aus der Literatur und relevanten Studien, so lassen sich folgende Wesensmerkmale feststellen:

Die digitale Transformation vernetzt Akteure (z.B. Unternehmen und Kunden) unter dem Einsatz von neuen Technologien (PwC, 2013, S. 9; Capgemini, 2011, S. 15) über alle Wertschöpfungsstrukturen hinweg. (BMWi, 2015, S. 3; Bowersox, Closs, Drayer, 2005, S. 22f) Sie erfordert Fähigkeiten, die zur Gewinnung und dem Austausch von Daten führen und dadurch eine Analyse und Umwandlung in Informationen ermöglichen. (BMWi, 2015, S. 3; Bouée & Schaible, 2015, S. 6) Die digitale Transformation kann in verschiedenen Bereichen (z.B. Unternehmen, Prozesse, Geschäftsmodelle, Infrastruktur) erfolgen, um die Leistung eines Unternehmens zu erhöhen. (Bowersox et al., 2005, S. 22f; Capgemini, 2011, S. 5)

Der Megatrend Digitalisierung hat eine unumstritten hohe Bedeutung und erhält Einzug in mehr und mehr Bereiche des täglichen Lebens. (Wittpahl, 2016, S. 17f) Dass sich das Messewesen ebenfalls intensiv mit der digitalen

Transformation beschäftigt, ist demnach eine logische Folge. Diese Thematik ist zentraler Bestandteil diverser Tagungen, Studien und Publikationen über die Zukunft von Fachmessen bzw. allgemein der Veranstaltungsbranche. In diesem Zusammenhang nimmt die Fragestellung, ob die Digitalisierung für die MICE-Branche als Chance oder Risiko gesehen werden kann und wie sie die Branche verändern wird, eine zentrale Rolle ein. (Luppold, 2018, S. 31)

Interaktion von digitalen Medien und Messen

Digitale Medien, wie beispielsweise Websites oder Online-Foren, können zu Fachmessen als konkurrierendes oder als komplementäres Produkt fungieren und sollten daher intensiver beleuchtet werden. Sie bieten die Möglichkeit, schnell und kostengünstig an Informationen zu gelangen. Dies überschneidet sich mit dem zentralen Ziel von Messebesuchern, der Beschaffung von Informationen und kann daher eine Alternative zu den im Vergleich aufwendigeren und kosteninten-siveren Besuch einer Fachmesse darstellen. (Erbel, 2017, S. 249f) Ein entschei-dender Vorteil von Fachmessen ist allerdings die persönliche Kommunikation (face-to-face) zu einer Vielzahl von relevanten Kontakten, welche von digitalen Plattformen nicht in gleicher Form abgebildet werden kann. (Delfmann & Dorn, 2016, S. 8)

Rein virtuelle Messen konnten sich im Vergleich zum klassischen Messeformat bislang jedoch nicht als Substitut durchsetzen und lassen sich vielmehr als Ergän-zung für physische Präsenzveranstaltungen einordnen. (Wiedmann & Kassubek, 2017, S. 440) Es ist festzustellen, dass die klassische Messe durch eine Reihe von digitalen Angeboten erweitert wird und demnach eine ganzjährige Plattform für Aussteller und Besucher, aber auch für Medien, Partner und Verbände anbietet. (Schulz, 2017, S. 171ff) Darüber hinaus lassen sich hybride Events als ein Trend ausmachen, der ebenfalls Elemente der persönlichen und virtuellen Kommunika-tion verknüpft. (Leitinger, 2013, S. 120ff; Dams & Luppold, 2016, S. 1f)

Bedeutung und Status Quo der digitalen Transformation im Messewesen

Eine Befragung des UFI hinsichtlich der Bedeutung und dem Fortschritt der Digitalisierung im Messewesen hat ergeben, dass das Anbieten neuer di-gitaler Angebote und Services (z.B. Apps, Online-Werbemaßnahmen) für

Messeveranstalter an erster Stelle steht. Es folgen auf Rang 2 und 3 der Wandel der internen Prozesse und Workflows zu digitalen Prozessen sowie die Entwicklung von Strategien für die digitale Transformation einzelner Veranstaltungen, Produkte oder für das ganze Unternehmen. (UFI, 2017, S. 11f)

Die digitale Transformation einer Messegesellschaft lässt sich nach Betrachtung durchgeführter Maßnahmen deutscher Messeplätze zu folgenden drei Kernthemen aggregieren: (Borstel, 2018, S. 8ff; UFI, 2017, S. 12)

- Digitalisierung der internen Prozesse und Workflows zur Vereinfachung und Standardisierung von Arbeitsabläufen sowie zur Schaffung notwendiger Schnittstellen
- Digitalisierung der Infrastruktur der Veranstaltungsstätte zur Erhöhung der Aufenthaltsqualität für Aussteller und Besucher sowie zur Schaffung notwendiger Schnittstellen
- Implementierung digitaler Services & Geschäftsmodelle zur Generierung von Wertschöpfung für den Veranstalter und Mehrwert für den Kunden

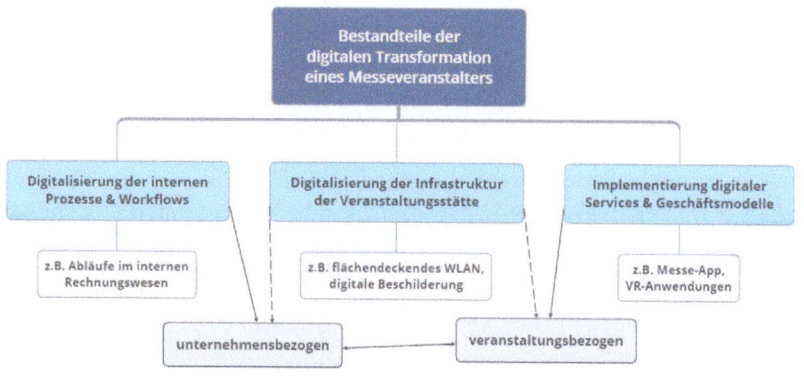

Abbildung 4: Bestandteile der digitalen Transformation eines Messeveranstalters
Quelle: Eigene Abbildung, basierend auf UFI, 2017, S. 12; Borstel, 2018, S. 8ff.

Im Folgenden wird sich auf die Implementierung digitaler Services und Geschäftsmodelle sowie dem aktuellen Status Quo im Messemarkt fokussiert, da hierunter beispielsweise VR-Anwendungen fallen, die im Forschungsobjekt genauer beleuchtet werden sollen.

Wie bereits im vorangegangenen Abschnitt aufgegriffen, findet aktuell ein Wandel vom klassischen Geschäftsmodell des Messeveranstalters – dem Verkauf von Standfläche – hin zum Anbieter diverser weiterführender Dienstleistungen statt. Digitale Angebote und Services spielen hierbei eine große Rolle. (Radtke & Bauer, 2018, S. 72) Die digitale Transformation in diesem Bereich zeigt sich beispielsweise durch Messe-Apps, elektronisches Match-Making oder Online-Shops für Aussteller und Besucher. (Delfmann & Dorn, 2016, S. 8)

Dennoch wird häufig von einer Scheindigitalisierung gesprochen, da zum Teil Standards wie flächendeckendes WLAN nicht gegeben sind. Oft basieren Online-Shops auf veralteten Bestellformularen und sind hinsichtlich der Customer Experience längst nicht mit den bekannten und komfortablen Shops wie z.B. Amazon oder eBay aus dem privaten Bereich vergleichbar. (Kaufmann, 2018, S. 27ff) Insbesondere fehlender Content, die fehlende Kundenorientierung und nicht vorhandene, aber benötigte Funktionen sind Schwachstellen der digitalen Plattformen von Messeveranstaltern. (ngn, 2017, S. 6ff)

Begründen lässt sich dies zum einen mit den hohen Investitionssummen, die aufgewendet werden müssen, um die entsprechende Infrastruktur zur Verfügung stellen zu können. Zum anderen sind die Messegesellschaften noch intensiv mit der digitalen Transformation der internen Prozesse und der Infrastruktur beschäftigt, weshalb der Fokus noch nicht in vollem Umfang auf digitale Geschäftsmodelle gesetzt werden kann. (DUB, 2018, S. 56)

Ziel muss es sein, analoge Dienstleistungen oder Services nicht einfach nur digital abzubilden, sondern diese in ein digitales Geschäftsmodell zu transformieren, welches einen konkreten Mehrwert und demnach einen Nutzen für den Kunden verspricht. Nicht jede potenzielle technologische Möglichkeit ist sinnvoll und zielgruppenadäquat. (Kaiser-Neubauer, 2018, o. S; Delfmann & Dorn, 2016, S. 9; Borstel, 2018, S. 8ff)

Veranstalter müssen sich der Herausforderung stellen, neue Technologien und digitale Medien nicht als Konkurrenz, sondern als Erweiterung anzusehen und einzubinden. So ist gewährleistet, in der Kombination mit dem Charakteristikum des persönlichen Kontakts, der sich bislang nicht virtuell abbilden lässt, weiterhin im Wettbewerb mit den zahlreichen, verfügbaren Marketinginstrumenten zu bestehen. (Grosser, 2017, S. 39)

2.1.4 Zwischenfazit

Die Zusammenfassung des ersten theoretischen Eckpfeilers „Bedeutung und Entwicklung von Fachmessen" in einem Zwischenfazit erfolgt mit Blick auf die noch folgende empirische Untersuchung und soll die wesentlichen Aspekte der vorangegangenen Kapitel nochmals unterstreichen und darstellen.

Fachmessen sind in ihrer gesamtwirtschaftlichen Bedeutung und im Instrumentarium von ausstellenden Unternehmen unumstritten. Dies ist auf die wesentlichen Charakteristika zurückzuführen: Messen bilden den repräsentativen Querschnitt einer Branche ab und führen die relevanten Akteure in Form von Ausstellern und Besuchern an einem Ort zusammen. Die persönliche (face-to-face) Kommunikation auf einer Messe sowie die emotionale, erlebnisorientierte und multisensuale Wahrnehmung sind darüber hinaus als entscheidende Abgrenzungsmerkmale und Elemente anzusehen.

Im Zuge der theoretischen Systematisierung und Differenzierung von Fachmessen wurde für das vorliegende Forschungsobjekt die Fokussierung auf internationale Fachmessen (B2B) im Bereich der Investitionsgüter gelegt und konkretisiert.

Der Messeveranstalter fungiert in der Beziehungstriade im Messemanagement als Organisator und Vermittler zwischen Aussteller und Besucher. Eine Veranstaltung muss so konzipiert sein, dass alle Akteure die im Rahmen der Messebeteiligung definierten Ziele bestmöglich erreichen können – diese Aufgabe obliegt dem Veranstalter. Dieser verkauft inzwischen nicht mehr ausschließlich die Standfläche, sondern bietet sowohl zur Generierung zusätzlicher Wertschöpfung als auch vor dem Hintergrund des Servicegedankens zahlreiche weitere Dienstleistungen und Services entlang der gesamten Wertschöpfungskette an. Insbesondere das Anbieten digitaler Services ist aktuell als ein zentraler Trend auszumachen.

Auch das Messewesen kommt nicht um digitale Transformation herum und muss sich im dynamischen Umfeld gegenüber zahlreichen weiteren Marketing-Instrumenten behaupten: Digitale Medien sind jedoch primär nicht als

Substitutionsprodukte zu betrachten, sondern als komplementäre, additive Elemente für Fachmessen. Der Fortschritt der Digitalisierung von Messegesellschaften ist noch nicht in allen Bereichen erkennbar – der nicht zu unterschätzende Kostenfaktor sowie die Konzentration auf das Kerngeschäft hemmen die Entwicklungen aktuell noch. Allerdings wird mit Hochdruck daran gearbeitet, interne Prozesse zu digitalisieren, um im nächsten Schritt die Infrastruktur einem digitalen Wandel unterziehen zu können und darauf aufbauend digitale Geschäftsmodelle anzubieten. Bei VR handelt es sich um eine Technologie, die im passenden Kontext das Potenzial besitzt, für einen Messeveranstalter als wertschöpfendes Element zu fungieren.

2.2 Charakteristika und Potenziale von Virtual Reality

2.2.1 Begriffsabgrenzung und Grundlagen

Der Begriff Virtual Reality, zu Deutsch virtuelle Realität, besteht aus den beiden Begriffen ‚virtuell' und ‚Realität' und ist daher als Oxymoron zu bezeichnen. Während das Wort ‚virtuell' etwas hinsichtlich der Wahrnehmung und Funktionalität echt Erscheinendes, aber nicht in Wirklichkeit Vorhandenes beschreibt, ist unter ‚Realität' etwas Vorhandenes und reell Existierendes zu verstehen. (Bormann, 1994, S. 25)

Begriffsdefinition und Wesensmerkmale von Virtual Reality

Da es sich bei VR um ein relativ junges Wissenschaftsgebiet handelt, welches durch eine hohe Dynamik gekennzeichnet ist, wurde der Begriff bislang nicht einheitlich definiert. Auf Basis betrachteter Definitionsansätze lassen sich folgende Wesensmerkmale von VR zur Schaffung eines Grundverständnisses feststellen: (Bormann, 1994, S. 24; Dörner et al., 2013, S. 12ff; Brill, 2009, S. 6f; Lanier, 1992, S. 275; Gartner, 2018, o. S; Jung & Vitzthum, 2013, S. 66ff; Mihelj, Novak &Begus, 2014, S. 4)

- **Computergenerierte, dreidimensionale Welt**
  Die Basis für die Nutzung von VR stellt eine computergenerierte, dreidimensionale Welt dar. Im Gegensatz zu anderen 3D-Computergrafiken

steht hierbei die Echtzeitfähigkeit und Interaktivität im Vordergrund. Der Computer dient nicht nur als Entwicklungswerkzeug, sondern ist ebenso elementar für die Inhaltswiedergabe. 3D-Objekte, die dynamisches Verhalten aufweisen und auf Eingaben des Nutzers reagieren, fungieren als Grundlage für die virtuelle Welt. Sie werden u.a. von CAD-Systemen und Modellierungsprogrammen erstellt.

- **Immersion**

Die Immersion beschreibt das (vollständige) Abtauchen in die virtuelle Umgebung. Ziel von VR ist es, dass die virtuelle Welt als real wahrgenommen wird und keine Unterscheidung mehr zur Realität festzustellen ist. Eine bedeutende Rolle kommt hier dem Interaktivitätsgrad zu; die Anwendung muss in der Lage sein, in Echtzeit auf Handlungen des Nutzers zu reagieren. Ein- und Ausgabegeräte müssen gewisse qualitative Ansprüche (Bildauflösung, -komplexität, Sichtfeld) erfüllen und eine Tracking-Funktion besitzen. Darüber hinaus ist u.a. die mentale Komponente zu berücksichtigen, da der Nutzer die virtuelle Darstellung als real akzeptieren muss.

- **Interaktivität**

Betrachtet man die Interaktivität von Technologien oder digitalen Medien, ist die Beziehung und Wechselwirkung zwischen Mensch und Maschine zu betrachten. In VR ist der Nutzer kein passiver Beobachter, sondern hat die Möglichkeit, aktiv in das Geschehen einzugreifen und die virtuelle Welt mit Aktionen zu beeinflussen oder zu steuern. Die virtuelle Umgebung muss daher auf ausgehende Impulse von Eingabegeräten, die als Schnittstelle zwischen realer und virtueller Welt dienen, unmittelbar reagieren (Echtzeitfähigkeit). Die Qualität der Interaktivität wird dadurch, dass die virtuelle Welt auf der Analogie der Realität aufbaut, weiter erhöht.

VR lässt sich für die folgenden Ausführungen basierend auf den betrachteten Definitionen und herausgearbeiteten wesentlichen Charakteristika wie folgt definieren:

Virtual Reality ist eine Technologie, die aus einer computergenerierten, drei-dimensionalen Welt besteht, in die der Nutzer mithilfe spezieller Ein- und Ausgabegeräte (z.B. Head-Mounted Displays) vollständig abtaucht (Immersion) und analog zur Realität in Echtzeit interagieren und handeln kann (Interaktivität).

Das immersive Medium Virtual Reality wird häufig im gleichen Atemzug mit Augmented Reality, Mixed Reality oder 360°-Bilder/Videos genannt, ist aber von diesen Begriffen abzugrenzen. (Schart & Tschanz, 2018, S. 19) Hierfür empfiehlt sich eine Betrachtung des Realitäts-Virtualitäts-Kontinuum nach MILGRAM. (Milgram & Kishino, 1994, S. 1321)

2.2.2 Relevanz und Zukunftsprognose

Öffentliche Wahrnehmung und Anwendungsfelder

VR wird von Experten und Digital-Pionieren aktuell als zentraler und bedeutendster Technologie-Trend angesehen. Die technischen Möglichkeiten sind kaum begrenzt und durch die dynamische Entwicklung gelangen laufend neue Produkte und Systeme auf den Markt. (Bitkom, 2016, S. 44ff)

Erste Anwendungen im Gaming-Bereich sind bereits seit einigen Jahren etabliert, was kaum verwunderlich scheint, da die technik-affinen Nutzer seit jeher als Innovatoren gelten und neuen Technologien gegenüber aufgeschlossen sind. Darüber hinaus ist das Eintauchen und Erleben virtueller Welten zentraler Aspekt vieler Computerspiele. (Piper Jaffray, 2015, S. 18) Auch die öffentliche Wahrnehmung verbindet mit VR häufig den Gaming-Sektor, was dazu geführt hat, dass immersive Medien im Volksmund gerne als Spielerei abgetan werden. Dies wurde insbesondere durch die App Pokémon Go, deren integraler Bestandteil AR ist, entscheidend unterstützt. Als ein negativer Aspekt der Technologien wird häufig angeführt, dass die dazugehörige Hardware den Nutzer dilettantisch und irrsinnig wirken lässt. Der allgemeine Tenor lautet, dass die Alltagsfähigkeit der Produkte aufgrund von ästhetischen und hygienischen Gründen sowie dem derzeit hohen Kostenfaktor noch nicht gegeben ist. (Moorstedt, 2017, o. S)

Setzt man sich jedoch intensiver mit der Technologie auseinander, lässt sich feststellen, dass sich die Entwicklungen und Tendenzen von VR inzwischen eher auf den B2B-, statt dem B2C-Bereich fokussieren. (Statista, 2016, S. 8) Insbesondere aufgrund oben genannter Gründe ist es fraglich, ob sich VR im alltäglichen Haushaltskonsum verankern kann oder dort eher als Nischenprodukt fungieren wird. Anwendungen in der Spiele- und Unterhaltungsindustrie wird es sicherlich weiterhin geben, das Hauptaugenmerk für die Gegenwart und die Zukunft liegt allerdings auf Einsatzgebieten im Business-Bereich. (KPMG, 2016, S. 6f)

Viele Unternehmen beschäftigen sich intensiv mit der Einbindung und Nutzung von VR, da Anwendungen zum einen Kostenersparnisse und Effizienzsteigerungen mit sich bringen und zum anderen stark emotionalisierend auf den Nutzer wirken. (Innocenti, 2017, S. 75) Betrachtet man mögliche Anwendungsfelder entlang der Wertschöpfungskette, so ist das Feld ‚Marketing und Vertrieb' als zentrales Einsatzgebiet zu sehen. Hierunter fallen beispielsweise Produkt- und Unternehmenspräsentationen, virtuelle Showrooms oder der Einsatz auf Messen. (KPMG, 2016, S. 8ff)

Insbesondere der Einsatz auf Veranstaltungen ist für das vorliegende Forschungsobjekt von Relevanz. Die an einer Veranstaltung beteiligten Akteure befassen sich intensiv mit der Technologie und versuchen diese nutzenstiftend für sich einzubinden. Die Anzahl der durchgeführten VR-Anwendungen auf Messen ist zwar steigend, dennoch bleiben viele Potenziale und Möglichkeiten bislang ungenutzt. (Wegner, 2017, S. 129ff; Röhrich, 2017, S. 58f)

Darüber hinaus wird VR aktuell u.a. für Simulationen, Trainings oder in der Forschung eingesetzt. Die vielfältigen Einsatzmöglichkeiten spiegeln sich auch in einer Vielzahl an Branchen wider, die bereits mit VR arbeiten – beispielhaft lassen sich Medizin, Bildung, Militär oder Automobil anführen. (Piper Jaffray, 2015, S. 18ff; Statista, 2016, S. 8; KPMG, 2016, S. 19)

Marktentwicklung und Zukunftsfähigkeit

Die weltweiten Erlöse mit VR-Hardware und -Anwendungen haben bereits im Jahr 2016 die Marke von über einer Milliarde Euro übertroffen. In Deutschland sagen Prognosen für 2020 ein Investitionsvolumen von rund einer Milliarde Euro voraus. (Bitkom, 2016, S. 44; Deloitte et al., 2016, S. 2) Allgemein wird ein hohes und positives Wachstum prognostiziert, wobei der Löwenanteil im Software-Bereich generiert werden soll, sobald eine kritische Masse den Zugang zu entsprechender Hardware besitzt. (Bitkom, 2016, S. 52f)

Es ist allerdings wichtig, stark positive Prognosen nicht über zu bewerten und Volumina im Verhältnis zu anderen Märkten zu betrachten. Das Marktvolumen für Informations- und Kommunikationstechnik (ITK) wird in Deutschland für 2018 mit rund 164 Milliarden Euro beziffert. (Bitkom, 2018, o. S) Im ITK-Markt sind sowohl Smartphones als auch VR einzuordnen. Während der Markt für VR im Jahr 2018 mit rund einer halben Milliarde Euro einen eher kleinen Teil ausmacht, ist der Smartphone-Markt mit rund 33 Milliarden Euro im Verhältnis weitaus bedeutender. (Haas, 2018, S. 2)

Die Preisentwicklung im Hardware-Bereich ist ebenfalls schwer zu prognostizieren – wird die Preisentwicklung verwandter Geräte (z.B. PCs, Monitore) betrachtet, fällt auf, dass der Preis im Laufe der Zeit stark gefallen ist. So war bspw. der PC-Preis im Jahr 2001 6,8-mal höher als im Jahr 2010. Goldmann Sachs folgt dieser Logik und rechnet für HMDs der Kategorie Full-Feature-VR in einigen Jahren mit einem niedrigen dreistelligen Preis. (Statista, 2016, S. 12f) Andere Prognosen wiederum gehen aufgrund der dynamischen Entwicklung und großen Technologiesprüngen eher von steigenden Preisen aus, insbesondere für Geräte, die für professionelle Business-Anwendungen eingesetzt werden sollen. (Bastian, 2018, o. S) Vermutlich werden sich in beide Preisrichtungen adäquate Lösungen entwickeln.

Ein weiteres Instrument, um neu aufkommende Technologien zu identifizieren, einzuordnen und über deren Zukunftsfähigkeit zu urteilen, stellt der ‚Gartner Hype Cycle for Emerging Technologies' dar. Der jährlich erscheinende Technologie-Trend des amerikanischen IT-Beratungsunternehmens ordnet aufstrebende Technologien in fünf Phasen ein und gibt ein grobes Zeitfenster an, wann die letzte Phase, das Plateau der Produktivität, erreicht wird. (Hülsbömer, 2015, o. S) Gemäß Gartner durchläuft eine Technologie folgende Phasen: Innovation Trigger, Peak of Inflated Expectations, Trough of Disillusionment, Slope of Enlightenment, Plateau of Productivity. (Gartner, 2017, o. S; Kreutzer, 2015, S. 3f)

Die Y-Achse des Graphen zeigt den Grad der Erwartungen an einen IT-Trend, auf der X-Achse lassen sich produktive Einsatzmöglichkeiten zum Zeitpunkt der

Veröffentlichung ablesen. Die Hype Cycles der vergangenen Jahre zeigen, dass die Analysten Trends in der dynamischen IT-Welt sehr präzise mit zeitlichem Bezug einordnen können. (Hülsbömer, 2015, o. S)

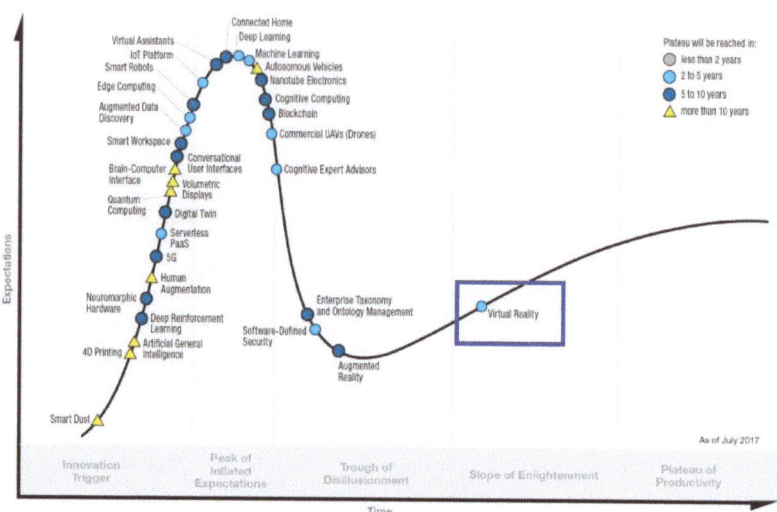

Abbildung 5: Gartner Hype Cycle for Emerging Technologies 2017
Quelle: Gartner, 2017, o. S.

Der aktuelle Hype Cycle, der im Juli 2017 erschienen ist, veranschaulicht, dass VR das Tal der Enttäuschung bereits hinter sich gelassen hat und sich über den Pfad der Erleuchtung auf dem Weg zum Plateau der Produktivität befindet. Laut Experteneinschätzung wird die Technologie VR ihr Produktivitätshoch in wenigen Jahren erreichen. (Gartner, 2017, o. S)

2.2.3 Zwischenfazit

Das Zwischenfazit stellt eine zielgerichtete Zusammenfassung des zweiten theoretischen Eckpfeilers „Charakteristika und Potenziale von Virtual Reality" hinsichtlich der noch folgenden empirischen Untersuchung dar und greift noch einmal die wichtigsten Punkte rund um die beleuchtete Technologie auf.

VR ermöglicht dem Anwender das vollständige Abtauchen in eine computergenerierte, dreidimensionale, virtuelle Umgebung. Diese kann interaktiv erlebt und mitgestaltet werden, da die technischen Geräte in Echtzeit auf Handlungen des Nutzers reagieren. Ziel ist es, dass die virtuelle Welt als real wahrgenommen wird. In diesem Zusammenhang ist insbesondere der Begriff Immersion bedeutend. Als weitere immersive Medien lassen sich AR, MR und 360-Grad-Inhalte anführen.

VR-Systeme sind in drei Teilsysteme zu unterscheiden: Eingabe, Software und Ausgabe. Mittels diverser Tracking- und Steuerungsvarianten werden die Position und die Bewegungen des Anwenders in die virtuelle Welt übertragen. Die Software kann flexibel an Anforderungen und Hardware angepasst und programmiert werden. Die Ausgabe des stereoskopischen Inhalts erfolgt in den meisten Fällen mithilfe von HMDs.

Die Technologie gilt als zentraler Trend im Bereich der ITK, dementsprechend verhält sich die öffentliche Wahrnehmung aber zum aktuellen Zeitpunkt noch nicht – VR wird häufig noch als Spielerei und Gadget im B2C-Bereich abgetan. Potenziale lassen sich allerdings verstärkt im B2B-Bereich finden, ebenso wie vielfältige Anwendungsmöglichkeiten. Die Zukunftsprognosen sehen sehr positiv aus. Darüber hinaus bleibt aber abzuwarten, wie die Preisentwicklung mit dem Hintergrund der dynamischen Entwicklung verlaufen wird.

Grundsätzlich sind Anwendungsfelder verstärkt im Bereich Marketing und Vertrieb anzusiedeln, worunter der Einsatz auf Messen und Ausstellungen fällt. Viele Aussteller arbeiten bereits mit VR-Anwendungen auf dem Messestand und setzen die Technologie ein. Messeveranstalter selbst haben sich mit der Innovation bisher kaum beschäftigt und nutzen VR noch nicht. Es muss sich die Frage gestellt werden, ob Veranstalter die Technologie nutzenbringend einsetzen können und sie Teil eines wertschöpfenden Geschäftsmodells sein kann.

2.3 Einbettung des Untersuchungsgegenstandes in die Diffusionstheorie

Begriffsabgrenzung und Verständnis

Unter dem Begriff der Diffusionstheorie lassen sich die theoretischen Konzepte der Diffusion und der Adoption zusammenfassen. Sie beschäftigt sich mit den Prozessen, die durch die Verbreitung von Innovationen in einem sozialen System, ausgelöst werden. Im Zentrum stehen die folgenden Kernelemente: Zeit, Innovation, Kommunikationskanäle und soziale Systeme. Diffusion ist als ein Prozess auszumachen, in dessen zeitlichen Verlauf eine Innovation über verschiedene Kanäle an die Mitglieder eines sozialen Systems kommuniziert wird. (Rogers, 2003, S. 4ff)

Verschiedene Modelle der Diffusion und des Lebenszyklus' beschreiben Wachstums- und Sättigungsprozesse und sehen die langfristige Näherung an eine Sättigungsgrenze als Prämisse an. Ein Beispiel stellt die S-Kurve der Diffusion von Innovationen dar – zu Beginn ist die Steigung relativ gering, sobald die Kurve dann rapide ansteigt, ist die kritische Masse erreicht. Dies ist der Punkt, an dem ausreichend Individuen die Innovation übernommen haben, was dazu führt, dass sich diese von selbst weiterverbreitet. (Schmidt, 2009, S. 69f)

Prozess der Adoption

Sobald eine neue Technologie oder ein neues Produkt am Markt verfügbar ist, setzt der Adoptionsprozess ein. Intrapersonelle Variablen werden analysiert, um zu identifizieren, ob ein Produkt übernommen (Adoption), vorläufig oder vollkommen abgelehnt wird. (Schmidt, 2009, S. 25) Gemäß Rogers werden folgende Phasen durchlaufen, die innerhalb des Adoptionsprozesses übersprungen, wiederholt neu durchlaufen oder abgebrochen werden können: Phase des Bewusstseins, Phase der Meinungsbildung, Phase der Entscheidung. Nach der Adoption schließen sich die Phasen der Implementierung sowie die der Bestätigung an. (Rogers, 2003, S. 170ff)

Kategorisierung von Adoptoren

Der Adoptionsprozess wird von potenziellen Adoptoren zu verschiedenen Zeitpunkten und in unterschiedlichen Zeitspannen durchlaufen – der jeweilige Zeitpunkt ist von der Innovationsneigung abhängig. Die Innovationsneigung gibt an, zu welchem Grad ein Individuum im Vergleich zu anderen Individuen bereit ist, sich mit Innovationen auseinander zu setzen und diese zu adoptieren. Sie spiegelt demnach die Einstellung und Risikobereitschaft von Individuen wider und ist Indikator der Erneuerung bzw. Modernisierung. (Rogers & Shoemaker, 1971, S. 175)

Basierend auf dem zeitlichen Aspekt von Adoptionen sowie der Innovationsneigung von Individuen unterteilt ROGERS in fünf Kategorien von Adoptoren: Innovatoren, Frühe Adoptoren, Frühe Mehrheit, Späte Mehrheit, Nachzügler. (Rogers, 2003, S. 22; Rogers & Shoemaker, 1971, S. 181ff)

Die Adoptorkategorien lassen sich in einer idealisierten Adoptionskurve darstellen und sind in nachstehender Abbildung in dunkelblau eingezeichnet. Die S-Kurve ist in hellblau ebenfalls in der Grafik zu sehen.

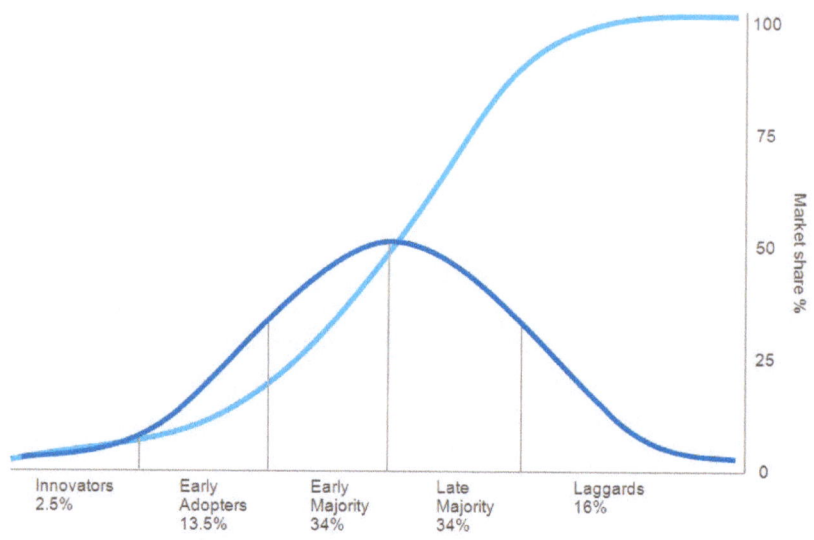

Abbildung 6: Modell zur Diffusion von Innovationen
Quelle: Rogers, 2003, S. 281.

Darüber hinaus ist das Erkennen spezieller Verlaufspunkte, den sog. „turning points", von besonderer Bedeutung bei der Prognose von Diffusionsverläufen. (Schmidt, 2009, S. 31) Mit dem Begriff Takeoff beschreiben GOLDER/TELLIS den Punkt des Übergangs von der Einführungsphase zur Wachstumsphase eines neuen Produktes. In dem Jahr, in welchem der Punkt erreicht wird, können die Verkäufe im Vergleich zum vergangenen Jahr über 400% ansteigen. (Golder & Tellis, 1997, S. 257)

Einordnung des vorliegenden Untersuchungsgegenstandes

Grundsätzlich ist es während des Diffusionsprozesses nicht immer leicht, Innovationen korrekt einzuordnen. Im Normalfall bestimmen allerdings folgende Schlüsselfaktoren die Wendepunkte einer Diffusion: Massenmedien sowie persönliche soziale Systeme. Beide rufen eine Innovation in das Gedächtnis, anschließend entscheiden wir uns für oder gegen die Innovation aufgrund der Meinungen in unserem sozialen System. (Schmidt, 2009, S. 29)

Bei einer Betrachtung der Diffusion von VR fällt auf, dass nachstehende Faktoren die korrekte Einordnung erheblich erschweren: (Krohner, 2016, o. S)

- Die Massenmedien fördern das Bewusstsein viel intensiver als soziale Kontakte
- Die Entwickler veröffentlichen Hard- und Software in einem frühen Stadium des Lebenszyklus anstatt auf einen iterativen Prozess zu setzen

Als frühe Adoptoren lassen sich große, globale Firmen wie Facebook oder Disney ausmachen, die hohe Summen in das immersive Medium investieren. (Pechmann, 2017, o. S) Doch gerade durch deren horrenden Einfluss auf die Massenmedien wird VR besser bzw. weiter eingestuft und präsentiert, als dies eigentlich der Fall ist. Dies führt zu der Wahrnehmung, dass VR die kritische Masse bereits erreicht hat, weshalb die Verbreitung deutlich schneller erfolgt. Doch es ist fraglich, ob diese Wahrnehmung der Realität entspricht. (Krohner, 2016, o. S)

Es wirkt, als versuchten die Big Player mit ihrer Marktmacht das immersive Medium VR im Bewusstsein zu verankern. Sie beschleunigen den Diffusionsprozess künstlich – es ist allerdings davon auszugehen, dass die kritische Masse erst überschritten wird, sobald die frühen Adoptoren aus dem sozialen System ebenfalls Vertrauen in die Technologie entwickeln und diese einsetzen. Dann steht in Kombination mit einem erneuten, bedeutenden Technologiesprung einem rasanten Aufstieg und die damit verbundene Verbreitung und Nutzung durch die breite Masse nichts mehr im Weg. Es bleibt spannend, den Diffusionsprozess von VR zu betrachten – dieser wird im Nachgang wertvolle Erkenntnisse liefern und hat das Potenzial, dass bestehende Theorien zur Diffusion aufgrund des Einflusses von Massenmedien, der um einiges stärker als unser soziales System sein kann, zumindest überdacht werden müssen. (Krohner, 2016, o. S)

3 Empirische Untersuchung

3.1 Methodik: Durchführung von Experteninterviews

Differenzierung zwischen quantitativer und qualitativer Empirie

Quantitative Ansätze zielen darauf ab, theoretische Erklärungen und aufgestellte Hypothesen durch die empirische Untersuchung zu überprüfen (Deduktion), während qualitative Ansätze darauf aus sind, anhand empirischer Daten Theorieaussagen zu entdecken und generieren (Induktion), da noch keine Theorien vorliegen, die den Untersuchungsgegenstand ausreichend erklären können. (Schnell, Hill & Esser, 2013, S. 311ff) Qualitative Forschung dient zur Generierung realitätsnaher Daten und damit von Lebenswelten und Interaktionen, während quantitative Forschung replizierbare Daten ermittelt, die kausale Zusammenhänge erklären und dadurch mithilfe von Stichproben auf die Grundgesamtheit schließen sollen. (Riesenhuber, 2009, S. 6ff)

In der quantitativen Sozialforschung ist es notwendig, eine aussagekräftige Stichprobe der Grundgesamtheit auszuwählen, die das soziale Gefüge entsprechend repräsentieren kann. Bei der qualitativen Befragung ist eine auf die Art der Forschungsfrage zugeschnittene Untersuchungsgruppe zu bestimmen, da sich die Forschung auf einen analytischen Untersuchungsbereich fokussiert. (Brüsemeister, 2008, S. 20f)

Bei qualitativen Methoden wie Experteninterviews oder Gruppendiskussionen ist der Forschungsprozess als dynamisch zu bezeichnen. Im Vergleich sind quantitative Methoden wie Experimente oder standardisierte Fragebögen als statisch anzusehen. (Kaya, 2009, S. 51ff)

Auswahl einer geeigneten Methodik

Bei der intensiven Befassung mit dem vorliegenden Forschungsobjekt – Virtual Reality bei Fachmessen aus Veranstaltersicht – ist aufgefallen, dass keine allgemeingültigen Theorien und Erkenntnisse zur Thematik vorliegen. Zwar setzen bereits einige ausstellende Unternehmen die Technologien auf Fachmessen ein, doch Messeveranstalter haben sich bislang wenig bis gar nicht mit der Einbindung und Nutzung immersiver Medien im Allgemeinen und VR im Speziellen beschäftigt.

Daher muss es Ziel der vorliegenden Arbeit sein, mithilfe einer empirischen Untersuchung theoretische Erkenntnisse zu generieren. Hierfür ist die Erhebung realitätsnaher Daten durch die Auswahl einer geeigneten Untersuchungsgruppe ein probates Mittel. Es ist nicht das Ziel, standardisierte, replizierbare Daten zu sammeln, sondern neue Erkenntnisse mittels ausgewählter Expertenmeinungen zu gewinnen.

Basierend auf der Zieldefinition und den zuvor geschilderten Aspekten ist für das vorliegende Forschungsobjekt der Einsatz einer qualitativen Forschungsmethode sinnvoll. Experteninterviews als eine qualitative Forschungsmethode werden von MAYER als eine besondere Form des Leitfadeninterviews definiert, welche sich insbesondere dadurch auszeichnet, dass offen formulierte Fragen gestellt werden. Durch die Festlegung einer Gesprächsstruktur für die vorher festgelegten Problemstellungen wird die Vergleichbarkeit der gewonnenen Daten erhöht. (Mayer, 2013, S. 37f)

Weiterhin sind Experteninterviews laut KUß für die Gewinnung neuer Daten zweckdienlich und von hohem Nutzen: Bei einer relativ neuartigen Problemstellung ist die Sichtung des vorhandenen, literarischen Materials nicht ausreichend, da zunächst ein gewisses Problemverständnis entwickelt werden muss. (Kuß, 2012, S. 134f)

Experteninterviews sind ein probates Mittel, um für das vorliegende Forschungsobjekt entsprechende Erkenntnisse zu gewinnen und werden daher im Folgenden durchgeführt.

Auswahl einer geeigneten Untersuchungsgruppe

Grundsätzlich lassen sich Auswahlverfahren von geeigneten Untersuchungsgruppen in zwei Kategorien unterscheiden – Verfahren der Zufallsauswahl und Verfahren der bewussten Auswahl. Bei letzterem erfolgt eine gezielte Auswahl nach sachrelevanten Merkmalen, allerdings unter der Prämisse, dass die Auswahl möglichst repräsentativ für die Grundgesamtheit ist. (Meyen et al., 2011, S. 67ff)

Für das vorliegende Forschungsobjekt wird das Cut-off-Verfahren (Auswahl nach dem Konzentrationsprinzip) eingesetzt. Hierbei wird die Erhebung auf solche Elemente in der Grundgesamtheit beschränkt, denen für das Untersuchungsobjekt ein besonderes Gewicht zukommt. Es ist insbesondere dann geeignet, wenn relativ wenigen Elementen von der Grundgesamtheit ein sehr hoher Erklärungsbeitrag für die zu untersuchenden Sachverhalte zuzusprechen ist. (Berekoven, Eckert & Ellenrieder, 2009, S. 52)

Eine hohe Expertise ist, basierend auf den drei theoretischen Eckpfeilern, insbesondere Fachleuten zuzumessen, die sich intensiv entweder mit der Konzeption und Entwicklung von Fachmessen, den Potenzialen und Einsatzmöglichkeiten der Technologie Virtual Reality oder Produkt- und Innovationsmanagement im Allgemeinen beschäftigen. Die Auswahl erfolgte mit dem Hintergrund, möglichst viele verschiedene Perspektiven und Blickwinkel aus den Bereichen abzudecken, um eine Multiperspektivität zu gewährleisten.

Das Expertengremium setzt sich wie folgt zusammen:

- **Claudia Berger**
  BERGER verantwortet als Co-Founderin der 360-Grad-Marketing-Agentur omnia360 den Bereich Marketing & PR. In ihrer Masterthesis hat sie in Kooperation mit REZA KIANI an Einsatzmöglichkeiten von AR und VR im Marketing gearbeitet. Sie spiegelt die Perspektive einer Agentur wider, die sich mit immersiven Medien beschäftigt.

- **Elke Harreiß**
  HARREIß ist Veranstaltungsleiterin der FENSTERBAU FRONTALE bei der NürnbergMesse und damit u.a. für die Konzeption der internationalen Leitmesse zuständig, auf der 2018 eine VR-Anwendung als Pilotprojekt durchgeführt wurde. Darüber hinaus verantwortet sie als Abteilungsleiterin die beiden Fachmessen POWTECH und Stone+tec.

- **Thomas Heinrich**
  HEINRICH ist Gründer und Geschäftsführer von nous, einem Nürnberger Unternehmen, welches ganzheitliche Lösungen für den Einsatz immersiver Medien im B2B-Umfeld anbietet. Nous hat als Technologiepartner der NürnbergMesse die VR-Anwendungen auf der FENSTERBAU

FRONTALE entscheidend mitgestaltet, vorbereitet und durchgeführt. Der studierte Wirtschaftswissenschaftler ist zudem Gründer und Geschäftsführer von Virtuis, die ebenfalls VR-Lösungen, insbesondere im B2C-Bereich anbieten und als Vorreiter im Bereich VR-Arcaden gelten.

- **Hendrik Hochheim**
  HOCHHEIM ist als Referent für Forschung im Institut der deutschen Messewirtschaft beim Branchenverband AUMA insbesondere für die Weiterentwicklung von Fachmessen zuständig. Er ist maßgeblich an diversen Publikationen des AUMA beteiligt und spiegelt die Sichtweise des Verbandes und seiner Mitglieder wider.

- **Tobias Ilg**
  ILG ist Head of Social Media bei Liebherr-International Deutschland GmbH und damit im Bereich Communication & Brand Management angesiedelt. Er ist in Entscheidungsprozesse hinsichtlich der Konzeption des Messeauftritts von Liebherr involviert und unterstützend bei vielen Messen vor Ort. Er betrachtet VR auf Fachmessen aus der Perspektive eines ausstellenden Unternehmens.

- **Henning Könicke**
  KÖNICKE ist Vorstandsmitglied des Branchenverbandes FAMA, der überwiegend private Messeveranstalter vertritt. Er repräsentiert den FAMA und die Mitglieder des Verbandes. Darüber hinaus ist er Geschäftsführer der AFAG Messen & Ausstellungen GmbH, einem privaten Messeveranstalter für Fachmessen und Verbraucherausstellungen.

- **Thomas Lagemann**
  LAGEMANN zeigt sich als Art Director bei der GEALAN Dienstleistung GmbH für die Markenkonzeption und -strategie von GEALAN verantwortlich. Der Profilhersteller für Fenster und Türen ist ein langjähriger Aussteller auf der FENSTERBAU FRONTALE und beschäftigt sich seit wenigen Jahren selbst intensiv mit immersiven Medien und ihren Einsatzmöglichkeiten.

- **Dr. Michael Melcher**
  MELCHER ist Leiter des Produkt- und Innovationsmanagements bei der NürnbergMesse. Er hat die VR-Anwendung auf der FENSTERBAU

FRONTALE verantwortet und ist mit seinem Team in einer der 15 größten Messegesellschaften weltweit u.a. für den Bereich immersive Medien zuständig.

- **Prof. Dr. Patrick Rupert-Kruse**
  RUPERT-KRUSE ist Prodekan im Bereich Medientheorie und Immersionsforschung an der Fachhochschule Kiel. Darüber hinaus ist er Leiter des Instituts für immersive Medien (ifim) und beurteilt demnach VR aus der Forschungsperspektive.

Die Experten werden in folgendem Schaubild bzgl. ihrer Expertise zu Fachmessen und Virtual Reality sowie hinsichtlich ihrer konkreten Perspektive aus dem jeweiligen Fachbereich zum Forschungsobjekt eingeordnet:

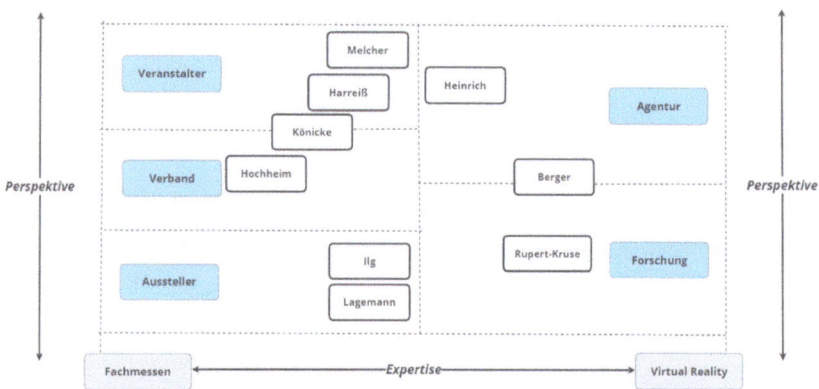

Abbildung 7: Perspektiven der befragten Experten zum Forschungsobjekt
Quelle: Eigene Abbildung.

3.2 Ablauf und Ziel der Experteninterviews

Theoretische Grundlagen

Wie bereits im vorangegangenen Kapitel erklärt, liegt den folgenden Experteninterviews ein Leitfaden mit offen formulierten Fragen zu Grunde. Dieser dient als Gerüst und soll sicherstellen, dass keine wesentlichen Aspekte des Forschungsobjektes während des Expertengesprächs übersehen werden. Das Interview muss sich allerdings nicht strikt an der Reihenfolge des Leitfadens orientieren, sondern bietet für den Interviewer ebenso die Möglichkeit, bei bestimmten Punkten detaillierter nachzufragen. Es obliegt dem Interviewer, eine passende Balance zwischen themennahen und themenfernen Ausführungen zu finden, um für die Untersuchungssache ausreichendes und informatives Datenmaterial zu erhalten. (Mayer, 2013, S. 37f)

Leitfäden kennzeichnen sich durch eine Trennung von wesentlichen Themenkomplexen, die jeweils Schlüsselfragen und Eventualfragen beinhalten. Schlüsselfragen werden in jedem Interview gestellt, Eventualfragen können je nach Verlauf des Interviews relevant werden. Der Leitfaden muss im Vorfeld konstruiert werden, was eine exakte und sorgfältige Vorgehensweise erfordert. (Atteslander, 2010, S. 134f) Der Interviewer muss vor Beginn eines jeden Gesprächs entsprechend in die vorliegende Thematik einweisen und es muss konkretisiert werden, welche Gruppe oder Funktion der Gesprächspartner im Interview repräsentiert. (Schnell et al., 2013, S. 378f)

Konzeption des Leitfadens

Basierend auf den erarbeiteten theoretischen Grundlagen des Forschungsobjektes sowie den Grundlagen zur Erstellung eines Leitfadens in einem strukturierten Experteninterview haben sich drei wesentliche Themenkomplexe herauskristallisiert: Bedeutung und Entwicklung von Fachmessen im Zeitalter der Digitalisierung, Potenziale von Virtual Reality und Zukunftsfähigkeit, Einbindung und Nutzung von Virtual Reality bei Fachmessen aus Veranstaltersicht.

Anschließend wurden jedem der drei Themenkomplexe konkrete Fragen zugeordnet. Diese wurden in einem Probeinterview getestet. Der sogenannte Pretest diente dazu, problematische Formulierungen zu erkennen und zu verbessern sowie zu überprüfen, ob alle relevanten Themenkomplexe ausreichend berücksichtigt wurden. (Mayer, 2013, S. 45f)

Ablauf und Durchführung der Experteninterviews

Die Gesprächstermine wurden mit den einzelnen Experten per E-Mail oder telefonisch vereinbart. Knapp eine Woche im Vorfeld bekamen die Experten via E-Mail Informationen über den Ablauf, die Art und die Struktur (Themenkomplexe) des Experteninterviews zugesandt. Die Gespräche wurden nach Möglichkeit persönlich durchgeführt. Dies war aufgrund der räumlichen Distanz und dem limitierenden Zeitfaktor nicht immer möglich, weshalb einzelne Gespräche telefonisch durchgeführt wurden. Alle Experteninterviews wurden in der Zeit vom 14.05.2018 – 11.06.2018 geführt und hatten eine Dauer zwischen 30 und 75 Minuten.

Zu Beginn des Experteninterviews wurden die Experten über die konkrete Zielsetzung der Bachelorthesis sowie über die gestellten Forschungsfragen und Prämissen informiert, um Missverständnisse zu vermeiden und die vorliegende Thematik entsprechend darzulegen. Nach einer Vorstellungsrunde wurde der Gesprächspartner darauf hingewiesen, sich gemäß seiner beruflichen Funktion und der damit repräsentierten Gruppe zu äußern.

Der Interviewer hat zu jedem Themenkomplex eine kurze Einführung gegeben und im Nachgang die dazugehörigen Fragen gestellt. Darüber hinaus wurde für themennahe Ausführungen der einzelnen Experten Platz gelassen.

Die Gespräche wurden mit Zustimmung der Experten als Memo aufgezeichnet und mittels einzelner Notizen protokolliert, damit sich der Interviewer auf die Befragung konzentrieren konnte und eine flexible Handhabung des Leitfadens gewährleistet war. (Mayer, 2013, S. 47) Im Nachgang wurde vom Interviewer ein Ergebnisprotokoll verfasst, welches der Gesprächspartner per E-Mail zur Prüfung und Freigabe erhalten hat. (Höld, 2009, S. 663)

3.3   Datenauswertung und -interpretation

Theoretische Aspekte zur Analyse qualitativer Daten

Ziel bei der Auswertung von Experteninterviews ist es, durch Vergleich und Analyse der erhobenen Gesprächsprotokolle das Überindividuell-Gemeinsame herauszuarbeiten, um Aussagen über Repräsentatives treffen zu können. (Meuser & Nagel, 1991, S. 452)

Es gibt verschiedenste Verfahren zur Analyse von qualitativen Daten – diese lassen sich im Wesentlichen auf drei Grundformen zurückführen: Zusammenfassung, Explikation, Strukturierung. (Naderer, 2011, S. 413ff) MAYRING differenziert bei der qualitativen Inhaltsanalyse nochmals zwischen den drei Grundformen und kommt so auf sieben verschiedene Analyseformen, deren Einsatz von der Fragestellung des Forschungsobjektes abhängig ist und angepasst werden kann. Als zentralste inhaltsanalytische Technik lässt sich die Strukturierung bzw. die deduktive Kategorienanwendung ausmachen. (Mayring, 2015, S. 97)

Diese Analysetechnik bietet sich besonders an, wenn man bereits über Vorwissen verfügt und dieses in das Erhebungsinstrument, in diesem Fall bei der Erstellung des Interview-Leitfadens, eingebracht hat. Kategorien werden durch wichtige Aspekte aus bereits bekannter Literatur im Bezug zu gestellten Forschungsfragen und der Zieldefinition deduktiv abgeleitet. Anschließend wird das Datenmaterial gesichtet und die relevanten Textstellen werden den passenden Kategorien zugeordnet – dabei handelt es sich um die sogenannte Kodierung. (Naderer, 2011, S. 417)

Durchführung der qualitativen Inhaltsanalyse

Im Rahmen der nun folgenden qualitativen Inhaltsanalyse werden die neun durchgeführten Experteninterviews ausgewertet. Hierbei haben sich die folgenden Kategorien herauskristallisiert, die sich wie folgt den zuvor festgelegten Themenkomplexen zuordnen lassen:

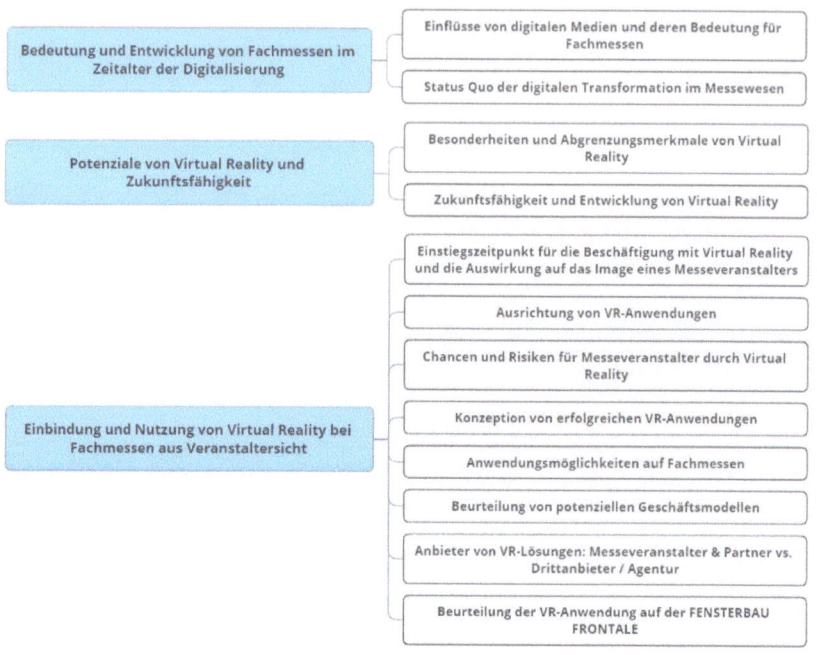

Abbildung 8: Kategorien der qualitativen Inhaltsanalyse
Quelle: Eigene Abbildung.

Die Kategorienbildung erfolgte mit dem Ziel, die große Materialmenge in Form von 3 Themenkomplexen mit insgesamt 20 Fragen auf ein überschaubareres Maß zu konzentrieren. (Mayring, 2015, S. 85) Im Fokus stand dabei insbesondere der Themenkomplex ‚Einbindung und Nutzung von Virtual Reality bei Fachmessen aus Veranstaltersicht'.

4 Ableitung zentraler Handlungsimplikationen

Nachfolgend werden Handlungsimplikationen zur zukunftsweisenden Positionierung von Messeveranstaltern hinsichtlich der Einbindung und Nutzung von Virtual Reality erarbeitet und beschrieben. Zur Umsetzung dieses Ziels werden die Ergebnisse der empirischen Untersuchung mit den vorangegangenen theoretischen Aspekten verknüpft und in eine geeignete Form gebracht.

Hierbei gilt zu beachten, dass die, durch die empirische Forschung herausgearbeiteten, Faktoren sehr vielschichtig sind und daher im Rahmen dieser Arbeit nur gezielt auf einzelne Faktoren eingegangen werden kann. Der Fokus der Betrachtung liegt vor allem auf der Ableitung zentraler Handlungsimplikationen für die Ausrichtung von Messeveranstaltern als weniger in der konkreten Konzeption von Geschäftsmodellen und VR-Anwendungen.

Handlungsimplikation 1

Der Großteil der Experten ist sich einig, dass die Technologie VR nicht als vorübergehender Hype, sondern als richtungsweisender Zukunftstrend einzuordnen ist. Zwar werden immersive Medien – zumindest in ihrem aktuellen Entwicklungsstand – keinen Paradigmenwechsel einläuten, aber sie werden sich mit hoher Wahrscheinlichkeit fest als ein Bestandteil des Marketing-Instrumentariums in der B2B-Kommunikation verankern.

VR-Anwendungen sind bereits jetzt ein beliebtes Mittel, welches auf Messeständen von Ausstellern eingesetzt wird. Die Tendenz hierfür ist stark zunehmend; auch Studien sehen die Nutzung auf Messen und Ausstellungen als ein zentrales Anwendungsfeld. Es ist also davon auszugehen, dass die Bedeutung von VR-Lösungen auf Fachmessen weiterhin steigen wird, insbesondere vor dem Hintergrund hoher Medienpräsenz und der rasanten Verbreitung der Technologie.

Die Unternehmen, die Interesse an der Nutzung von VR haben, besitzen verschiedene Möglichkeiten, entsprechende Leistungen zu beziehen. Bleibt man bei einer Betrachtung des Einsatzes am Messestand, so ist es selbsterklärend, den Messebauer als ersten Ansprechpartner anzusehen. Dieser steuert alle involvierten Gewerke und Dienstleister. Je nach dessen Know-how wird dieser entweder selbst aktiv oder entscheidet sich, dies an einen Drittanbieter outzusourcen. Es werden demnach entweder Agenturen beauftragt, die sich mit VR beschäftigen und in diesem Feld Fertigkeiten vorweisen können, oder der Messebauer entwickelt selbst Lösungen.

Bei einer Messegesellschaft wird diese Kompetenz zunächst nicht vermutet, da sich ihr Kerngeschäft bekanntlich auf die Organisation und Durchführung von Fachmessen konzentriert. Darüber hinaus verfügen Messeveranstalter nicht über das benötigte Know-how, um VR-Anwendungen selbstständig zu konzipieren.

Entschließt sich daher ein Messeveranstalter, dieses Geschäftsfeld zu besetzen, ist die Kooperation mit einem externen Partner notwendig. Dies ist analog zur Zusammenarbeit mit einem Caterer, Standbauer oder einer Personalvermittlung zu sehen. Dennoch wird die Qualifikation hinsichtlich VR in erster Linie nicht mit einem Messeveranstalter in Verbindung gebracht, woraus sich die erste Handlungsimplikation ableiten lässt:

▶ **Positionierung als innovativer, technikaffiner Technologiepartner mit umfassendem Know-how über Fachmessen und Virtual Reality**

Durch die geschickte Positionierung als innovativer, technikaffiner Technologiepartner wird ein Messeveranstalter gemeinsam mit seinem Kooperationspartner vermehrt als ein potenzieller Geschäftspartner im Rahmen der Einbindung von VR wahrgenommen.

Um sich vom Wettbewerb abheben zu können, spielt das umfassende Know-how über Fachmessen und VR eine wichtige Rolle – die beiden Unternehmen (Messeveranstalter und VR-Agentur) sind in ihrem Bereich jeweils mit einer hohen Expertise ausgestattet. Diese gebündelte Kompetenz kann von keinem Drittanbieter erwartet werden, da er nicht in beiden Feldern das notwendige Know-how mitbringen kann. Messebauer besitzen zwar umfangreiches Wissen über Fachmessen, sind allerdings nicht umfassend mit immersiven Medien vertraut, bei VR-Agenturen verhält sich dies entgegengesetzt.

Die strategische Partnerschaft zwischen einer Messegesellschaft und einem Partnerunternehmen, welches Expertise und Qualifikationen aus dem Bereich der immersiven Medien mitbringt, kann daher eine bedeutende Rolle spielen und sich durch eine entsprechende Positionierung entscheidend von der Konkurrenz abheben. Hierfür ist es notwendig, die gebündelten Kompetenzen durch die Gründung eines Joint Ventures oder einer anderen Unternehmensform in der Öffentlichkeit zu präsentieren, da dies bei einer passenden Markenstrategie die Verortung von Know-how im Bereich Fachmessen und VR verstärkt und unterstützt.

Abschließend ist es wichtig darauf hinzuweisen, dass ein Messeveranstalter sich nicht auf eine konkrete Technologie, in diesem Fall VR, festlegen sollte, sondern allgemein den Bereich der immersiven Medien im Auge behalten muss. AR, MR und VR haben alle ihre Besonderheiten und Eigenschaften und jede der einzelnen Technologien ist für bestimmte Problemfelder oder Herausforderungen jeweils besser geeignet. Es ist wichtig, sich neuen Technologien zu öffnen und zu versuchen, diese bestmöglich zu nutzen und einzusetzen.

Handlungsimplikation 2

Wie bereits im vorangegangenen Absatz angesprochen, wird VR inzwischen in den verschiedensten Branchen im B2B-Bereich eingesetzt. Viele Unternehmen nutzen die sich bietenden Möglichkeiten und sehen VR als ein belebendes, innovatives Element an, dass in den unterschiedlichsten Stufen der Wertschöpfung unterstützend fungieren kann.

Die Unternehmen, die bereits mit VR oder anderen immersiven Medien arbeiten, haben bereits einen externen Partner oder nutzen interne Experten zur Umsetzung von Lösungen in diesem Bereich. Es ist schwer vorstellbar, dass diese Firmen für VR-Anwendungen im Rahmen der Messebeteiligung auf einen weiteren, externen Partner, z.B. in Form des Messeveranstalters setzen. Auch, um das bereits gewonnene Wissen preiszugeben und dieses dadurch indirekt für die Konkurrenz nutzbar zu machen.

Dennoch gibt es einige Unternehmen, die mit immersiven Medien bislang wenig Kontakt hatten oder über keinerlei Berührungspunkte verfügen. Manche von ihnen lehnen die Technologien kategorisch ab, andere sind in der Findungsphase und eventuell an einer möglichen Nutzung interessiert oder konnten sich noch nicht dafür entscheiden. Insbesondere für Firmen, die innovative Produkte und Lösungen anbieten und sich dementsprechend im Wettbewerb positionieren, kann VR von Interesse sein.

Aus den angesprochenen Punkten, die insbesondere auf den Aussagen der beiden Repräsentanten der Ausstellerseite aufbauen, lässt sich folgende Handlungsempfehlung ableiten:

▶ **Gezielte Ansprache fortschrittlicher, innovationsfreudiger Unternehmen ohne Virtual Reality-Erfahrung**

Bei Ausstellern, die bislang wenig Erfahrungen mit immersiven Medien gesammelt haben, aber sich durchaus als fortschrittlich und innovationsfreudig bezeichnen, besteht die Chance, diese als Kunden zu gewinnen und sie auf ihrem VR-Weg zu begleiten. Dies setzt selbstverständlich entsprechende Kompetenz und Know-how voraus. Darüber hinaus muss ein Veranstalter seine Kunden kennen und differenzieren, um den Entschluss treffen zu können, ob und wann eine gezielte Ansprache sinnvoll ist.

Um die Technologie und die sich bietenden Möglichkeiten attraktiv zu gestalten, ist es notwendig, Ausstellern einen konkreten Nutzen und Mehrwert zu präsentieren. Dieser ist in Abhängigkeit vom jeweiligen Aussteller und dessen Wunschvorstellung zu finden und auszuarbeiten. Wichtig ist hierbei, dass analoge, physische Elemente mit digitalen Inhalten passgenau verknüpft werden müssen, um die volle Wirkung von VR-Anwendungen entfalten zu können.

Handlungsimplikation 3

Bei einer allgemeinen Betrachtung der digitalen Transformation fällt auf, dass sich damit einhergehende Veränderungen häufig lediglich auf das Endprodukt konzentrieren. Es wird also beim konkreten Beispiel der Fachmessen nur versucht, die Veranstaltung an sich zu digitalisieren, statt den gesamten Wertschöpfungsprozess zu betrachten und digitale Ansätze zu implementieren.

Ähnlich ist dies im Fall von VR bei Fachmessen. Im Fokus steht die Nutzung der Technologie von Ausstellern an deren Messestand, was sicherlich auch als zentrales Einsatzgebiet zu nennen ist. Einige der Experten sehen jedoch mehr als nur die reine Nutzung zur Veranstaltung an sich als sinnvoll an. Potenzielle Einsatzgebiete sind bspw. die Darstellung von Kongressräumlichkeiten oder das

Vorab-Besichtigen einer Messehalle. Dadurch können Problemfelder frühzeitig erkannt und beseitigt werden. Daraus lässt sich folgende Handlungsimplikation ableiten:

▶ **Einbindung von Virtual Reality als unterstützendes Element im gesamten Wertschöpfungsprozess rund um Fachmessen**

Durch die vielfältigen Einsatzmöglichkeiten von VR bietet es sich an, das immersive Medium in den kompletten Wertschöpfungsprozess einer Fachmesse einzubinden.

Ein Messeveranstalter muss den kompletten Ablauf und die Prozesse im Rahmen der Wertschöpfung rund um eine Fachmesse analysieren und sich anschließend überlegen, in welcher Stufe VR unterstützend eingebaut werden kann.

Es sind einige Bereiche denkbar, insbesondere wenn es darum geht, Bestandteile eines Messegeländes zu zeigen oder Veranstaltungsszenarien zu simulieren. Komplexe Produkte, oder Produkte, die nicht präsentiert werden können, können durch VR interaktiv erlebbar und darstellbar gemacht werden. Die Technologie kann hier auf eine ähnliche Art und Weise eingesetzt werden bzw. funktioniert für ähnliche Problemstellungen wie auf der Ausstellerseite.

Handlungsimplikation 4

Die öffentliche Wahrnehmung von VR ist negativ behaftet – die Technologie wird häufig als Spielerei abgetan und scheint eher für den B2C-Bereich interessant. Die Auswertung diverser Studien sowie die Meinungen der Experten geben allerdings ein gegensätzliches Bild ab. Sicherlich wird VR auch weiterhin mit Gamification-Anwendungen in Verbindung gebracht werden. Grundsätzlich bietet das immersive Medium überwiegend Potenziale für den B2B-Bereich. Die Befragung auf der FENSTERBAU FRONTALE im Rahmen der VR-Anwendung spiegelte wider, dass die befragten Personen größtenteils nicht mit dem Thema VR vertraut sind und einen Einsatz in ihrem Unternehmen als fraglich empfinden.

Dabei besitzt VR im Vergleich zu anderen digitalen Medien zahlreiche Vorteile und Alleinstellungsmerkmale, die potenziellen Nutzern häufig nicht bekannt sind – weil sich mit der Technologie nur sehr oberflächlich beschäftigt wird und so viele Besonderheiten unentdeckt bleiben. Darauf aufbauend lässt sich folgende Empfehlung aussprechen:

▶ **Schärfung der öffentlichen Wahrnehmung und Sensibilisierung von Virtual Reality**

Ziel muss es sein, das Image von VR zu stärken: Die Technologie ist, wenn sie korrekt eingesetzt wird, nicht als Spielerei zu betiteln, sondern bietet aufgrund der schier unbegrenzten Möglichkeiten zahlreiche Chancen für Unternehmen. Messeveranstalter können dies ihren Ausstellern durch Einbindung in Messekonzepte demonstrieren, z.B. durch Sonderflächen die mittels VR-Anwendungen umgesetzt werden. Sowohl Aussteller als auch Besucher werden dadurch informiert, gewissermaßen aufgeklärt und können so die Vorteile der Technologie erkennen. Hier ist es besonders wichtig, den Nutzen konkret darzustellen und zu präsentieren.

Die Vorstellung innovativer Technologien kann darüber hinaus in Unternehmensblogs oder -magazinen im Rahmen des Corporate Publishing erfolgen. Die journalistische Unternehmenskommunikation hat den Vorteil, relativ kostengünstig eine relevante Zielgruppe in Form von Geschäftspartnern und potenziellen Kunden zu erreichen.

Die positive, öffentliche Wahrnehmung kann im Umkehrschluss dazu führen, dass sich Aussteller intensiver mit VR beschäftigen, diese Technologie mit einem Messeveranstalter in Verbindung bringen und Anwendungsmöglichkeiten für sich entdecken. Diese Chance muss genutzt werden, um als Partner die Aktivitäten der Aussteller hinsichtlich VR zu unterstützen und durchzuführen.

5   Fazit

Es lässt sich zusammenfassen, dass Fachmessen unabhängig von der digitalen Transformation auch in Zukunft eine bedeutende Rolle im Instrumentarium der B2B-Kommunikation spielen werden. Digitale Medien werden allerdings immer intensiver auf die Veranstaltungsbranche einwirken und als additive, prolongierende Elemente Messen massiv beeinflussen. Dadurch werden Prozesse und Abläufe rund um eine Messebeteiligung effizienter und effektiver gestaltet. Aussteller, Besucher und Veranstalter profitieren von den sich ergebenden Synergieeffekten.

Die aufstrebende, innovative Technologie Virtual Reality ist als eines der wenigen digitalen Medien auszumachen, welches fortlaufend intensiver in die Messebranche eindringt und sich dort vermutlich langfristig verankern wird. Es ergeben sich viele Anwendungsfelder, sowohl auf einer Messe selbst als auch entlang des gesamten Wertschöpfungsprozesses, um Virtual Reality mehrwertstiftend einzubinden und zu nutzen.

Im Rahmen dieses Forschungsobjektes wurden grundlegende Handlungsimplikationen für die Positionierung von Messeveranstaltern hinsichtlich der Einbindung und Nutzung von Virtual Reality abgeleitet. Basierend auf diesen Erkenntnissen kann sich eine nachfolgende wissenschaftliche Untersuchung intensiver mit potenziellen Geschäftsmodellen und der Konzeption von VR-Anwendungen beschäftigen, um so noch tiefer gehende Empfehlungen aussprechen zu können.

Zwar wurde im Rahmen der qualitativen Untersuchung ein breites Expertenspektrum, welches sich aus Fachleuten mit umfangreichem Know-how aus dem Bereichen Messe und VR zusammengesetzt hat, ausgewählt und befragt. Dennoch können qualitative Forschungsmethoden aufgrund der geringen Untersuchungsgruppe subjektive oder auch zum Teil falsche Informationen liefern. Im Rahmen einer weiterführenden Untersuchung bietet es sich daher an, die Untersuchungsgruppe zu erweitern und bspw. zusätzliche Workshops durchzuführen. So könnte vorhandenes Wissen im gemeinsamen, persönlichen Dialog gesammelt, strukturiert und erweitert werden.

Abschließend ist festzuhalten, dass Virtual Reality die klassische Fachmesse vermutlich nicht disruptiv verändern wird. Allerdings sind die Einflüsse der Technologie bereits deutlich spürbar – Messeveranstalter, die dies erkennen können die Chance nutzen, Teile des stark wachsenden Marktes für sich zu beanspruchen und einzunehmen. Setzt sich der Trend rund um immersive Medien weiterhin in dieser rasanten Geschwindigkeit fort, ist es gut möglich, dass sich die Technologien zu einem integralen Bestandteil von Fachmessen entwickeln werden.

Literaturverzeichnis

Arzt, R. (2007). Wettbewerbsfähigkeit europäischer Messeveranstalter: Entwicklung und empirische Anwendung eines multidimensionalen Bezugsrahmens. Köln, Kölner Wissenschaftsverlag.

Atteslander, P. (2010). Methoden der empirischen Sozialforschung (13. Aufl.). Berlin, Erich Schmidt.

AUMA (Hrsg.) (2009). AUMA Edition 30: Die gesamtwirtschaftliche Bedeutung von Messen und Ausstellungen in Deutschland. Berlin.

AUMA (Hrsg.) (2013). AUMA-Typologie: Klassifizierung von Messen in Deutschland. Berlin.

AUMA (Hrsg.) (2017a). AUMA Messetrend: 2017. Berlin.

AUMA (Hrsg.) (2017b). Messewirtschaft in Zahlen: 2017. Berlin.

AUMA (Hrsg.) (2018a). AUMA Messetrend: 2018. Berlin.

AUMA (2018b). Messen sorgen pro Jahr für 28 Mrd. Euro Produktion in der deutschen Wirtschaft: ifo untersuchte im Auftrag des AUMA wirtschaftliche Bedeutung von Messen. Zugriff am 24.06.2018 unter www.auma.de/de/Presse/Seiten/Presse-2018-11.aspx

Bastian, M. (2018). Virtual Reality: Teure Grafikkarten könnten VR-Verbreitung ausbremsen. Zugriff am 08.06.2018 unter www.vrodo.de/virtual-reality-teure-grafikkarten-koennten-vr-verbreitung-ausbremsen/

Berekoven, L., Eckert, W. & Ellenrieder, P. (1999). Marktforschung: Methodische Grundlagen und praktische Anwendung (8. Aufl.). Wiesbaden, Gabler.

Bitkom (Hrsg.) (2016). Zukunft der Consumer Technology – 2016: Marktentwicklung, Schlüsseltrends, Mediennutzung, Konsumentenverhalten, Neue Technologien. Berlin.

Bitkom (2018). ITK-Märkte: ITK-Konjunktur. Zugriff am 08.06.2018 unter www.bitkom.org/Marktdaten/ITK-Konjunktur/ITK-Markt-Deutschland. html

Bormann, S. (1994). Virtuelle Realität: Genese und Evaluation. Bonn, Addison-Wesley.

Borstel, P. (2018). Digitalisierung: Kundennutzen + Effizienz. Trade Fairs International, Ausgabe 01/2018. 8-10.

Bouée, C.-E. & Schaible, S. (2015). Die Digitale Transformation der Industrie. Berlin.

Bowersox, D. J., Closs, D. J. & Drayer, R. W. (2005). The Digital Transformation: Technology and Beyond. Supply Chain Management Review, Ausgabe 01/2005. 22-29.

Brill, M. (2009). Virtuelle Realität. Berlin, Springer.

Bruhn, M. & Hadwich, K. (2017). Steuerung und Kontrolle der Servicequalität von Messen. In M. Kirchgeorg, W. M. Dornscheidt & N. Stoeck (Hrsg.). Handbuch Messemanagement. Planung, Durchführung und Kontrolle von Messen, Kongressen und Events (2. Aufl.) (S. 815-845). Wiesbaden, Springer Gabler.

Brüsemeister, T. (2008). Qualitative Forschung: Ein Überblick (2. Aufl.). Wiesbaden, VS.

Buhl-Wagner, M. (2017). Integrierte Messeveranstalter: Das Ganze ist mehr als die Summe seiner Teile. In M. Kirchgeorg, W. M. Dornscheidt & N. Stoeck (Hrsg.). Handbuch Messemanagement. Planung, Durchführung und Kontrolle von Messen, Kongressen und Events (2. Aufl.) (S. 67-79). Wiesbaden, Springer Gabler.

BMWi Bundesministerium für Wirtschaft und Energie (Hrsg.) (2015). Industrie 4.0 und Digitale Wirtschaft: Impulse für Wachstum, Beschäftigung und Innovation. Berlin.

Capgemini (Hrsg.) (2011). Digital transformation: A roadmap for billion dollar organizations. Cambridge

Dams, C. M. & Luppold, S. (2016). Hybride Events: Zukunft und Herausforderung für Live-Kommunikation. Wiesbaden, Springer Gabler.

Delfmann, W. & Dorn, S. (2016). Digitalisierung im Messewesen. Niederbayerische Wirtschaft, Ausgabe 02/2016. 8-9.

Deloitte, Fraunhofer FIT & Bitkom (Hrsg.) (2016). Head Mounted Displays in deutschen Unternehmen: Ein Virtual, Augmented und Mixed Reality Check. München.

DUB (2018). Kräfte-Messen. Unternehmer-Magazin, Ausgabe 01/2018. 56-59.

Dörner, R. et al. (2013). Einleitung. In R. Dörner et al. (Hrsg.). Virtual und Augmented Reality (VR/AR): Grundlagen und Methoden der Virtuellen und Augmentierten Realität (S. 1-32). Berlin, Springer Vieweg.

Erbel, H.-J. (2017). Besucherquantität und -qualität als zentraler Werttreiber von Messen. In M. Kirchgeorg, W. M. Dornscheidt & N. Stoeck (Hrsg.). Handbuch Messemanagement. Planung, Durchführung und Kontrolle von Messen, Kongressen und Events (2. Aufl.) (S. 243-253). Wiesbaden, Springer Gabler.

Gartner (2017). Top Trends in the Gartner Hype Cycle for Emerging Technologies: 2017. Zugriff am 08.06.2018 unter www.gartner.com/smarterwithgartner/ top-trends-in-the-gartner-hype-cycle-for-emerging-technologies-2017/

Gartner (2018). Virtual Reality (VR). Zugriff am 30.05.2018 unter www. gartner.com/it-glossary/vr-virtual-reality/

Gewerbeordnung (GewO). München, dtv.

Golder, P. & Tellis, G. (1997). Will It Ever Fly? Modeling the Takeoff of Really New Consumer Durables. Marketing Science Journal, Vol. 16/Issue 3. 256-270.

Gross, D. (2017). Virtual Reality (VR) und die Digitalisierung.
Zugriff am 29.04.2018 unter www.it-daily.net/it-management/
digitale-transformation/15648-virtual-reality-vr-und-die-digitalisierung/

Grosser, T. (2017). Bits und Apps im Messe- und Tagungswesen. In T. Knoll
(Hrsg.). Veranstaltungen 4.0: Konferenzen, Messen und Events im digitalen
Wandel (S. 37-66). Wiesbaden, Springer Gabler.

Groth, C. (1992). Determinanten der Veranstaltungspolitik von
Messegesellschaften. In K.-H. Strothmann & M. Busche (Hrsg.). Handbuch
Messemarketing. Wiesbaden, Gabler.

Haas, M. (2018). Smartphone-Markt: Konjunktur und Trends. Berlin.

Höld, R. (2009). Zur Transkription von Audiodaten. In R. Buber & H.
Holzmüller (Hrsg.). Qualitative Marktforschung: Konzepte – Methoden –
Analysen (2. Aufl.) (S. 655-668). Wiesbaden, Gabler.

Hülsbömer, S. (2015). Gartner-Trends im Reality-Check. Zugriff am 08.06.2018
unter https://computerwoche.de/a/gartner-trends-im-reality-check,3070089

Innocenti, A. (2017). Virtual reality experiments in economics. Journal of
Behavioral and Experimental Economics, Vol. 69. 71-77.

Jung, B. & Vitzthum, A. (2013). Virtuelle Welten. In R. Dörner et al. (Hrsg.).
Virtual und Augmented Reality (VR/AR): Grundlagen und Methoden der
Virtuellen und Augmentierten Realität (S. 65-95). Berlin, Springer Vieweg.

Kaiser-Neubauer, C. (2018). Cyber Messen: Gesichtserkennung im
Aquariumtunnel. Zugriff am 29.04.2018 unter www.sueddeutsche.de/
wirtschaft/cyber-messen-gesichtserkennung-im-aquarium-tunnel-1.3957225

Kamm, R. (2017). Privatisierung und Fusion von Messegesellschaften. In
M. Kirchgeorg, W. M. Dornscheidt & N. Stoeck (Hrsg.). Handbuch
Messemanagement. Planung, Durchführung und Kontrolle von Messen,
Kongressen und Events (2. Aufl.) (S. 177-190). Wiesbaden, Springer Gabler.

Karle, R. (2017). Experten gefragt: Wie können sich Messen als Treffpunkt von Anbietern und Kunden behaupten? Zugriff am 28.06.2018 unter www.absatzwirtschaft.de/experten-gefragt-wie-koennen-sich-messen-als-treffpunkt-von-anbietern-und-kunden-behaupten-115387/

Kaufmann, G. (2018). Mehrwert durch Digitalisierung: Auf dem Weg, m+a report, 01/2018. 26-32.

Kaya, M. (2009). Verfahren der Datenerhebung. In S. Albers et al. (Hrsg.). Methodik der empirischen Forschung (3. Aufl.) (S. 49-64). Wiesbaden, Gabler.

Kirchgeorg, M. (2017). Funktionen und Erscheinungsformen von Messen. In M. Kirchgeorg, W. M. Dornscheidt & N. Stoeck (Hrsg.). Handbuch Messemanagement. Planung, Durchführung und Kontrolle von Messen, Kongressen und Events (2. Aufl.) (S. 31-50). Wiesbaden, Springer Gabler.

Kirchgeorg, M., Ermer, B. & Wiedmann, M (2012). Szenarioanalyse: Messen & Live Communication: 2020. In AUMA (Hrsg.). AUMA Edition 36 (S. 5-60). Berlin.

Kirchgeorg, M., Springer, C. & Brühe, C. (2009). Live Communication Management: Ein strategischer Leitfaden zur Konzeption, Umsetzung und Erfolgskontrolle. Wiesbaden, Gabler.

KPMG (Hrsg.) (2016). Neue Dimensionen der Realität: Eine Analyse der Potenziale von Virtual und Augmented Reality für Unternehmen. München

Kreutzer, R. T. (2015). Digitale Revolution: Auswirkungen auf das Marketing. Wiesbaden, Springer Gabler.

Krohner, J. (2016). How Virtual Reality's Diffusion is Different. Zugriff am 11.06.2018 unter www.virtualrealitypop.com/how-virtual-reality-s-diffusion-is-different-e8258f14f069

Kuß, A. (2012). Marktforschung: Grundlagen der Datenerhebung und Datenanalyse (4. Aufl.). Wiesbaden, Springer Gabler.

Kümmeler, L. (2018). Facebook setzt laut Mark Zuckerberg weiter auf Oculus & VR. Zugriff am 29.04.2018 unter www.vr-world.com/ mark-zuckerberg-facebook-investitionen-vr-oculus/

Lanier, J. (1992). Virtual Reality: The promise of the future. Interactive Learning International Journal, Vol. 8/No. 4. 275-279.

Leitinger, E. (2013). Hybride Events. In M. Dinkel, S. Luppold & C. Schröer (Hrsg.). Handbuch Messe-, Kongress- und Eventmanagement (S. 120-123). Sternenfels, Wissenschaft & Praxis.

Luppold, S. (2018). Was die MICE-Branche bewegt: Digitale Transformation. eventlocations, Ausgabe 01/2018. 30-32.

Mayer, H. O. (2013). Interview und schriftliche Befragung: Grundlagen und Methoden empirischer Sozialforschung (6. Aufl.). München, Oldenbourg.

Mayring, P. (2015). Qualitative Inhaltsanalyse: Grundlagen und Techniken (12. Aufl.). Weinheim, Beltz.

Meffert, H. (2017). Ziele und Nutzen der Messebeteiligung von ausstellenden Unternehmen und Besuchern. In M. Kirchgeorg, W. M. Dornscheidt & N. Stoeck (Hrsg.). Handbuch Messemanagement. Planung, Durchführung und Kontrolle von Messen, Kongressen und Events (2. Aufl.) (S. 1011-1025). Wiesbaden, Springer Gabler.

Meffert, H., Burmann, C. & Kirchgeorg, M. (2008). Marketing. Grundlagen marktorientierter Unternehmensführung: Konzepte – Instrumente – Praxisbeispiele (10. Aufl.). Wiesbaden, Gabler.

Meuser, M. & Nagel, U. (1991). Experteninterviews – vielfach erprobt, wenig bedacht: ein Beitrag zur qualitativen Methodendiskussion. In D. Garz & K. Kraimer (Hrsg.). Qualitativ-empirische Sozialforschung (S. 441-468). Opladen, Westdeutscher.

Meyen, M. et al. (2011). Qualitative Forschung in der Kommunikationswissenschaft: Eine praxisorientierte Einführung. Wiesbaden, VS.

Mihelj, M., Novak, D. & Begus, S. (2014). Virtual Reality Technology and Applications. Dordrecht, Springer.

Milgram, P. & Kishino, F. (1994). A Taxonomy of Mixed Reality Visual Displays. IEICE Transactions on Information and Systems, Vol. E77-D/No. 12. 1321-1329.

Moorstedt, M. (2017). Pokémon Go war erst der Anfang. Zugriff am 03.06.2018 unter www.sueddeutsche.de/digital/digital-das-ende-des-echten-1.3733071

Naderer, G. (2011). Auswertung & Analyse qualitativer Daten. In G. Naderer & E. Balzer (Hrsg.). Qualitative Marktforschung in Theorie und Praxis (2. Aufl.) (S. 407-434). Wiesbaden, Gabler.

Neven, P. (2005). Geschichte und Entwicklung der Messewirtschaft. In W. Delfmann, R. Köhler & L. Müller-Hagedorn (Hrsg.). Kölner Kompendium der Messewirtschaft: Das Management von Messegesellschaften (S. 73-90). Köln, Kölner Wissenschaftsverlag.

ngn (Hrsg.) (2017). Benchmark-Studie: Status Quo der digitalen Messemedien 2016/2017. Berlin.

Pechmann, J. (2017). f8-Konferenz: Facebook wettet auf Augmented Reality und den Messenger. Zugriff am 28.06.2018 unter www.absatzwirtschaft. de/f8-konferenz-facebook-wettet-auf-augmented-reality-und-den-messenger-104663/

Penzkofer, H. (2017). Gesamtwirtschaftliche Bedeutung von Messen und Ausstellungen. In M. Kirchgeorg, W. M. Dornscheidt & N. Stoeck (Hrsg.). Handbuch Messemanagement. Planung, Durchführung und Kontrolle von Messen, Kongressen und Events (2. Aufl.) (S. 109-120). Wiesbaden, Springer Gabler.

Piper Jaffray (Hrsg.) (2015). Next Mega Tech Theme Is Virtual Reality. Minneapolis.

PWC (Hrsg.) (2013). Digitale Transformation – der größte Wandel seit der industriellen Revolution. Frankfurt.

Radtke, B. & Bauer, T. (2018). Messtivals oder wie sich eine wichtige Branche erneuert. absatzwirtschaft, Ausgabe 03/2018. 68-74.

Riesenhuber, F. (2009). Großzahlige empirische Forschung. In S. Albers, Sönke (Hrsg.). Methodik der empirischen Forschung (3. Aufl.) (S. 1-16). Wiesbaden, Gabler.

Robertz, G. (1999). Strategisches Messemanagement im Wettbewerb: Ein markt-, ressourcen- und koalitionsorientierter Ansatz. Wiesbaden, Deutscher Universitäts-Verlag.

Rodekamp, V. (2017). Zur Geschichte der Messen in Deutschland und Europa. In M. Kirchgeorg, W. M. Dornscheidt & N. Stoeck (Hrsg.). Handbuch Messemanagement. Planung, Durchführung und Kontrolle von Messen, Kongressen und Events (2. Aufl.) (S. 3-9). Wiesbaden, Springer Gabler.

Rogers, E. M. (2003). Diffusion of Innovations (5. Aufl.). New York, Free Press.

Rogers, E. M. & Shoemaker, F. (1971). Communication of Innovations: A Cross-Cultural Approach. New York, Free Press.

Röhrich, M. (2017). Virtual Reality – Neue Dimensionen der Wahrnehmung. In M. Dinkel, M. Schenk & S. Ronft (Hrsg.). Veranstaltungstechnik im Kontext von Corporate Events. Mannheim.

Schallmo, D. & Rusnjak, A. (2017). Roadmap zur digitalen Transformation von Geschäftsmodellen. In D. Schallmo et al. (Hrsg.). Digitale Transformation von Geschäftsmodellen: Grundlagen, Instrumente und Best Practices (S. 1-31). Wiesbaden, Springer Gabler.

Schart, D. & Tschanz, N. (2018). Augmented und Mixed Reality für Marketing, Medien und Public Relations (2. Aufl.). Konstanz, UVK.

Schmidt, S. (2009). Die Diffusion komplexer Produkte und Systeme: Ein systemdynamischer Ansatz. Wiesbaden, Gabler.

Schnell, R., Hill, P. B. & Esser, E. (2013). Methoden der empirischen Sozialforschung (10. Aufl.). München, Oldenbourg.

Schraudy, K. (2017). Produktentwicklung in der Messeindustrie. In M. Kirchgeorg, W. M. Dornscheidt & N. Stoeck (Hrsg.). Handbuch Messemanagement. Planung, Durchführung und Kontrolle von Messen, Kongressen und Events (2. Aufl.) (S. 377-388). Wiesbaden, Springer Gabler.

Schulz, M. (2017). Digitale Events und Messen: gestern noch Theorie – heute schon Wirklichkeit. In T. Knoll (Hrsg.). Veranstaltungen 4.0: Konferenzen, Messen und Events im digitalen Wandel (S. 171-194). Wiesbaden, Springer Gabler.

Spiegel-Verlag (Hrsg.) (1992). Messen und Messebesucher in Deutschland. Hamburg, Spiegel-Verlag Augstein.

Statista (Hrsg.) (2016). Virtual Reality: Mehr als nur Gaming? Ein strukturierter Überblick über Anwendungen und Marktpotenziale. Hamburg.

Strothmann, K.-H. & Roloff, E. (1993). Charakterisierung und Arten von Messen. In R. Berndt & A. Hermanns (Hrsg.). Handbuch Marketing-Kommunikation (S. 707-723). Wiesbaden, Gabler.

UFI (Hrsg.) (2017). Global Exhibition Barometer: 2017. Paris.

von Lukas, U. (2007). Virtualisierung von Messen. In AUMA (Hrsg.). Messewirtschaft 2020: Zukunftsszenarien (S. 109-120). Berlin.

Wegner, K. (2017). Augmented Reality und Virtual Reality in Veranstaltungen. In T. Knoll (Hrsg.). Veranstaltungen 4.0: Konferenzen, Messen und Events im digitalen Wandel (S. 121-134). Wiesbaden, Springer Gabler.

Wiedmann, K.-P., Kassubek, M. (2017). Virtualisierung von Messen. In M. Kirchgeorg, W. M. Dornscheidt & N. Stoeck (Hrsg.). Handbuch Messemanagement. Planung, Durchführung und Kontrolle von Messen, Kongressen und Events (2. Aufl.) (S. 439-451). Wiesbaden, Springer Gabler.

Witt, J. (2005). Wettbewerbssituation in Deutschland und Weltweit. In W. Delfmann, R. Köhler & L. Müller-Hagedorn (Hrsg.). Kölner Kompendium der Messewirtschaft: Das Management von Messegesellschaften (S. 3-28). Köln, Kölner Wissenschaftsverlag.

Wittpahl, V. (Hrsg.) (2016). Digitalisierung: Bildung | Technik | Innovation. Berlin, Springer.

Wöhe, G., Döring, U. & Brösel, G. (2016). Einführung in die Allgemeine Betriebswirtschaftslehre (26. Aufl.). München, Vahlen.

Zehl, S. (2018). Das Potenzial ist riesig. Next Industry, Ausgabe 01/2018. 84-87.

Zygojannis, M. E. (2005). Akteure der Messewirtschaft. In W. Delfmann, R. Köhler & L. Müller-Hagedorn (Hrsg.). Kölner Kompendium der Messewirtschaft: Das Management von Messegesellschaften (S. 29-54). Köln, Kölner Wissenschaftsverlag.

Die Autoren

Luisa Schüth

Bachelor of Arts im Bereich BWL – Messe-, Kongress-, und Eventmanagement an der Dualen Hochschule Baden-Württemberg Ravensburg in Kooperation mit der Reed Exhibitions Deutschland GmbH. Anschließend Projektleiterin bei ADITUS - Innovations-Marktführer in den Bereichen Ticketing und Zutrittskontrolle für Messen, Kongresse und Events. Gewinnerin des „Messe-Impuls-Preis 2018", ausgelobt vom Fachverband Messen und Ausstellungen (FAMA).

Max Mollenschott

Bachelor of Arts im Bereich BWL – Messe-, Kongress- und Eventmanagement an der Dualen Hochschule Baden-Württemberg in Kooperation mit der mac messe- und ausstellungscenter Service GmbH. Seitdem als Junior Projektmanager beim langenlonsheimer Messebau-Unternehmen tätig. Zuvor absolvierte Max Mollenschott eine Ausbildung zum Elektroniker für Geräte und Systeme bei testo industrials services Gmbh, Kirchzarten. Zweitplatzierter beim „Messe-Impuls-Preis 2018" des Fachverband Messen und Ausstellungen (FAMA).

Jana Bailer

Master of Arts im Bereich General Business Management des Center for Advanced Studies der Dualen Hochschule Baden-Württemberg. Zuvor Bachelor of Arts im Bereich BWL – Messe-, Kongress- und Eventmanagement an der DHBW Ravensburg in Kooperation mit der Karlsruher Messe- und Kongress GmbH. Von 2014 bis 2017 im Projektmanagement von Eigenmessen und von 2018 bis März 2019 im Marketing bei der Karlsruher Messe- und Kongress GmbH tätig. Seit April 2019 Manager Strategie- und Unternehmensentwicklung bei der NürnbergMesse GmbH.

Maximilian Metzger

Bachelor of Arts im Bereich BWL – Messe-, Kongress- und Eventmanagement an der Dualen Hochschule Baden-Württemberg Ravensburg in Kooperation mit der NürnbergMesse GmbH. Seit Oktober 2018 im Team Gastmessen & Convention Center verantwortlich für die Betreuung von rund ein Dutzend Gastveranstaltungen am Messegelände in Nürnberg. Nominierter für den Deutschen Forschungspreis für Live-Kommunikation 2018.

Studienreihe Messemanagement

**Stakeholder im Fokus: Management-Ansätze für Messeveranstalter:
Studienreihe Messemanagement: Band 1, überarbeitete, 2. Auflage**

Messeveranstalter stehen sehr unterschiedlichen Anspruchsgruppen gegenüber. Der richtige Umgang mit ihnen ist dabei ein wesentlicher Erfolgsfaktor. Heterogenität und Wandel verhindern ein statisches Verhalten – weshalb immer wieder neue Ansätze im Management erforderlich sind. Dieser Band der „Studienreihe Messemanagement" widmet sich deshalb folgenden Themen und Fragestellungen:

- Wodurch kann die Transparenz der Messebesucher für ein Database-Marketing geschaffen werden?
- Wie lassen sich Kommunikationsschnittstellen zu Ausstellern identifizieren und optimieren?
- Welchen Beitrag können Messeveranstalter für die kleinen und mittleren Unternehmen in ihrer Wirtschaftsregion leisten?
- Was sind die Determinanten für neue horizontale Kooperationsformen und wie lassen sie sich bewerten?
- Welche Verbesserungspotenziale bietet ein mehrstufiges Deckungsbeitragskonzept für das Controlling-System eines Messeveranstalters?
- Wie ist die Rolle eines systematischen Beschwerdemanagement-Systems im Kontext von Motivation und Bindung zu sehen?

Autoren: Stefan Luppold (Hrsg.), Elisabeth Gödde, Patrick Haag, Tobias Hönig, Isabell Maurer, Klaus Riedel, Lisa Ruetz

Erschienen: Januar 2017   WFA Medien Verlag

ISBN: Paperback: 978-3-946589-09-9 (264 Seiten; 19,90€)
Hardcover: 978-3-946589-10-5 (264 Seiten; 29,90€)
e-Book: 978-3-946589-11-2 (264 Seiten; 19,90€)

Innovation und Change: Management-Ansätze für Messeveranstalter: Studienreihe Messemanagement: Band 2

Messeveranstalter sind, wie andere Unternehmen, ohne Neuerungen und Veränderungen nicht langfristig marktfähig. Eher Initiator von Innovation, eher Treiber von Change ist dabei ein Erfolgsfaktor. Dynamische Märkte zwingen zu einem dynamischen Verhalten - weshalb immer wieder neue Ansätze im Management erforderlich sind. Band 2 der Studienreihe Messemanagement befasst sich deshalb mit folgenden Themen:

- Business Development: Mit welchem Standard-Instrumentarium kann eine Machbarkeitsstudie zur Beurteilung einer neuen Messe-Idee erstellt werden?
- Messe-Organisation: Welche positiven Effekte kann die aus der Digitalwirtschaft stammende Scrum-Methode generieren?
- Virtuelle Messen: Wo und wie müssen wir uns den Veränderungen durch virtuelle und hybride Veranstaltungsformate stellen?
- Onboarding: Wie können temporäre Mitarbeiter für Großveranstaltungen optimal integriert und eingearbeitet werden?
- Nachhaltige Messen: Welche Ansätze gibt es, um Nachhaltigkeit sowohl in einem Messe-Konzept als auch in der Unternehmens-Kommunikation zu realisieren?

Autoren: Stefan Luppold (Hrsg.), Tanja Durke, Lisa Tatjana Fischer, Camille Kehr, Florenz Meier, Christina Schwenkel

Erschienen: Mai 2016   WFA Medien Verlag

ISBN: Paperback: 978-3-946589-03-7   (232 Seiten; 19,90€)
       Hardcover: 978-3-946589-04-4   (232 Seiten; 29,90€)
       e-Book: 978-3-946589-05-1   (232 Seiten; 19,90€)

Agilität und Transformation: Management-Ansätze für Messeveranstalter:
Studienreihe Messemanagement: Band 3

Agilität steht für Wendigkeit und Vitalität, für Frische und einen positiven Blick nach vorne; ein Wechsel oder Übergang wird häufig als Transformation bezeichnet. Diese Begriffe gehören mittlerweile auch zum Standardvokabular des Messemanagements: In operativen Tätigkeiten wie in strategischen Konzepten. Anregungen dazu liefern sechs Arbeiten mit ihren Ansätzen:

- Beschwerdemanagement – wie kann der aktive Umgang mit Rückmeldungen von Kunden in einen CRM-Kontext eingebunden werden?
- Dynamic Pricing im Messemarketing – besteht die Möglichkeit, Yield Management auf die Messewirtschaft zu übertragen?
- Nachhaltiges Lernen – kann der als „Flipped Classroom" bekannte Ansatz auch das Lernen bei Veranstaltungen verbessern?
- Messen und Investitionsgütermarketing – in welcher Form kann ein multisensorischer Ansatz den Messeerfolg unterstützen?
- Sicherheitsempfinden von Messebesuchern – weshalb sollen Konzepte neben objektiv wirksamen auch subjektiv wahrgenommene Maßnahmen beinhalten?
- Suchmaschinenmarketing – wie kann eine erfolgreiche Kampagne gestaltet werden, die sich auch auf die Gewinnung von Neukunden richtet?

Autoren: Stefan Luppold (Hrsg.), Anna Miehlich, Jessica Richter, Lisa-Marie Lang, Eva Muhle, Susanne Hoffmann, Lydia Vierheilig

Erschienen: April 2018   WFA Medien Verlag

ISBN:	Paperback:	978-3-946589-14-3	(556 Seiten; 39,90€)
	Hardcover:	978-3-946589-15-0	(556 Seiten; 44,90€)
	e-Book:	978-3-946589-16-7	(556 Seiten; 34,90€)